Quarante Ans

DE

THÉATRE

Buste de Francisque SARCEY par Crauck

Francisque SARCEY

Quarante Ans
DE
THÉATRE
(Feuilletons dramatiques)

*CORNEILLE, RACINE, SHAKESPEARE
ET LA TRAGÉDIE*

BIBLIOTHÈQUE DES ANNALES
Politiques et Littéraires
PARIS — 15, RUE SAINT-GEORGES

1900

IL EST TIRÉ DE CET OUVRAGE

CINQUANTE EXEMPLAIRES NUMÉROTÉS A LA PRESSE

SUR PAPIER DE HOLLANDE

CORNEILLE

LE CID

I

LES BONS ET LES MAUVAIS RÔLES DU « CID »

Le succès est immense ; la Comédie-Française fait, tous les soirs qu'elle joue le *Cid*, entre cinq et six mille francs de recette, et le public écoute le chef-d'œuvre de Corneille avec une ardeur d'attention et de respect qu'il ne témoignait pas même au temps où l'illustre Rachel reprenait le rôle de Chimène.

C'est qu'en ce temps-là la foule allait voir une tragédie, moins par goût de l'œuvre que par une curiosité de dilettante. Aujourd'hui, c'est le drame même qui touche ; ce n'est pas que nous valions mieux et que nous soyons plus lettrés que nos pères. La mode des gilets a changé, et voilà tout. Mais il y a du choix, même en fait de modes, surtout dans les choses de l'esprit, et je suis bien heureux de voir revenir la vogue de cette tragédie classique, dont j'ai tant d'années et si vainement plaidé la cause ; j'étais un des rares amants qu'eussent gardés au théâtre Corneille et Racine ; voilà que le petit nombre de fidèles s'est fait foule à cette heure, et je pourrais dire, comme le Cid en son fameux récit :

> Nous partîmes cinq cents, mais, par un prompt renfort,
> Nous nous vîmes trois mille en arrivant au port,
> Tant à nous voir marcher avec un tel visage
> Les plus épouvantés reprenaient du courage.

Qui sait même si les plus épouvantés ne vont pas devenir les plus fanatiques?

C'était une idée qu'avait caressée longtemps M. Thierry de remettre le *Cid* à la scène. Delaunay aurait joué le rôle du Cid et Mlle Favart celui de Chimène. Nous avons plus d'une fois causé ensemble de cette distribution. Je ne veux rien ôter de l'honneur qui reviendra à M. Perrin dans la renaissance de la tragédie classique. Mais il faut être juste pour tout le monde, M. Thierry a bien sa part aussi dans ce revirement du goût public. Il l'a patiemment préparé et attendu sans en désespérer jamais. Il a remonté avec beaucoup de soin et d'éclat, sachant bien qu'il y perdrait de l'argent, qu'il luttait contre l'indifférence de la foule, nombre d'œuvres tragiques du vieux répertoire, entre autres *Bajazet, Esther, Psyché, Mérope*, d'autres encore dont la représentation se recommandait aux yeux des amateurs par le soin de la distribution, par l'exacte et superbe beauté des décors et des costumes. Et cependant le courant allait son train, et nous voyions sans cesse *Horace, Phèdre, Athalie,* dont les beaux vers tombaient sur les banquettes vides.

C'est *Hernani* qui empêcha M. Thierry de nous donner le *Cid*. L'œuvre de Corneille eût fait double emploi avec celle de Victor Hugo, car toutes deux ont comme un air de famille, une allure castillane et chevaleresque. L'épreuve qu'avait tentée Delaunay en jouant Hernani, bien que le succès en ait été grand, ne l'encourageait pas trop à en essayer une nouvelle. Il avait failli s'y briser la voix, et il n'était pas d'humeur à hasarder encore dans les fureurs de la tragédie un si fragile instrument. Et puis, qui sait? peut-être craignait-il que le résultat ne répondît point à ses efforts, à son talent et à sa réputation. L'heure de Corneille n'avait pas encore sonné. A défaut de Delaunay, Mounet-Sully semblait désigné à M. Perrin pour ce rôle du Cid. Il est jeune, la figure est belle, la voix charmante, il venait de débuter avec un éclat prodigieux. Il semblait que personne ne pût dire avec plus d'emportement et de fierté ces vers qui s'échappent de la bouche du Cid comme des jets d'héroïsme :

> Je suis jeune, il est vrai; mais aux âmes bien nées...
>
> Mes pareils à deux fois ne se font pas connoître...

Mais Mounet-Sully paraît avoir un défaut, dont je ne me rends pas bien compte encore. Tient-il à sa nature ou à son éducation? Je n'en sais rien; il faudrait connaître mieux l'homme pour en démêler l'origine. Il s'est imaginé un idéal de personnage mélancolique, tendre, fatal et légèrement excentrique, qu'il voudrait toujours représenter. Oreste, qu'il a joué d'abord, était bien son affaire. Il eût souhaité ardemment Hamlet; Macbeth lui eût encore convenu, et, je crois aussi, Othello, tous les rôles où la tradition veut que Rouvière ait été supérieur. La vérité est que je n'ai vu ce dernier excellent nulle part; mais il avait *des côtés*, comme on dit dans l'argot de l'école fantaisiste.

Ces côtés étaient précisément ceux qui séduisaient Mounet-Sully. Pourquoi? Encore un coup, je ne le saurais dire. Car il n'est voué à ces personnages ni par son visage, ni par son organe; non; c'est affaire de jeunesse sans doute. Ces héros ont en eux, dans leur bizarrerie même, un je ne sais quoi d'attirant pour les artistes de vingt-cinq ans, qui cherchent des effets, moins dans la juste mesure du style que dans l'originalité des procédés. Ces effets, qui laissent bien souvent les connaisseurs un peu froids, transportent la foule, qui tressaille sous un coup inattendu et témoigne sa surprise par de longs battements de mains.

Ajouterai-je que Mounet-Sully était fort préoccupé d'un inconvénient qui ne frappe guère que les hommes du métier, et qui étonnera peut-être les gens du monde.

C'est une légende, qu'à toutes les reprises du *Cid*, le succès de la soirée, le grand, l'incontestable succès a été pour don Diègue, et que toujours, pour une raison ou pour une autre, le Cid et Chimène sont restés dans l'ombre. Je n'ai pas besoin de rappeler à ce propos des histoires qui sont fort connues, et qui, au rebours de presque toutes les anecdotes théâtrales, sont authentiques. On fait débuter Lafontaine et c'est Maubant qui remporte le triomphe.

C'est que don Diègue est un bon rôle ; c'est que le Cid est un rôle médiocre ; c'est que Chimène est un mauvais rôle.

Entendons-nous bien, quand je me sers de ces termes : *rôle médiocre, mauvais rôle*, ce n'est point un blasphème contre le génie de Corneille ; je me mets tout simplement au point de vue du comédien et des effets qu'il peut légitimement tirer du personnage qu'il représente.

Si vous causez avec un artiste d'une création qu'il médite, vous lui entendez dire parfois : *Oh! rôle dur, très dur!* Un rôle dur, c'est un rôle où il est souvent en scène, sans y avoir rien à dire que d'indifférent ou même de désagréable au public. Les plus beaux rôles, à cet égard, peuvent être extrêmement durs, et il n'y a point en effet de rôle dur, qui ne puisse passer pour beau, puisque son essence même est d'occuper toujours le théâtre.

Un bon rôle au contraire (toujours en restant dans le même ordre d'idées), c'est un rôle où l'on n'exprime que des sentiments qui seront à coup sûr bien reçus de la foule, où l'on est toujours en situation, où l'on est certain, du moment qu'on ouvre la bouche, de soulever les acclamations de la salle.

Tenez, permettez-moi de vous rendre l'idée sensible par un exemple frappant et qui est de circonstance. On nous donne ce soir au Châtelet la reprise de *Patrie*. Allez la voir. Vous vous convaincrez aisément que le rôle de Dumaine est un bon rôle. Il n'exprime que des sentiments héroïques, ceux qui s'échapperaient à la fois de toutes les poitrines. C'est nous-mêmes que nous applaudissons en l'applaudissant. Le rôle de Mlle Fargueil, au contraire, est un rôle très dur. Il est peu sympathique ; ce ne serait rien encore : il n'est pas en situation. La dernière scène entre les deux amants est plus qu'inutile ; elle est fâcheuse ; on en attend la fin avec impatience, parce qu'on sent bien qu'elle ne peut mener nulle part. Ce n'est qu'un brillant hors-d'œuvre.

Dans les pièces nouvelles, les comédiens ne se rendent pas toujours compte de l'effet qu'ils produiront. Ainsi, l'on m'a assuré que Mlle Fargueil était enchantée du rôle que lui avait ménagé Sardou. C'est que le rôle est long, brillant, et si l'on ne considère que l'extérieur, tout plein de mouvement et de passion. D'ailleurs, un artiste a généralement assez bonne opinion de son mérite pour croire que la salle est toujours ravie quand il est en scène ; il adore les monologues, qui le mettent en évidence, et qui prennent le temps dont son camarade pourrait profiter.

Dans les chefs-d'œuvre consacrés, l'épreuve est faite, et si terrible que soit l'amour-propre, on hésite à s'imaginer qu'on réussira beaucoup là où des gens de grand talent ont plus ou moins échoué. La critique a fait son œuvre ; elle a, d'une façon plus ou moins claire, signalé l'écueil. On mesure donc d'un coup d'œil la difficulté de l'essai que l'on tente : oh ! rôle dur, très dur !

Et d'autant plus dur que le gros du public ne s'en doute pas. Prenez cent personnes au hasard, et demandez-leur : « Dans la pièce de Corneille, quels sont les deux beaux rôles ? » Il n'y en a peut-être pas une qui ne vous réponde : « Vous plaisantez, c'est le Cid et Chimène. » Et pourquoi ? c'est que le Cid et Chimène sont le plus souvent en scène, qu'ils ont le plus de choses à dire, et même le plus de belles choses. Et vous-mêmes, qui me lisez, je ne suis pas bien sûr de ne pas me heurter à un préjugé secret, en poursuivant cette analyse ; vous connaissez bien mieux le Cid par la lecture que par la représentation, et le livre à la main, au coin du feu, c'est Rodrigue et Chimène qui font la meilleure figure. Au théâtre, c'est une autre affaire. L'action reprend ses droits, et l'on s'aperçoit alors que tous deux tournent sans cesse dans un même cercle, revenant scène à scène, par des détours subtils, sur une situation qui ne change point. Quand Chimène s'est écriée : « Sire, sire, justice ! » Quand elle a dit à son amant : « Va, je ne te hais point ! » son rôle est achevé. Elle commentera en cent façons ingénieuses ces deux cris de passion, elle n'y ajoutera rien.

Il se glissera inévitablement quelque monotonie dans cette éternelle reprise du même thème ; ce n'est pas à Corneille que l'on peut s'en prendre : on n'oserait, une œuvre consacrée, un chef-d'œuvre, en France, cela ne se discute pas. Il faudra donc que ce soit la faute de la malheureuse actrice, qui n'en peut mais. Je n'ai pas eu le plaisir de voir M¹¹ᵉ Rachel dans ce rôle ; ceux qui l'y ont suivie m'assurent qu'elle ne triomphait pas toujours de ce préjugé. Elle lançait avec une admirable énergie la note à effet, et se débattait péniblement dans les subtilités avocassières du personnage.

Celui de Rodrigue est plus varié ; outre ses explosions d'héroïsme : *Tout autre que mon père... A moi comte, deux mots...* il a pour lui le grand récit ; ce récit épique, si exact que Condé n'eût pas autrement conté Rocroy, si ardent, si coloré, qu'on y sent en plein le poète. Et cependant les scènes avec Chimène ont des longueurs et sont froides, parce que le public sait d'avance ce qui s'y dira et qu'elles n'aboutiront à rien. Elles sont célèbres, ces scènes, et elles méritent de l'être ; il n'en est pas moins vrai que le froid qui s'y répand, comme par d'imperceptibles fissures, ne manque pas d'être attribué à l'acteur, quelque talent qu'il déploie.

C'est pour cette raison (jointe à bien d'autres) que j'aurais si vivement désiré de voir Rodrigue aux mains de Delaunay. Il faut, pour sauver ces intervalles où l'action s'attarde, il faut une sûreté de jeu et une variété de débit dont un débutant n'est guère capable. Il est permis à un jeune homme de lancer à merveille le *tout autre que mon père ;* jamais il ne viendra à bout de soutenir ses longs, douloureux et charmants couplets de l'entretien avec Chimène. Un art consommé n'est pas de trop dans ces occurrences.

Mounet-Sully est encore loin de posséder le secret de cette exquise diction. Mais le pis, c'est que, grâce à cette idée préconçue qu'il s'était faite de ramener tous les personnages de la tragédie aux types d'Oreste ou d'Hamlet, il a même manqué le premier soir ces cris de passion généreuse, ces gaietés d'héroïsme qui font la grâce souveraine et l'immortelle beauté du Cid.

C'est Sainte-Beuve qui a remarqué, dans son étude sur Corneille, que le *Cid* est tout entier en *beaux débuts :* il appelle ainsi ces mots qui jaillissent, qui éclatent de prime abord, et ramassent en un premier trait de lumière la scène

1.

qui va suivre : « Enfin vous l'emportez !... Rodrigue, as-tu du cœur !... A moi, comte, deux mots !... Sire, sire, justice !... » et tant d'autres. C'est ainsi que le poète entame toujours et présente la situation par l'arête vive. C'est ainsi qu'il résume encore, soit au milieu, soit à la fin de la scène, toute la série des sentiments par où l'on a passé, en deux coups de foudre qui se répondent.

>Il a tué mon père.
>>... Il a vengé le sien.

Ou encore :

>Es-tu las de vivre ?
>>...As-tu peur de mourir ?

Il n'y a pas à dire : Ces mots (et Rodrigue en a beaucoup de cette espèce) ne sont pas d'un mélancolique, ni d'un rêveur. Il faut les jeter hardiment ; ils sont le pétillement naturel d'une âme jeune et chevaleresque. C'est une remarque qui frappait tout le monde à la première représentation, et qui s'est formulée plus d'une fois dans les couloirs : Tous ces gens-là sont des Gascons !

Eh oui ! ils en tiennent tous ! Et le comte, et don Diègue, et don Sanche lui-même, ce pâle don Sanche, à qui pourtant Corneille a donné son moment d'enthousiasme :

>Faites ouvrir le champ : vous voyez l'assaillant,
>Je suis ce téméraire, ou plutôt ce vaillant.

Tous prennent plaisir à mettre un panache à leur héroïsme. Ce sont des décrocheurs d'étoiles. Il faut bien que cette fleur de vaillance héroïque, cet enivrement de la joie chevaleresque des combats se retrouve dans le débit de l'acteur chargé du rôle de Rodrigue.

Ce malheureux Mounet-Sully ne l'a pas compris. Il s'est

obstiné à ne voir dans le Cid qu'un amant désolé, un pâtre du Lignon à qui l'amour aurait tourné la cervelle. M. Perrin avait beau le prendre à part dans son cabinet, et lui remontrer qu'il se trompait du tout au tout; non, il avait son idée. Ah! vous ne saurez jamais ce qu'il y a d'entêtement dans une cervelle de comédien, qui, à toutes les bonnes raisons, répond par ces mots : « C'est comme cela que je sens le rôle!... » Eh! malheureux! il ne s'agit pas de le sentir, mais de le comprendre!

Quel étonnement, le premier soir, quand on vit arriver Mounet-Sully avec ses cheveux bizarrement cerclés autour de sa tête, le visage fatal, roulant des yeux égarés et prolongeant avec des sonorités d'oiseau de nuit les finales de tous les vers pour leur donner un cachet de désespoir mélancolique! Mounet-Sully avait éprouvé dans Oreste avec quelle furie d'instantanéité se produit un succès à Paris; il a pu voir, ce soir-là, de quelle chute imprévue et rapide on tombe.

La leçon a été dure. Il a rebondi bien vite, ce qui me porte à croire qu'il y a en lui bien de la ressource, et qu'il est capable d'un grand effort sur lui-même.

14 octobre 1872.

II

LES VERS DU « CID »

Le *Cid* a fait, comme à son ordinaire, un grand effet sur le public. J'ai déjà dit, il y a quelques semaines, qu'il était joué d'un façon supérieure par quelques-uns des artistes et suffisante par les autres. Silvain, qui est chargé du rôle du roi, a tenu compte de la critique que nous lui avions adressée. Il nous avait semblé qu'il exagérait dans ce personnage le ton de bonhomie paternel que Corneille lui a en effet donné dans quelques passages ; nous estimions qu'il eût mieux valu les relever d'une pointe de galanterie royale et chevaleresque.

— Cela n'est point aisé, m'avait dit Silvain.

Cela ne l'était point, en effet, mais M. Silvain nous a montré qu'un comédien intelligent, consciencieux et habile vient à bout de toutes les difficultés. Il a su, tout en gardant au rôle son air de bonhomie aimable et douce, lui imprimer un cachet de grandeur qui fait d'Alphonse, non plus un brave bourgeois du Marais, sensible et malin, mais un roi d'Espagne d'une haute et aimable bonté.

Il traîne encore dans l'interprétation de Silvain quelques traces de son ancienne manière, surtout au dernier acte.

Tout le couplet où don Fernand cherche à rassurer Chimène :

> Ma fille, il ne faut point rougir d'un si beau feu,
> Ni chercher les moyens d'en faire un désaveu :
> Une louable honte en vain t'en sollicite, etc.,

a été encore dit par lui avec un accent de bonhomie bourgeoise qui touche à la vulgarité.

M. Silvain croit attendrir et mouiller sa voix dans ces sortes de morceaux en la faisant passer par le nez, il se trompe. Un roi d'Espagne, même alors qu'il est le meilleur des hommes, ne parle point du nez.

Mounet-Sully est admirable dans le *Cid*. Il y a pourtant dans son interprétation un passage qui me chagrine. Don Diègue vient de confier à son fils le soin de sa vengeance, et Rodrigue vient d'apprendre que celui contre lequel il doit se battre est le père de sa maîtresse; il reste seul et il exhale sa douleur en effusions lyriques. Ce sont ces fameuses stances du *Cid* que tout le monde a apprises par cœur au collège :

> Percé jusques au fond du cœur
> D'une atteinte imprévue aussi bien que mortelle,
> Misérable vengeur d'une juste querelle,
> Et malheureux objet d'une injuste rigueur,
> Je demeure immobile, et mon âme abattue
>   Cède au coup qui me tue.
>   Si près de voir mon feu récompensé,
>   O Dieu, l'étrange peine !
>   En cet affront mon père est l'offensé,
>   Et l'offenseur le père de Chimène.

Quel peut être le sentiment de Rodrigue en parlant ainsi ? Le poète l'indique lui-même : *je demeure immobile*. Il demeure immobile; cela s'entend de reste, il a reçu un coup d'assommoir; une cheminée lui est tombée sur la tête; il regarde éperdu et presque sans voix le malheur qui vient de lui arriver. Je voudrais donc que toute cette strophe fût dite d'un ton d'étonnement douloureux, avec le regard et le geste d'un homme qui ne sait pas ce que tout cela veut dire; la voix presque étranglée et basse.

Il me semble que c'est bien là le sens de la strophe. Mounet-Sully la dit d'une voix plaintive, presque chantante ; l'effet est grand, je l'avoue, parce que l'acteur a précisément ces notes-là charmantes, et que sa voix, dans la plainte, est une musique délicieuse ; ce n'en est pas moins un contre-sens, et un contre-sens qui est d'autant plus fâcheux que, ce même bêlement plaintif, Mounet-Sully va le retrouver dans la strophe suivante, où il est là tout à fait à sa place et nécessaire :

> Réduit au triste choix ou de trahir ma flamme,
> Ou de vivre en infâme,
> Des deux côtés mon mal est infini.

Et plus loin :

> Cher et cruel espoir d'une âme généreuse,
> Mais ensemble amoureuse,
> Digne ennemi de mon plus grand bonheur,
> Fer qui causes ma peine... etc.

Il est évident que, dans ces passages, le ton de la plainte est exigé par le sens même des vers. Raison de plus pour ne pas débuter par ce même ton dans la strophe précédente où il n'est pas de saison. Ce qui trompe M. Mounet-Sully, c'est que, voyant la pensée chez Corneille prendre la forme lyrique, il s'imagine qu'il faut chanter les strophes, et non les dire. Il est certain que le comédien doit, par un artifice de voix, marquer les contours de la stance et en faire sentir l'harmonie générale. Mais il le doit faire sans préjudice du sens particulier de la strophe. Il faut que les artistes se mettent bien dans l'esprit que, dans un drame, tout, même les parties lyriques, doit prendre la forme et l'accent dramatiques. C'est un drame qui s'agite au fond de l'âme de Rodrigue. Corneille aurait pu en faire un monologue en grands vers alexandrins, comme celui d'Auguste ou celui de Camille. Il a préféré la strophe avec ses retours de mots et de rimes. Mais la strophe, ce n'est que l'extérieur, le vêtement de la pensée; la pensée elle-même, c'est cela que l'artiste doit traduire et rendre sensible au public.

Au reste, Mounet-Sully lui-même le sent très bien; et quand il s'écrie :

> Mourir sans tirer ma raison !
> Rechercher un trépas si mortel à ma gloire !
> Endurer que l'Espagne impute à ma mémoire
> D'avoir mal soutenu l'honneur de ma maison !

il ne chante plus, je vous assure : il est emporté par le mouvement de l'idée, et il dit avec une merveilleuse largeur de style, aussi bien qu'avec un sentiment profond, ces vers, qui sont les plus beaux, les plus pleins, les plus sonores qu'ait jamais écrits le vieux Corneille :

> Je dois tout à mon père avant qu'à ma maîtresse :
> Que je meure au combat, ou meure de tristesse,
> Je rendrai mon sang pur comme je l'ai reçu.

A ce dernier vers d'une si admirable facture, un frémissement a couru toute la salle. Ce sont là des sensations que rien ne peut égaler.

Le *Cid* abonde en alexandrins superbes qui ébranlent l'âme et l'emplissent d'une joie généreuse.

Le vieux don Diègue en a sa bonne part et Maubant les fait sonner avec une magnifique allégresse. J'ai dit beaucoup de mal en ma vie de Maubant, et je crois bien que je n'avais pas toujours tort, mais j'y ai regret lorsque je l'entends dans ce rôle. Il s'y montre d'une simplicité héroïque. Avec quelle flamme, lui qui est souvent si raide, il a dit ces beaux vers, ces vers qui ont cent coudées :

> Ma valeur n'a point lieu de te désavouer ;
> Tu l'as bien imitée, et ton illustre audace
> Fait bien revivre en toi les héros de ma race :
> C'est d'eux que tu descends, c'est de moi que tu viens ;
> Ton premier coup d'épée égale tous les miens :
> Et d'une belle ardeur ta jeunesse animée
> Par cette grande épreuve atteint ma renommée.
> Appui de ma vieillesse, et comble de mon heur,
> Touche ces cheveux blancs à qui tu rends l'honneur ;
> Viens baiser cette joue, et reconnais la place
> Où fut jadis l'affront que ton courage efface.

Le croiriez-vous? je ne puis transcrire ces vers sans un tressaillement d'émotion. Ils sont admirables à la lecture, mais, au théâtre, quel effet ! Voilà bien dix fois que je revois le *Cid* depuis la première reprise qu'en a faite M. Perrin. Jamais ces vers que Maubant dit avec une vérité merveilleuse n'ont passé sans soulever une acclamation dans la salle. On pourra tant que l'on voudra blaguer la tragédie, il n'y a pas au monde de plaisir plus vif, comme il n'y en a pas de plus noble. Mais, dame ? il en est de la tragédie comme de bien autre chose, il faut pour avoir son effet qu'elle soit excellente et rendue d'une façon supérieure.

22 septembre 1881.

HORACE

I

LES CARACTÈRES : LE RÔLE D'HORACE

Dans un de mes derniers feuilletons, je vous parlais de la théorie de M. Dumas qui prétend que, dans une pièce de théâtre, le dénoûment est le principe générateur de toute l'œuvre ; le point d'arrivée doit être aussi le point de départ. J'avais fait remarquer que cette théorie, donnée comme générale par M. Dumas, ne s'appliquait qu'à un assez petit nombre de pièces, et j'avais notamment cité : Les *Idées de madame Aubray.*

Je ne reviens pas sur toute cette discussion, qui a occupé toute une moitié d'article. Mais j'aurais pu citer également la tragédie d'*Horace*. Le dénoûment était imposé à Corneille par l'histoire : un dénoûment bizarre, il faut bien le reconnaître, dénoûment difficile à admettre, si l'on ne consulte que les données du bon sens ordinaire. De quoi s'agit-il ? D'une sœur tuée par son frère, parce qu'elle fait, quoi ? l'action la plus naturelle qui soit au monde. Elle a pleuré son amant, son fiancé, immolé de la main même de ce frère. Cet abominable meurtre, commis dans des conditions pareilles, ne saurait s'excuser ; il doit nécessairement provoquer chez le public un mouvement de répulsion.

Comment le lui rendre vraisemblable?

C'était là le problème, auquel on ne pouvait se soustraire du moment que l'on abordait le sujet. Il était absolument interdit de changer le dénoûment de la légende antique, elle est trop connue. Il fallait le prendre tel quel. Mais il est évident qu'il fallait, donnant ce meurtre pour dénoûment à la tragédie, le justifier, en ouvrir les causes, et s'arranger pour que le public le trouvât logique.

Eh bien! toute la tragédie est faite pour expliquer ce dernier coup, pour en rendre la nécessité évidente.

Et d'abord, c'est ce dénoûment qui a déterminé le caractère donné par Corneille à ses deux personnages.

Ce caractère n'était pas imposé par la légende. De l'homme, nous ne savons que ce qu'en a dit Tite-Live; et il n'en a pas dit grand'chose. Il est probable que, pour lui, Horace était un héros fabuleux, dont il s'est complu à raconter la légende, sans se soucier autrement de ce que pouvait être ce brave soldat dans la vie réelle. Pour Camille, elle n'a jamais existé que dans l'imagination de Corneille. Il était donc libre de la peindre comme il voulait, puisqu'il n'en avait pas trouvé, dans le récit antique, même les traits primordiaux.

Eh bien! supposez que Corneille nous eût fait de son Horace une âme très chevaleresque, de sentiments nobles et fiers, patriote ardent, soldat valeureux, mais contenu et superbe, une manière de Rodrigue ou de don Sanche. C'était son droit assurément. Il aurait pu, à côté de ce vieil Horace, père si humain et si facile aux grands attendrissements, nous peindre un jeune homme plus sévère, plus rogue même, mais toujours maître de lui, déployant une vaillance avisée et froide. Oui, cela était possible, et j'ajouterai même, cela était vraisemblable.

L'homme qui, dans le fameux combat des trois Horaces, s'avise instantanément de ce stratagème qui consiste à fuir pour diviser la poursuite de ses trois ennemis plus ou moins blessés, et pour les vaincre l'un après l'autre, n'est pas une de ces natures impétueuses qu'aveugle le flot de sang qui monte au visage. C'est plutôt un guerrier froid et rusé, qui se possède, qui sait, même dans le plus extrême danger, faire la part des circonstances, et qui ne se livre qu'à bon escient. C'est moins un taureau furieux qu'un renard habile. Son caractère propre doit être de calculer juste et de se commander.

Oui, mais si c'est là le caractère d'Horace dans la pièce, que devient le dénoûment? Comment voulez-vous que le jeune homme que l'on vous aura peint de ces couleurs, se laisse, à un moment donné, emporter d'un tel accès de colère, que, pour une vétille, il plonge son épée au sein de sa sœur? L'action, qui est déjà exorbitante chez un homme sanguin et colère, deviendra chez ce sage guerrier d'une si criante invraisemblance qu'elle ne pourra plus s'admettre.

Et, de même, supposons que Corneille, comme c'était assurément son droit, eût fait de Camille une fille très amoureuse de son Curiace, mais sensée et ferme, une Pauline, par exemple, j'entends la Pauline de Polyeucte, ou plus simplement encore une âme faible, une pleurnicheuse, comme est, pour ne pas sortir de la pièce qui nous occupe à cette heure, la sœur de Camille, Sabine, qui ne sait que répéter à tout bout de champ : Ah! quel malheur! Je voudrais bien mourir! Tuez-moi pour en finir tout de suite! Pensez-vous qu'une femme paisible eût pu se livrer à un accès de fureur, et s'emporter à des imprécations capables de pousser à bout Horace, de le jeter hors des gonds et de lui mettre l'épée à la main?

Le dénoûment exigeait absolument qu'Horace fût non seulement un vaillant homme de guerre, aimant bien son pays, mais un patriote enragé, un soldat farouche et brutal, poussant, comme tous les êtres bornés, les deux ou trois idées qui lui sont entrées dans la cervelle, jusqu'à leurs plus extrêmes conséquences, avec une impétuosité aveugle ; plein de jactance et de sottise, sans ménagements pour personne, un héros antique dans la peau d'un soudard féroce et épais.

Voilà l'homme.

Ne vous laissez pas prendre à la classique beauté des vers de Corneille, à ce vernis de dignité tragique que le genre exigeait au dix-septième siècle ; remettez en simple prose les sentiments qu'exprime Horace. Vous y trouverez l'inintelligente brutalité d'un homme qui, sur la fin de sa vie, ne sera plus, Dieu me pardonne, qu'une vieille culotte de peau. Cet animal-là est gonflé d'un amour-propre niais. Tandis que Curiace exprime son chagrin d'être obligé à se battre contre des personnes qu'il aime si chèrement, l'autre s'en applaudit :

> Ce triste et fier honneur m'émeut sans m'ébranler

a dit l'un, et c'est le mot de l'honnête homme ; l'autre s'écrie niaisement :

> Le sort qui de l'honneur nous ouvre la barrière
> Offre à notre constance une illustre matière ;
> Il épuise sa force à former un malheur
> Pour mieux se mesurer avec notre valeur ;
> Et comme il voit en nous des âmes peu communes,
> Hors de l'ordre commun il nous fait des fortunes.

Ce maître sot est ravi que le hasard lui fournisse une si belle occasion de montrer son grand cœur :

> La solide vertu dont je fais vanité

dit-il, et il a raison. Tout son fond n'est que vanité; c'est l'amour-propre du fier-à-bras, qui s'étale en propos démesurés et en maximes cyniques :

> Rome a choisi mon bras, je n'examine rien.
> Avec une allégresse aussi pleine et sincère
> Que j'épousai la sœur, je combattrai le frère;

Et il traite l'autre de lâche, et il lui fait la leçon, l'imbécile!

Et quand il arrive, tout gonflé de son triomphe, auprès de sa sœur qui se désole, a-t-il la victoire assez désobligeante? Quelle énorme et impudente fatuité! Ne pas prendre part à sa gloire, c'est l'insulter lui-même :

> O d'une indigne sœur insupportable audace!
> D'un ennemi public dont je reviens vainqueur,
> Le nom est dans ta bouche et l'amour dans ton cœur!

Dont je reviens vainqueur! voilà le mot de caractère!

> Tes flammes désormais doivent être étouffées;
> Bannis-les de ton âme, et songe à mes trophées;
> Qu'ils soient dorénavant ton unique entretien.

Est-il assez désagréable? assez cassant? Ah! le vilain être!

Oui, le vilain être! mais comme on comprend bien que ce brave garçon sans esprit, touché fortement aux deux endroits que sa cuirasse de sottise a laissés sensibles dans son épaisse personne, le patriotisme et la vanité, cède à un farouche emportement de colère, voie rouge, et se jette l'épée haute sur son infortunée sœur. C'est un bouledogue déchaîné, qui donne au hasard un furieux coup de croc, fût-ce à son maître. Il en est fâché après, et lèche le sang qu'il a versé. Mais le malheur est irréparable.

Écoutez-le se défendre, quand Valère vient réclamer contre lui la peine due aux parricides. Une seule pensée le préoccupe, celle de sa misérable vanité. Il ne demande pas mieux que de mourir. Pourquoi ? C'est qu'après un triomphe pareil il lui sera difficile de se soutenir à la hauteur où il est monté :

> Je ne vanterai point les exploits de mon bras;
> Votre Majesté, Sire, a vu mes trois combats :

Mes trois combats, il en a plein la bouche ; mais poursuivons :

> Il est bien malaisé qu'un pareil les seconde,
> Qu'une autre occasion à celle-ci réponde,
> Et que tout mon courage, après de si grands coups,
> Parvienne à des succès qui n'aillent au-dessous ;
> Si bien que, pour laisser une illustre mémoire,
> La mort seule aujourd'hui peut conserver ma gloire...
> Un homme tel que moi !

Un homme tel que lui est un très bon soldat et un fier imbécile, et l'on ne trouve pas étonnant qu'il termine son plaidoyer par ces trois vers où il se résume tout entier :

> Et si ce que j'ai fait vaut quelque récompense,
> Permettez, ô grand roi, que de ce bras vainqueur
> Je m'immole à ma gloire, et non pas à ma sœur.

A ta gloire ! jeune et illustre dadais ! Ah ! décidément tu étais né pour faire cette énorme sottise de poignarder ta sœur.

Ta pauvre sœur ! elle avait bien fait, elle aussi, tout ce qu'il fallait faire pour te forcer la main, pour te pousser à un mauvais coup. Car enfin, cette Camille... mais permettez que je remette à lundi prochain cette partie de la dissertation. C'est un côté que je crois moins connu, et qui exigera, pour preuve à l'appui, de nombreuses citations.

10 juin 1878.

II

LE RÔLE DE CAMILLE

Nous avons déjà examiné le rôle d'Horace; passons à celui de Camille.

Les Latins avaient un mot pour caractériser le genre de femmes auquel appartient Camille. Ils disaient d'elle qu'elle est *impotens sui* ou plus simplement *impotens*. Ils entendaient par là une personne qui n'est pas maîtresse d'elle-même, qui se laisse emporter, sans règle, à tous les vents de la passion ou du caprice, qui pleure sans objet et se console sans cause, ce que nous appelons aujourd'hui une femme nerveuse.

Voyez pourtant la puissance des mots.

Je vous aurais dit du premier coup : Camille est une femme nerveuse. Beaucoup d'entre vous se seraient récriés : « Quelle est cette manie de moderniser les chefs-d'œuvre antiques? Est-ce que jamais Corneille a pu songer à peindre une femme nerveuse quand la chose ni le mot n'existaient de son temps? » Hélas! il y en a eu de tout temps et la preuve, c'est que Tite-Live qualifiait cette espèce de créature du terme d'*impotens*. Oh! du moment que c'est dans Tite-Live!

Amusez-vous, en relisant Horace, à détacher du reste de la pièce ce qu'on dit d'elle ou ce qu'elle dit elle-même. Voici la première fois qu'il en est question. La confidente de Sabine, femme d'Horace, cause avec elle de cette funeste guerre qui arme Rome contre Albe, et des sentiments divers qu'elle inspire à une famille où des Romains et des Albains sont joints par les plus doux nœuds :

> Ah ! qu'à nos yeux Camille agit bien autrement !
> Son frère est votre époux, le vôtre est son amant :
> Mais elle voit d'un œil bien différent du vôtre
> Son sang dans une armée et son amour dans l'autre.
> Lorsque vous conserviez un esprit tout romain,
> Le sien irrésolu, le sien tout incertain,
> De la moindre mêlée appréhendait l'orage,
> De tous les deux partis détestait l'avantage,
> Au malheur des vaincus donnait toujours ses pleurs,
> Et nourrissait ainsi d'éternelles douleurs.
> Mais hier, quand elle sut qu'on avait pris journée,
> Et qu'enfin la bataille allait être donnée,
> Une soudaine joie éclatant sur son front...

Ainsi voilà qui est entendu, c'est une fille qui ne sait ce qu'elle veut, qui passe sans raison de la plus extrême douleur à une joie inexplicable. Et savez-vous d'où vient cette joie soudaine, si peu en rapport avec l'événement qui semble la causer? C'est qu'elle est allée consulter une somnambule... Pardon ! je voulais dire : un oracle. L'oracle, comme tous les oracles du monde, s'est exprimé en termes ambigus, où il était impossible de rien comprendre :

> Je pris sur cet oracle une entière assurance ;
> Et, comme le succès passait mon espérance,
> J'abandonnai mon âme à des ravissements
> Qui passaient les transports des plus heureux amants.

La voilà partie! sa tête déménage ! elle rencontre un brave garçon, Valère, qui lui fait la cour et l'ennuie de ses déclarations :

> Il me parla d'amour sans me donner d'ennui :
> Je ne m'aperçus pas que je parlais à lui ;

> Je ne lui pus montrer de mépris ni de glace :
> Tout ce que je voyais me semblait Curiace.

Hein! quelle imagination! mais, comme cet accès de joie a eu lieu sans motif, il disparait sans cause, pour faire place à une explosion de chagrin :

> La nuit a dissipé des erreurs si charmantes ;
> Mille songes affreux, mille images sanglantes,
> Ou plutôt mille amas de carnage et d'horreur,
> M'ont arraché ma joie, et rendu ma terreur.
> J'ai vu du sang, des morts, et n'ai rien vu de suite ;
> Un spectre en paraissant prenait soudain la fuite ;
> Ils s'effaçaient l'un l'autre, et chaque illusion
> Redoublait mon effroi par sa confusion.

Ne reconnaissez-vous pas à ce langage exalté une personne toute de premier mouvement, incapable de se maîtriser elle-même, l'esclave de ses nerfs toujours agités?

Curiace arrive et va lui annoncer une bonne nouvelle : cette bonne nouvelle, c'est que la bataille n'aura pas lieu. Mais Camille n'a point la patience d'attendre ce récit ; elle l'interrompt ; elle a tout de suite, avec son imagination impétueuse, deviné autre chose, et cette autre chose est immédiatement pour elle la vérité :

> Curiace, il suffit, je devine le reste :
> Tu fuis une bataille à tes vœux si funeste.

C'est la dernière idée qui devrait venir à une femme qui connait son amant aussi soucieux de l'honneur que l'est Curiace. Mais Camille ne saurait jamais embrasser qu'une idée à la fois, et elle l'embrasse éperdument. Elle aime ; tout ce qui contrarie cet amour n'existe plus pour cette femme passionnée et tumultueuse, tout ce qui le sert est admirable et doit être vrai.

Et plus tard, quand décidément on a fait choix des trois Curiaces pour combattre les trois Horaces, et qu'elle supplie son amant de refuser ce cruel honneur, voyez comme elle arrive vite aux arguments de femme faible et nerveuse : Tu veux donc me tuer :

> Mon insensible amant ordonne que je meure !...
> Ce cœur impitoyable à ma perte s'obstine,
> Il dit qu'il m'aime encore alors qu'il m'assassine.

Et puis les récriminations inutiles, ces récriminations de femmes qui ressemblent aux coups de poing qu'un enfant dépité frappe sur un mur contre lequel il s'est cogné la tête :

> Pourquoi suis-je Romaine ou que n'es-tu Romain?

Vous vous rappelez qu'à un moment, par un artifice du poète, on croit et l'on doit croire que tout est arrangé; les deux armées ont refusé de laisser les six champions engager ce combat fratricide. La famille, enchantée de ce revirement, se livre à la joie; non Camille. Que voulez-vous? elle est agitée de pressentiments; elle a ses nerfs :

> Ce délai de nos maux rendra leurs coups plus rudes;
> Ce n'est qu'un plus long terme à nos inquiétudes ;
> Et tout l'allégement qu'il en faut espérer,
> C'est de pleurer plus tard ceux qu'il faudra pleurer.

Pourquoi voit-elle ainsi tout en noir? Elle n'en sait rien. C'est son idée, et voilà tout. Sa seule raison, c'est qu'elle aime et qu'elle craint, et à tous les raisonnements de Sabine, la meilleure réponse qu'elle trouve, c'est le vers fameux :

> Je le vois bien, ma sœur, vous n'aimâtes jamais.

Mon Dieu ! sa sœur aime tout autant qu'elle, seulement ce n'est pas la même femme. L'une est, pour nous servir des mots du jour, de tempérament lymphatico-sanguin ; l'autre est purement et simplement nerveuse.

Les événements se sont précipités : Horace est vainqueur, après avoir immolé les trois Curiaces : Camille a écouté ce récit fait devant elle au vieil Horace, et cette secousse a été trop forte pour ses nerfs : elle s'est évanouie.

Le vieil Horace tâche de la ranimer : mais dame ! ce pauvre vieux héros, il a toutes sortes de qualités et il est difficile de voir un plus grand cœur. Mais il est terriblement maladroit avec les femmes, et surtout il n'entend rien à un caractère de cette espèce.

Au lieu de pleurer tout bonnement avec Camille, il lui dit justement les choses qui doivent l'irriter le plus : Vous avez tort de prendre l'affaire comme ça ; je suis ravi ; vous devez l'être. Votre fiancé est mort ; eh ! bien, c'est un petit malheur ; on vous en trouvera un autre. Songez que Rome triomphe, cela doit vous suffire.

Et il s'en va là-dessus, convaincu qu'elle est parfaitement consolée.

La voilà seule. Relisez cet admirable monologue ; voyez comme elle s'agite, comme elle s'excite par la considération obstinée et ardente de son malheur ; comme elle le creuse, comme elle le retourne sous toutes ses faces, y trouvant à chaque fois de nouvelles raisons de se regarder comme la plus infortunée des créatures.

Elle s'est montée elle-même au paroxysme de la fureur. Quand son frère arrive, — c'est (vous vous le rappelez) un butor que ce frère, — il entre tout gonflé des applaudissements qu'il a reçus, et ne songe aucunement à la peine que doit sentir sa sœur. Comment tout le monde ne serait-il pas aussi enchanté de la victoire qu'il l'est lui-même! Aussi commence-t-il par lui chanter, en toute innocence de cœur, le maître sot, ses propres louanges :

> Ma sœur, voilà le bras qui venge nos deux frères,
> Le bras qui rompt le cours de nos destins contraires,
> Qui nous rend maîtres d'Albe; enfin voici le bras
> Qui seul fait aujourd'hui le sort de deux états;
> Vois ces marques d'honneur, ces témoins de ma gloire,
> Et rends ce que tu dois à l'heur de ma victoire.

Vous devez comprendre son étonnement, son indignation, quand sa sœur répond à ces fanfaronnades, d'un ton de douleur farouche :

> Recevez donc mes pleurs, c'est ce que je lui dois.

Si vous avez suivi toute cette analyse, vous devez bien vous rendre compte de l'état d'esprit où sont ces deux personnages. Tous les deux sont ivres et fous : l'un de vanité triomphante, l'autre de fureur. Tous deux sont arrivés à ce point de surexcitation où l'homme ne se connaît plus et voit rouge, et tous deux sont en présence.

La querelle va éclater; elle ira toujours croissant d'intensité, jusqu'à ce qu'il s'échappe un de ces mots terribles, irréparables, qui mettent le feu aux poudres et déterminent l'explosion finale.

Quel sera ce mot ?

Depuis le commencement de l'action, il y en a un dont on a sans cesse rebattu les oreilles à cette malheureuse, c'est celui de *Rome*. L'intérêt de Rome... la grandeur de Rome... il n'a été question que de cela durant toute la pièce. Quand elle était là tout à l'heure évanouie, le vieil Horace n'a pas trouvé d'autre consolation à lui donner que la victoire de Rome. Elle en est agacée, exaspérée.

Voici que cette bête brute d'Horace, avec une inconscience d'imbécile, arrive à son tour :

> Aime, aime cette mort qui fait notre bonheur,
> Et préfère du moins au souvenir d'un homme
> Ce que doit ta naissance aux intérêts de Rome.

Oh! ça, pour cette fois, c'est trop fort! Rome! mais je la hais, mais je l'exècre! et précisément parce qu'elle t'honore. Rome! je la voudrais voir au fond de la mer! que le ciel vous confonde, toi et ta race! je voudrais pouvoir l'anéantir de ma main, ta race!

Et les imprécations s'échappent furieuses, enragées, de sa bouche. Elles vont frapper au seul endroit sensible de ce soldat, qui n'a jamais pu loger qu'une idée dans son étroite cervelle, justement celle de la grandeur de Rome. Le voilà atteint et dans son patriotisme et dans sa vanité; il est monté comme elle au paroxysme de la passion. Les deux nuages noirs, gros d'orages, se sont heurtés, la foudre en est partie, et Camille tombe frappée d'un coup de poignard, et le dénoûment, que l'histoire avait imposé au poète, est justifié par la logique des caractères et des événements.

17 juin 1878.

III

LE RÔLE DU VIEIL HORACE

J'ai déjà rendu plus d'une fois justice à la diction large de Silvain, à sa prononciation exacte, à son jeu correct. Avec ces qualités-là, et il est vrai qu'elles sont de premier ordre, on est sûr de se faire applaudir dans le vieil Horace. Le rôle est si beau ! les sentiments qui s'y trouvent exprimés sont si généreux, et l'effet sur le public en est si certain ! Dites comme il vous plaira :

> Que des plus nobles fleurs leur tombe soit couverte ;
> La gloire de leur mort m'a payé de leur perte :
> Ce bonheur a suivi leur courage invaincu,
> Qu'ils ont vu Rome libre autant qu'ils ont vécu...
> Pleurez l'autre ! etc...

Vous êtes sûr d'enlever l'auditoire. Un des collègues de Silvain me disait l'autre soir, non sans une nuance de mélancolie jalouse : « Ah ! parbleu ! avec cela que c'est difficile d'amener les cinq cents avec le vieil Horace ! Il n'y a qu'à ouvrir le bec ! Mazoudier, vous vous rappelez bien ce gros garçon à tournure d'Auvergnat, à voix de chaudronnier, eh bien ! Mazoudier était rappelé, comme tous les autres, quand il avait bravement crié :

> Il est de tout son sang comptable à la patrie ;
> Chaque goutte épargnée a sa gloire flétrie !...

Il est certain qu'au théâtre il y a des rôles par qui l'on est porté ; d'autres sont ce qu'on appelle en style de coulisses des rôles ingrats. Tenez! prenez Sabine dans la tragédie d'*Horace!* Je défie la plus habile diseuse d'en tirer quoi que ce soit. Sabine est une insupportable pleurnicheuse, qui se fait de fête à tous les coins du drame, se lamentant toujours, offrant à tout propos sa tête dont personne ne veut. Ah! l'ennuyeuse plaignarde! Et comme je compatissais tout bas au sort de cette pauvre Mlle Fayolle, qui lutte avec tout son zèle et toute sa science, contre ce désobligeant personnage! Pourquoi diantre Corneille a-t-il voulu qu'après les imprécations de Camille et le meurtre qui les suit, elle revînt et jetât sur le public, ému de ce coup de théâtre, la douche de ses lamentations froides? Depuis deux siècles la scène était supprimée, une scène inutile, une scène assommante que personne n'écoute. M. Perrin l'a rétablie, par respect pour Corneille; mais il y a des cas où le respect est de la trahison. Il est vraiment cruel pour cette infortunée Sabine d'avoir à se traîner aux genoux de son frère, tandis que tout le public, cherchant son chapeau et sa canne, se dit à part soi, en bougonnant : « Elle n'en finira donc pas, cette impitoyable bavarde, cette empêcheuse de tuer en rond? » Mlle Fayolle a eu beau déployer sa science de bien dire; elle n'a pas réussi à nous la rendre intéressante.

Heureux l'artiste qui joue don Diègue ou le vieil Horace! Tout ce qu'il dit va au cœur du public! Silvain veut-il que je lui dise sincèrement ce qui lui manque dans ce rôle?

Il n'y est pas assez familier.

Les vieillards de Corneille, comme ceux de Victor Hugo, ont sans aucun doute une grande allure et le langage tragique. Mais ce sont avant tout de braves gens, sans raideur, sans emphase, qui sont tout naturellement héroïques et sublimes sans y prendre garde.

Ainsi le vieil Horace arrive au second acte et voit ses

fils et son gendre en proie aux lamentations des femmes. Il entre :

> Qu'est ceci, mes enfants? Écoutez-vous vos flammes?
> Et perdez-vous encor le temps avec des femmes?

Dame! représentez-vous un bon bourgeois de 1882, dont le fils a un duel. La mère, la sœur et la fiancée l'ont appris. Elles entourent le jeune homme et le supplient de se dérober. Le père entre :
— Qu'est ceci, mon enfant! est-ce qu'il faut mêler les femmes à ces sortes d'affaires?...

Prenez le ton de ce brave père de famille, et imprimez-lui la dignité du vers tragique. Ce ton est celui d'une familiarité noble et fière. Silvain arrive droit comme un chêne en zinc, et d'une voix superbe, avec un air de dire : « Oh! vous savez : c'est que moi, je suis un héros. » Il crie :

> Qu'est ceci, mes enfants? écoutez-vous vos flammes?

Tout naturel a disparu; c'est le contraire de la vérité. Et la suite qui est si touchante et si tendre :

> Ah! n'attendrissez point ici mes sentiments :
> Pour vous encourager ma voix manque de termes;
> Mon cœur ne forme point de pensers assez fermes;
> Moi-même en cet adieu j'ai les larmes aux yeux.
> Faites votre devoir, et laissez faire aux dieux.

Il est inutile d'enfler la voix et de se décarcasser le tempérament pour rendre des sentiments si vrais, j'allais presque dire si courants. Mettez cela en prose :

« Voyons! ne m'attendrissez pas comme ça! Je ne sais que dire pour vous remettre un peu de cœur au ventre! Il m'est impossible, en vous disant adieu, de m'empêcher de pleurer moi-même ! Faites votre devoir, il en arrivera ce qu'il pourra ! »

Dites tout cela d'un ton simple, ému, avec la dignité d'un vieillard qui fut en sa jeunesse un bon soldat.

Silvain joue la tragédie. Il fait tout le temps des effets d'héroïsme comme d'autres font des effets de cuisse. Ce n'est pas là la tradition de Beauvallet.

Il avait bien des défauts, ce Beauvallet, dont le premier était qu'à la fin de sa vie surtout, à l'époque où je l'ai connu, il ne prenait plus assez au sérieux ni son art ni son lui-même. Mais il avait ce grand, cet incontestable mérite de savoir être simple.

Il entrait, bonhomme et brusque, et cachant sous cette brusquerie voulue une émotion profonde :

> Qu'est ceci, mes enfants ? écoutez-vous vos flammes ?...

Dame ! c'était tout autre chose.

Je me souviens encore de la façon dont il disait :

> Quoi ? Rome donc triomphe ?

Silvain lance ces mots comme à travers une glorieuse trompette. Beauvallet touchait le bras de son interlocuteur, et d'une voix presque basse, avec un air d'étonnement radieux mêlé de quelque anxiété :

— Quoi ! Rome donc triomphe ? demandait-il.

Je ne saurais trop mettre en garde Silvain contre un défaut auquel il est sujet, et qui rend à la longue la tragédie insupportable : c'est la dignité continue, c'est le *ronron tragique*. Il faut que, sous l'alexandrin pompeux de nos classiques, il essaie de retrouver les sentiments que cet alexandrin revêt de sa pourpre ; il faut qu'il les traduise à la moderne, en prenant soin de garder la musique des vers. Je voudrais qu'on étudiât une tragédie comme si c'était un drame contemporain, et qu'on ne s'enquît des traditions qu'après avoir compris et senti par soi-même le rôle que l'on doit jouer. Mais je prêche dans le désert. La tragédie, cette admirable forme de l'art, est abandonnée ; et ceux qui s'y livrent n'ont plus ni directeurs qui les instruisent, ni public qui les soutienne. Ils expédient leur besogne comme les chantres gagés pour louer Dieu psalmodient des prières consacrées qui, pour eux, n'ont plus aucun sens.

13 juin 1881.

CINNA

I

LES SCÈNES CAPITALES

On veut dans cette tragédie trouver tant de choses, et sur la philosophie, et sur la politique, et sur l'histoire, et sur l'âme humaine, qu'on oublie d'y voir tout bonnement une œuvre de théâtre.

Corneille est un homme de génie, cela est certain; mais après tout il écrivait pour le théâtre; ses tragédies sont des pièces de théâtre, et il faut les considérer comme on ferait d'une comédie d'Augier ou d'un vaudeville de Labiche. Cette façon de voir les choses ne prête pas, il est vrai, à des considérations esthétiques bien transcendantes, mais peut-être ainsi se rapproche-t-on plus de la vérité.

Cinna a conspiré contre Auguste; Auguste est averti de la conspiration et pardonne à Cinna. Voilà un sujet de tragédie.

Quelles sont les scènes à faire?

Évidemment, la première qui se présente à l'esprit, c'est la scène du pardon qui forme le dénoûment. La seconde, c'est la délibération qui doit s'établir dans l'âme d'Auguste entre le désir de se venger et l'idée de la clémence.

La première composera le cinquième acte ; la seconde formera la meilleure partie du quatrième.

Voilà les deux scènes qui doivent porter le drame. Si elles sont manquées, il n'y a plus de tragédie. C'est une œuvre sans forme et sans nom. Si elles sont écrites dans un jour d'inspiration par un véritable poëte dramatique, l'œuvre sera grande et pourra même être tenue pour chef-d'œuvre, alors même que le reste serait d'un ordre moindre, car il n'y a dans les ouvrages de l'esprit, au bout d'un siècle ou deux, que les parties supérieures qui comptent.

Corneille, outre qu'il était un merveilleux écrivain, un poëte superbe, était surtout et avant tout un homme de théâtre. Il avait l'instinct de la scène. Et c'est même cet instinct obscur qui lui dictait son jugement quand il donnait parmi ses œuvres la première place à *Rodogune*, au grand scandale des critiques en général, et de M. Hémon en particulier. C'est que dans *Rodogune* il avait inventé la plus belle situation théâtrale qui ait jamais été mise à la scène, c'est qu'il avait créé d'un seul coup un nouveau genre : celui du drame.

Il a fait, et de main de maître, dans *Cinna* les deux scènes à faire. Ce ne sont pas, remarquez-le, de simples morceaux d'éloquence, ce sont des scènes dramatiques où des passions contraires sont en jeu : sous une forme abstraite dans la délibération d'Auguste avec lui-même ; d'une façon plus pittoresque dans la conversation avec Cinna. C'est du théâtre, et du meilleur théâtre.

N'y eût-il que cela dans *Cinna*, la tragédie serait encore de premier ordre.

Quelle est la scène à laquelle, ces deux premières une fois trouvées et bâties, Corneille a dû penser ?

J'ai comme une idée... Ce sont là de simples conjectures, et je les donne comme telles; mais c'est ainsi que nous procédons pour Augier, pour Dumas, pour Sardou; pourquoi les choses devraient-elles se passer autrement quand il s'agit de Corneille? Avant de passer dieu, c'était un homme, un peu plus grand que les autres, mais un homme.

J'ai donc comme une idée que Corneille, qui n'avait rien à faire faire à son Auguste avant le quatrième et le cinquième acte, s'est avisé de le présenter délibérant s'il se démettrait de l'empire ou le garderait. La scène lui était donnée par la tradition historique; elle devait plaire à son génie, où il y eut toujours un peu du goût de l'avocat normand qui soutient tour à tour, avec une égale force, le pour et le contre. Elle avait encore cet avantage de lui permettre, à lui qui aimait les abstractions et les raisonnements politiques, d'exposer les arguments en faveur de la République et de la Monarchie.

Mais c'eût été un beau hors-d'œuvre si l'on n'eût trouvé un moyen de le rattacher à l'action qui terminera le cinquième acte. C'est ici que l'homme de théâtre reparait.

Auguste consultera ses deux intimes, dont l'un plaidera pour la République et l'autre pour l'Empire, et ces deux intimes sont précisément les chefs de la conspiration.

Auguste aura l'air de remettre son sort entre les mains des deux hommes qui ont juré d'en délivrer Rome.

Voilà une troisième scène. Celle-là, je ne l'appelle pas une scène à faire. Car elle n'est point essentielle au sujet; Corneille eût pu en imaginer une autre, pour introduire Auguste et le rendre sympathique aux spectateurs. Mais, du moment qu'il s'y arrêtait, elle devenait partie constitutive du drame; elle y occupait une place importante; il fallait de toute nécessité qu'elle fût supérieurement traitée. Elle eût été manquée, qu'il n'y aurait plus eu de second acte. La pièce aurait tout entière consisté dans un dénoûment précédé d'un monologue.

Remarquez, je vous prie, comme, dans une analyse ainsi faite, les rôles de Cinna et de Maxime passent au second rang; ils font partie du drame, si vous voulez, ils en conduisent l'action, et sans eux il est clair que la pièce n'existerait pas. Mais ce n'est pas à eux qu'appartiennent les grandes scènes, qui sont comme les œuvres vives de la tragédie. Cinna pourra n'être qu'une sotte girouette, Maxime qu'un lâche pleutre; l'action qu'aura, à l'aide de ces deux fantoches, nouée ce maladroit de Corneille qui ne sut jamais le métier pourra être incohérente et pleine de trous; ces défauts seront évidemment fâcheux; ils gâteront le plaisir que l'on aurait à voir le drame se développer régulièrement selon les règles de la logique; mais, encore un coup, ce n'est pas l'essentiel du drame.

Il est donc inutile que la critique se mette en frais d'excuses, ou même que, dans son admiration fétichiste pour Corneille, elle cherche des sens cachés aux rôles, des explications subtiles aux démentis que se donnent les personnages. Il est bien plus simple de dire : « Corneille qui était sublime quand il mettait la main sur la scène à faire, était d'une incomparable gaucherie dans la conduite générale d'une pièce. Il s'embrouillait dans les fils qu'il avait tendus. »

Nul ne possède moins que lui l'art des nuances et celui de faire virer et retourner ses personnages sans choquer le public. Ils sont tout d'une pièce, ses personnages, compacts et raides; et quand il se produit chez eux un de ces revirements de passions ou même de caractères familiers au théâtre, c'est avec pesanteur et maladresse qu'ils accomplissent cette évolution.

Cinna est-il républicain? N'est-il qu'un amoureux? Est-ce un pauvre esprit ? Est-ce un grand cœur ? Il dit sans cesse blanc et noir ; quand dit-il vrai ? Je n'en sais rien et personne n'en saura jamais rien, et Corneille n'en savait rien lui-même.

Pourquoi ne pas avouer tout simplement que Cinna est un caractère mal tracé, mais que ce défaut n'empêche pas l'œuvre d'être admirable, puisqu'il n'est qu'un personnage de second plan ?

A plus forte raison cela est-il vrai de Maxime, qui, lui, est décidément un misérable, indigne de tout intérêt et de toute pitié. Il y a dans ce rôle de si monstrueuses gaucheries, qu'elles ne peuvent se comprendre et s'excuser que par l'ignorance du métier, qui était grande chez Corneille, et par sa négligence superbe du détail inférieur.

Dans toute tragédie, il faut un rôle de femme.

Je ne dirai pas, comme quelques-uns, que Corneille n'a jamais connu qu'un type de femme. Mais il est certain qu'il avait un penchant secret à donner à ses héroïnes une âme virile ; ses femmes sont presque toutes des hommes, plus grands, plus purs, plus nobles, avec un je ne sais quel tour romanesque dans l'esprit.

Émilie devait être de cette famille.

C'est elle qui pense, qui parle, qui agit pour ce pauvre Cinna. Et il n'y a pas à dire, elle le fait trop voir. Il me semble entendre une de ces héroïnes de la Fronde, qui lançaient contre la royauté les amants qu'elles avaient fascinés. Elle a, comme ces illustres contemporaines de Richelieu et de Mazarin, de l'emphase à la fois et de la préciosité dans le langage ; elle n'est point sérieusement amoureuse de Cinna ; mais elle est enthousiaste des grandes passions, comme elle l'est des grandes aventures. Elle se répand en maximes ardentes, en apophtegmes hautains, en superbes tirades, et sur la République, qui n'est pour elle qu'un mot éclatant, et sur son père qu'elle feint de pleurer, tout en acceptant les bienfaits d'Auguste qui l'a fait mourir.

Elle est incompréhensible, cette Émilie, et insupportable. Mais voilà où se retrouve l'homme de théâtre. Ce rôle inexplicable à l'analyse est plein d'effets à la scène. Les trois quarts de ce que dit Émilie me paraissent ridicules, si j'examine la chose de sang-froid. La rampe transforme tout cela et lui donne un relief extraordinaire.

C'est là un phénomène qui n'est pas rare. Je sais des rôles, et pour prendre le plus célèbre de tous, celui de Figaro, par exemple, dans la *Folle journée,* qui ne soutiennent pas une minute l'examen de la critique; il ne fait que des inconséquences, ce Figaro, et ne dit que des sottises; mais quel mouvement endiablé! quelle verve! quel éclat!

Le mouvement et l'éclat, ce sont les qualités de ce personnage d'Émilie qui est toujours hors de la nature et hors de la raison. Et c'est pour cela que toutes les actrices célèbres qui ont joué la tragédie ont désiré s'y essayer, jusqu'à la plus grande de toutes, jusqu'à Mlle Rachel, qui en avait fait, dit-on, l'un de ses meilleurs rôles.

Ce rôle d'Émilie est un des plus brillants hors-d'œuvre qui soient au théâtre. J'ai bien dit exprès : hors-d'œuvre. Vous pourriez presque, à la rigueur, concevoir la pièce sans Émilie. Il suffirait de donner à Cinna un cœur de vieux patricien, enragé contre la domination d'un seul, et à Maxime, les ardeurs généreuses d'un jeune homme, séduit par les mots de république et de tyran. Otez donc Hermione de la tragédie d'Andromaque, qu'en restera-t-il? Enlevez Émilie, l'œuvre subsiste. Et cependant l'action est la même : Hermione lance Oreste contre Pyrrhus, comme Émilie pousse Cinna à tuer Auguste. Oui, mais dans Andromaque, c'est la scène à faire. Dans Cinna, qu'importe que le bras de l'assassin ait été armé par Émilie ou par la passion politique !

Pour me résumer, je crois que, pour bien apprécier une œuvre de théâtre, il faut se placer au point de vue dramatique. On l'oublie un peu, quand on parle de Corneille et de Racine, parce qu'on a plus l'habitude de les lire que de les voir jouer. C'est un tort. Une pièce doit être faite pour le théâtre, et jugée, comme disaient nos pères, aux chandelles. Cela est aussi vrai de Sophocle que de Corneille, et de Corneille que de Sardou.

Et la meilleure preuve qu'il en faut juger ainsi, c'est qu'en dépit des admirations consacrées, le public écoute tantôt avec impatience, tantôt avec une attention languissante, tout ce qui, dans cette tragédie de *Cinna*, n'est pas de pur théâtre. Une fois à la rampe, tous les enthousiasmes des commentateurs et des critiques s'évanouissent, il n'y a plus que les qualités dramatiques qui comptent.

20 mars 1882.

II

LE TYRAN

J'ai eu bien du plaisir à revoir *Cinna*. La représentation des chefs-d'œuvre a cela de bon qu'elle invite à les juger à nouveau. Quand on les lit au coin de son feu, on se défait malaisément des préjugés de son enfance ; on n'échappe point à certains partis pris d'admiration classique ; mais de les revoir à la scène, c'est une autre affaire. Qualités ou défauts, tout prend un relief saisissant, on est tout étonné de ne plus retrouver au feu de la rampe l'impression que l'on avait emportée des leçons du professeur. La pensée aussi est plus active au théâtre; je parle du moins de la mienne, que le bruit de la salle, la lumière du lustre, et les mouvements des acteurs mettent en branle et jettent hors des sentiers battus.

A ne considérer *Cinna* que comme œuvre dramatique, il n'en est guère de plus mal bâtie. L'action est des plus incohérentes et, à certains endroits même, elle est inexplicable. Les caractères ne sont guère mieux tracés que l'intrigue n'est ourdie. Émilie est la plus déraisonnable et la plus inconséquente des furies; on ne comprend rien à ces ressentiments, qui se sont accommodés durant dix années des bienfaits d'Auguste, et ont attendu si longtemps pour éclater. Cinna est un pauvre homme qui veut et ne veut pas; qui passe sans qu'on sache pourquoi, d'une rage sans motif à un abattement sans excuse : tous deux jouent ensemble la scène que Racine reprendra plus tard dans *Andromaque*, et qu'il fera si pathétique, Hermione armant le bras d'Oreste; et ils trouvent moyen, avec une situation pareille, de n'émouvoir personne, n'étant pas eux-mêmes le moins du monde émus. Maxime fait la figure du dernier des pleutres; son personnage est aussi dégoûtant qu'inutile. Auguste est moins déterminé à la clémence par sa grandeur d'âme naturelle que par l'influence de sa femme, qu'il traite d'ailleurs fort impoliment, tout en suivant ses conseils. La plupart des scènes ne sont d'ailleurs que des discussions d'avocat normand, où le pour et le contre sont soutenus avec une incroyable subtilité de raisonnement.

Tout cela est exact et je l'ai très vivement senti l'autre soir. Il n'en est pas moins vrai que *Cinna* a pour nous des côtés qui intéressent, et ce ne sont peut-être pas ceux qu'on a le plus souvent et le plus volontiers fait ressortir.

Corneille était de cette génération qui a produit les de Retz, les La Rochefoucauld, les Condé, tous ces grands personnages qui, ayant vécu dans un temps très agité, ont connu et démêlé les plus secrets ressorts de la politique. Plus on relit ces gens-là, plus on est étonné de la connaissance profonde qu'ils avaient emportée de l'homme politique et moral.

Les écrivains du dix-huitième siècle ne sont, à cet égard, que des enfants près d'eux. Admirables pour l'exposition des théories et la revendication des libertés, mais naïfs, et je dirai presque puérils, quand il s'agit de pratique. Y a-t-il ingénuité pareille à celle de Voltaire, qui, écrivant à Condorcet, lui prédit, à la veille de 93, qu'une révolution approche, dont l'effet immédiat sera de faire entrer l'humanité dans l'âge définitif de la vie bucolique!

Quel étonnement ne cause pas aujourd'hui Rousseau, soit qu'il proclame infaillible le peuple réuni dans ses comices, soit qu'il prophétise que cette infaillibilité, si jamais on l'interroge, répondra nécessairement, en décrétant, comme loi suprême de l'État, la République et la profession de foi du *Vicaire Savoyard*. C'est que tout le génie du monde ne donne point la clé des révolutions. Il faut en avoir vu quelques-unes pour les entendre et y avoir soi-même pris une part. Où Voltaire, Rousseau et leurs contemporains se seraient-ils instruits de cette science?

Elle était naturelle aux hommes qui atteignirent cinquante ans vers 1660. Ils étaient nés le soir d'un complot, comme nous sommes nés, nous autres, entre deux émeutes. Ils avaient (c'est Weiss qui parle) entendu conter à leurs pères les cabales de la Rochelle et les chevauchées du temps du roi de Navarre; Jean Savaron et les états de 1614 ne laissent pas que d'avoir occupé un instant leur jeunesse. Plus tard, ils avaient appris que « dans Paris, le séjour des délices et des douceurs, on peut voir les barricades ailleurs que dans l'histoire de Henri III ». Le soir de cette journée du 21 octobre 1652, où la cour exilée rentre dans Paris, ceux qui avaient mené la Fronde purent faire quelques réflexions utiles sur les vicissitudes de leur existence.

Ils retrouvèrent dans ce Paris, rendu à la Royauté, de bons amis qu'ils avaient sauvés de l'échafaud et qui avaient essayé de les faire pendre sous Mazarin ; une reine pieuse et clémente, qu'ils avaient servie contre le cardinal, avec le bourreau en perspective, et qui ne leur avait jamais pardonné à eux d'avoir bravé la mort pour elle. Ils y trouvèrent des complots, des projets d'assassinats politiques, un commencement de massacre, d'étonnantes révolutions accomplies dans les esprits, et ce peuple, qu'il « est plus difficile (un mot bien profond d'un moraliste de ce temps-là) de soutenir une fois lancé que de retenir », c'était bien là de quoi étudier le jeu des révolutions, et tous les hommes de ce temps-là qui l'avaient aimé et pratiqué, en conservèrent le goût !

C'est pour eux que Corneille écrivit. Aussi le comprenons-nous bien mieux qu'on ne faisait sans doute il y a quatre-vingts ans. C'est que, nous aussi, nous avons vécu à une époque troublée d'agitations politiques ; nous aussi, nous avons assisté à ces grandes émotions où se trahissent les passions des hommes, où toutes les consciences se mettent en plein vent. Les mémoires du cardinal de Retz, les maximes de La Rochefoucauld, et les tragédies de Corneille nous touchent par des endroits plus sensibles ; ces œuvres éveillent en nous des idées et des sentiments dont Voltaire, avec toute sa sagacité, ne se douta jamais.

De quels traits ce Corneille a-t-il marqué les tyrans! Voyez ce que dit Auguste à Cinna quand il le tient sous sa main, honteux et stupide : « Tu n'es rien que par moi, tu n'as pas ombre de talent ni de caractère, tu es un sot, dont j'ai, de ma grâce, fait un homme considérable en faisant un favori » :

> Ma faveur fait ta gloire, et ton pouvoir en vient ;
> Elle seule t'élève, et seule te soutient ;
> C'est elle qu'on adore et non pas ta personne,
> Tu n'as crédit ni rang, qu'autant qu'elle t'en donne
> Et pour te faire choir je n'aurais aujourd'hui
> Qu'à retirer la main qui seule est ton appui.

Est-il possible de ravaler plus bas un serviteur? Auguste appuie sur cette humiliante idée, avec l'insistance d'un homme convaincu :

> Chacun tremble sous toi, chacun t'offre des vœux,
> Ta fortune est bien haut, tu peux ce que tu veux ;
> Mais tu ferais pitié, même à ceux qu'elle irrite,
> Si je t'abandonnais à ton peu de mérite.

Ton peu de mérite! le mot y est et non pas pour la rime. C'est le fond de sa pensée. Il sait ce que vaut l'homme, dans la conversation de qui il se délasse des soucis de l'empire, et tout de suite après, s'adressant à ce malheureux, qu'il a mis si bas :

> Reçois le consulat pour la nouvelle année.

Cela n'est-il pas merveilleux? Tu n'es qu'un imbécile, je le sais et te le dis avec franchise, et je te donne la première magistrature de l'empire. N'est-ce pas comme s'il lui disait : « Il suffit que je t'aie distingué pour que tu sois capable. Tu es un reflet du maître, une émanation de moi-même, il n'en faut pas davantage. »

Et aussitôt remonte à la mémoire la célèbre maxime de

La Rochefoucauld : « Les rois font des hommes comme des pièces de monnaie : ils les font valoir ce qu'ils veulent, et l'on est forcé de les recevoir selon leur cours et non pas selon leur véritable mérite. » Oui, les hommes de cette génération avaient vu par maints exemples à quels médiocres faquins, ministres ou tribuns, la faveur ou la popularité peuvent livrer le gouvernement du monde. La Rochefoucauld exprimait cette vérité sous forme de sentence et Corneille la mettait en scène.

Quel monde de souvenirs, des souvenirs tout brûlants d'hier, cette scène ne doit-elle pas éveiller chez le public de 1868! Pour moi, je revoyais tout d'un temps ces candidatures officielles, où les Cinna au petit pied sont patronnés par des Auguste de sous-préfecture. Est-ce que nos gouvernants ne croient pas, eux aussi, donner à leurs protégés, avec l'investiture d'une fonction, le talent nécessaire pour la soutenir? Est-ce que ces protégés eux-mêmes ne s'imaginent pas avoir reçu, en même temps que l'imposition des mains, le génie qui tombe de ces sphères supérieures?

> Leur fortune est bien haut, ils peuvent ce qu'ils veulent.
> Mais elle fait pitié, même à ceux qu'elle irrite,
> Si le préfet les livre à leur propre mérite.

Si Corneille a saisi et rendu avec bonheur les petits côtés de la tyrannie, il a aussi jeté un regard profond sur l'ennui de ces tout-puissants souverains, qui ne trouvent plus, dans le spectacle du monde, qu'ils ont avili, qu'un sujet de mélancolique dédain. Il est entré plus avant que personne dans ces âmes hautaines, et en a sondé la vaste désolation. Je me souviens toujours de la tristesse superbe de Beauvallet, quand, jouant le rôle de César dans la tragédie de Pompée, il disait au roi d'Égypte qui lui apportait la tête de son rival :

> Pensez-vous que j'ignore ou que je dissimule
> Que vous n'auriez pas eu pour moi plus de scrupule,
> Et que, s'il m'eût vaincu, votre esprit complaisant
> Lui faisait de ma tête un semblable présent ?

Quel trait de caractère ! quelle percée de lumière dans les profondeurs sombres de ces âmes de rois ! Ainsi ils ont tant vu de bassesses, de lâchetés, de trahisons, qu'ils ne croient plus à la vertu, ni à l'honneur, ni à aucun sentiment noble, et qu'ils ne trouvent plus en eux qu'un effroyable vide, et un ennui incurable. Jamais ce rassasiement de la toute-puissance n'a été mieux exprimé que par Corneille, dans ces beaux vers de *Cinna*, qui sont dans toutes les mémoires :

> Et comme notre esprit, jusqu'au dernier soupir,
> Toujours vers quelque objet pousse quelque désir,
> Il se ramène en soi, n'ayant plus où se prendre,
> Et, monté sur le faîte, il aspire à descendre.

Et plus loin ce cri mélancolique :

> O Romains ! ô vengeance ! ô pouvoir absolu !

O pouvoir absolu ! c'est cela : on sent dans ce mot une lassitude infinie de cette toute-puissance ; c'est un homme qui a tant usé des plaisirs et des misères de l'ambition, qu'il s'abandonne lui-même, se laisse aller, lui et son empire, à la dérive des événements, et contemple vaguement, avec une résignation ennuyée, le naufrage où il court.

Après le souverain, les partis qui s'agitent au-dessous de lui. Corneille les marque les uns après les autres de traits où nous pouvons encore aujourd'hui nous reconnaître.

Maxime affirme à Cinna qu'Auguste n'est pas le tyran qu'on veut bien dire, qu'il est tout prêt à rendre la liberté :
— La liberté! s'écrie Cinna.

> Ce ne peut être un bien qu'elle (Rome) daigne estimer,
> Quand il vient d'une main lasse de l'opprimer :
> Elle a le cœur trop bon pour se voir avec joie
> Le rebut d'un tyran dont elle fut la proie;
> Et tout ce que la gloire a de vrais partisans
> Le hait trop puissamment pour aimer ses présents.

Eh bien ! sentez-vous à qui ces vers s'appliquent ? Ne retrouvez-vous pas le sens éternel de cette farouche imprécation :

> Quoi! je le haïrais sans tâcher de lui nuire !
> J'attendrais du hasard qu'il osé le détruire,
> Et je satisferais des devoirs si pressants
> Par une haine obscure et des vœux impuissants!
> Lui mort, nous n'avons point de vengeur, ni de maître;
> Avec la liberté Rome s'en va renaître;
> Et nous mériterons le nom de vrais Romains,
> Si le joug qui l'accable est brisé par nos mains.

Écoutez, maintenant, l'autre parti. Car le poëte qui a peint les guerres civiles, donne la parole tour à tour à toutes les opinions. Revenant sur les attentats qui ont précédé l'élévation d'Auguste, il en donne la seule excuse que vous trouverez jamais dans la bouche de ceux qui approuvent le 18 brumaire et le 2 décembre :

> Tous ces crimes d'État qu'on fait pour la couronne
> Le ciel nous en absout alors qu'il nous la donne.
> Qui peut y parvenir ne peut être coupable.
> Quoi qu'il ait fait ou fasse, il est inviolable.
> Nous lui devons nos biens, nos jours sont en sa main,
> Et jamais on n'a droit sur ceux du souverain.

Allez revoir *Cinna* si on le joue de nouveau à la Comédie-Française et, au lieu d'écouter des situations très connues, amusez-vous à suivre toutes ces discussions politiques où se complaît le génie du vieux Corneille. Rejetez-les par la pensée dans le courant des événements modernes ; aux noms et aux faits de l'antiquité romaine substituez ceux avec qui le journalisme contemporain vous a rendus familiers, vous serez étonné de voir que Corneille ait écrit, en 1640, une tragédie qui trouve, deux cents ans plus tard, de si nombreuses et de si justes applications qu'elle a l'air d'une actualité.

C'est que l'homme ne change guère et que la vérité est éternelle. Tous ceux qui usurperont la souveraine puissance seront forcés de commettre les mêmes illégalités : ils exciteront les mêmes réprobations, trouveront autour d'eux les mêmes flatteries, et concevront le même mépris de la nature humaine. Mais il faut, pour bien peindre et pour bien comprendre ces révolutions, en avoir tâté soi-même ; et c'est pour cela que nous admirons plus *Cinna* que ne faisait Voltaire, ou du moins nous l'admirons tout autrement que lui.

14 septembre 1863.

POLYEUCTE

I

ÉTUDE GÉNÉRALE

Polyeucte, en dépit de son sujet tiré des légendes de Rome, de son allure hautaine et sobre, de son goût d'idéal, est un drame moderne, où s'agitent toutes les passions de la vie contemporaine. Il ne s'agit que de les y voir. Il vous arrive, quand un morceau de musique n'est pas à votre voix, d'en transposer l'accompagnement au piano. Eh bien! c'est ce que vous devriez toujours faire, quand vous écoutez une pièce du vieux Corneille; il faut en mettre les sentiments et les idées au ton des mœurs du jour.

Vous vous imaginez peut-être, Madame, que cette Pauline, si héroïque, si fière, et qui semble tout à fait hors de la destinée commune des femmes, est une personne avec qui vous n'avez rien à démêler; vous ne vous trouvez, dans la banalité de votre vie bourgeoise, aucun point de contact avec son aventure singulière. Ah! que vous l'entendez mal! Mais Pauline, c'est vous, c'est votre fille, c'est votre amie : ce qu'elle exprime, vous l'avez senti, ou le sentirez un jour. Son histoire est la vôtre ; c'est l'éternelle histoire de toutes les femmes.

Quand vous aviez seize ans, et que vous attendiez sur votre banquette, au bal, qu'un danseur se détachât des groupes pour vous inviter, sur qui vos regards s'arrêtaient-ils avec complaisance? Sur un jeune homme bien mis, élégant de sa personne, qui savait dire des choses aimables, que tout le monde admirait pour la grâce de ses manières, et l'agrément de sa conversation. Ce beau cavalier était-il autre chose qu'un valseur aimable? avait-il des idées dans la cervelle? était-il animé d'une foi quelconque? capable de grande passion et de dévoûment à un idéal? Vous n'en saviez rien, mais que vous importait? Il était séduisant; vous l'aimiez en secret.

Peut-être aviez-vous laissé à la maison un brave garçon, gauche, timide; mais tendre, mais fier, mais dévoré d'un feu intérieur, poussé au travail par d'ardentes aspirations, prêt à se sacrifier pour une noble cause d'abord, et pour vous ensuite. Vous n'y aviez fait nulle attention; ces caractères passionnés, qui ont tant d'empire quelquefois sur les femmes d'un certain âge, passent inaperçus des jeunes filles.

Pauline a fait comme vous. Jeune fille, elle a aimé Sévère. Savez-vous bien que ce Sévère est la personnification de tous les beaux-fils, qui s'en vont traînant après soi les cœurs des ingénues de dix-huit ans, et des caillettes de trente-cinq? Ajoutez à ces qualités d'extérieur une certaine grâce chevaleresque, et vous avez l'amant de la princesse de Clèves, ce charmant duc de Nemours. Réduisez-le aux proportions d'un courtisan bien élevé, c'est ce bon Philinte, l'homme des convenances, la joie des mères et la coqueluche des filles à marier. M. de Morny était de cette race, comme en sont, au dernier degré de l'échelle, les gandins de notre génération : gens spirituels et sceptiques, aimables et égoïstes, qui n'ont d'autre objet au monde que la satisfaction de leurs désirs, mais qui cachent ce mauvais fond sous des manières polies et délicates, et le relèvent par un sentiment exquis et chatouilleux de l'honneur mondain.

Sévère en est le type le plus accompli. Il est brave, il est galant, il est homme du meilleur monde. Ce n'est pas un sot ; pourquoi les hommes de cette espèce le seraient-ils ? Il est fort capable d'entrer aux conseils des princes, de conduire une révolution ; il eût écrit, le 2 décembre 1851, à M. de Maupas, la lettre que nous avons lue cette semaine ; sceptique, d'ailleurs, connaissant fort bien, pour les avoir étudiées par curiosité de diplomate, les mœurs de la secte nouvelle des chrétiens, sachant l'injustice de la persécution dirigée contre eux, mais laissant faire pour ne point s'embarrasser de tracas qui ne le touchent pas personnellement ; c'est de tous points ce que nos arrière-grand'mères appelaient un cavalier accompli.

Pauline l'a aimé, comme vous eussiez fait, Madame ; et quand son père lui a dit : « Écoute, il n'a pas le sou, ce n'est qu'un cadet de fortune, » elle a pleurniché tout bas ; mais elle a obéi, elle en a épousé un autre, toujours comme vous, chère Madame, en se disant : « C'est mon mari ! Dieu me fera la grâce de l'aimer. »

Ce Polyeucte est un tout autre homme que Sévère. Moins aimable, moins galant que lui, mais passionné. Il aime, tout est là ; il aime sa femme d'abord, profondément, ardemment, comme savent aimer ces gens-là. Mais ensuite il a, au fond de l'âme, cette secrète disposition au dévouement, qui n'attend qu'un objet où s'employer. Sévère est de la tribu des Philinte, Polyeucte est cousin d'Alceste.

Il en a le cœur chaud, les haines violentes, les emportements excessifs. Ne souriez pas de ces rapprochements qui vous semblent peut-être forcés ; je vous dis qu'il y a entre ces personnages des attaches mystérieuses. Les artistes, les inventeurs, les philanthropes (je parle des vrais, bien entendu, et non des charlatans), tous ceux qui sont capables de foi, tous ceux qui se sentent la rage de mourir pour leurs convictions; oui, tous ceux-là peuvent donner la main à Polyeucte et à Alceste; ils ne forment qu'une famille.

Ah! si je ne craignais le ridicule... Et pourquoi donc le craindrais-je? Où est le ridicule de dire une chose vraie? Eh bien! tenez, j'ai connu assez intimement le père Chevé, celui qui a donné son nom à une nouvelle méthode de notation musicale. Ce diable d'homme était le Polyeucte du chiffre. Il n'avait qu'une idée au monde, la propagation de son enseignement; mais il l'avait à un point qui ne se conçoit pas. Il y mettait une ardeur de conviction, qui nous échauffait tous autour de lui. Il s'emportait en indignations furieuses contre les incrédules et les malveillants; il se fût fait hacher, et ses disciples derrière lui, pour le triomphe de ce qu'il croyait être la vérité.

Ces hommes ont une action très puissante, mais pas sur les jeunes filles. Ils ne songent pas assez au nœud de leur cravate; ils ont des accès d'attendrissement ou de colère qui ne laissent pas d'être comiques, et dont il est facile de rire. Ils ne parlent que de leur affaire, et ne sont pas amusants. Ce n'est que plus tard qu'une femme commence à comprendre que cette même chaleur de cœur qui les transporte pour un objet déterminé, les rend aussi plus tendres à la maîtresse qu'ils ont choisie. Et encore, peut-on dire qu'elle le comprend? Non, elle est avertie par un instinct mystérieux, et qui sait? piquée peut-être par l'attrait de la nouveauté.

Pour cette estimable Pauline, elle n'a pas déchiffré le premier mot de son mari. Voilà quinze jours qu'elle l'a épousé; elle fait, en honnête femme qu'elle est, bien des efforts pour l'aimer, sinon de tout son cœur, au moins de toute sa raison. Mais de rien voir des trésors d'affection qui dorment au fond de cette âme supérieure, mais de croire qu'un foyer si brûlant échauffe ce cœur qui est à elle; non, non, cela est trop fort pour cette Éliante de la tragédie! Il faudra que de terribles épreuves ouvrent ses yeux fermés.

Sévère revient, et quoiqu'elle soit très décidée à demeurer fidèle à son devoir d'épouse, elle se plaît et s'attarde à ces galanteries chevaleresques que lui débite son ancien amant. Qu'elle est jolie cette scène, qui s'en va, finissant et se reprenant sans cesse, comme si ces deux amoureux ne pouvaient se quitter! Mais patience! patience! Pauline apprendra bientôt que le vrai et profond amour n'est pas dans ces propos tendres, elle saura ce qu'est la passion sincère, emportée, absolue.

Polyeucte est une de ces âmes extrêmes qui vont, d'un seul élan, au bout de leur pensée. A peine chrétien, il court au temple, il brise les idoles; il a, comme tous les artistes, comme tous les inventeurs, oublié sa femme pour son idée. Van Claes n'eût-il pas vendu toute sa famille pour acheter une pile électrique qui lui manquait! Voilà Pauline stupéfaite et indignée.

Que va-t-elle faire? Eh! mon Dieu! il n'y a pour une femme que deux issues à cette situation : il faut qu'elle en arrive à détester son mari, ou bien à l'adorer. De quel côté tournera-t-elle? C'est là qu'est le drame, drame intime, et mille fois plus intéressant pour nous que les tirades sur le christianisme : car c'est celui de toutes les femmes à un certain moment de leur vie; c'est la crise, comme dit M. Feuillet.

Polyeucte a déjà gagné à cela qu'on ne songe plus à Sévère. Il s'agit bien de Sévère, en effet! Ce mari n'était jusque-là qu'un honnête homme, qu'on avait grand'peine à aimer ; près de qui l'on se rappelait sans cesse le mérite qu'on avait eu à lui sacrifier un rival si charmant et jadis adoré ; à qui même on ne pourrait s'empêcher de faire sentir l'étendue de ce sacrifice, au risque de le lui rendre un peu désagréable. Mais voici qui change terriblement les choses. Ce même mari vient de faire un coup d'éclat ; ses jours sont en danger, il y va de sa tête.

— Comment ! il s'est ainsi exposé, sans souci de me perdre ! Il y a donc au monde une chose qu'il aime plus que moi !

Cette pensée l'inquiète, l'irrite. Si Sévère arrivait en ce moment, on le mettrait à la porte, à moins qu'on ne le prît pour confident de ses craintes et de ses chagrins. Le joli rôle pour un amant ! Mais on ne pense pas même à le voir. On court chez le père demander la grâce du coupable ; on va trouver le coupable lui-même dans sa prison.

Ah ! comme on a d'avance calculé toutes les bonnes raisons qu'on lui fera valoir ! comme on a disposé, en femme éminemment raisonnable, les arguments les plus capables de l'ébranler ! et, en effet, suivez sur le livre cette merveilleuse scène, vous y verrez par ordre défiler toute la série des raisonnements, dont on peut battre en brèche la résolution d'un homme qui s'obstine ! Mais comme il résiste, cette froideur, à laquelle Pauline ne s'attendait point, la jette hors des gonds, et un cri lui échappe, le vrai cri de la femme :

— Ah ! ça, vous ne m'aimez donc pas ? qu'est-ce que vous disiez donc que vous m'aimiez ? Comment ! c'est moi qui vous prie maintenant ! Voilà qui est singulier.

Je traduis en prose les admirables vers de Corneille, mais relisez-les, et si vous y trouvez autre chose, je veux être pendu ! Polyeucte tient bon : il aime sa femme, mais il aime encore mieux son idée, ou plutôt il les confond dans un même amour; et il fait à sa Pauline la proposition, que font toujours à la femme aimée les gens passionnés pour une conviction.

— Venez avec moi, au désert, dit Alceste à Célimène.
— Mourez avec moi, dit Polyeucte à Pauline.

Célimène refuse net; elle n'est pas seulement femme, celle-là, elle est Française et Parisienne. Pauline y viendra. Mais il y faudra plus de temps. Elle n'est encore qu'étourdie; un dernier coup l'achève.

Polyeucte a fait venir Sévère; et tranquillement, froidement, il lui lègue sa femme, sa Pauline! Avez-vous jamais reçu, Madame, une forte volée de l'homme que vous aimiez? Non, n'est-ce pas? Eh bien! supposez qu'il vous en ait gratifiée. Il pourra bien se faire que vous le traitiez de monstre, mais je ne suis pas bien sûr que vous ne l'en adoriez davantage.

C'est l'histoire de Pauline. Quoi! son mari la quitte, il fait plus, il la donne! il ajoute à tant d'indifférence la plus sensible des injures! Mais c'est un monstre, oui, un monstre; et voilà précisément pourquoi elle l'adore! Ah! quel homme, généreux, violent, passionné, et je ne puis plus rien sur lui!

Et ce pauvre Sévère! Non, c'est trop drôle; il choisit juste ce moment pour tirer de sa poche sa petite déclaration! Il ne se doute pas qu'en ce moment, il est le dernier des pleutres; que sa maîtresse d'autrefois est parfaitement folle de l'homme qui l'abandonne. Aussi, il faut voir comme elle le remet à sa place!

— Vous plaisantez, monsieur, brisons là!

Mon Polyeucte touche à son heure dernière!

On dit *mon Polyeucte*, à cette heure! On supplie Sévère

de le sauver, et Sévère, qui est un honnête homme et qui connaît les femmes, prend son parti de la déconvenue, car pour un cœur bien fait et légèrement sceptique, ce qu'il y a de plus agréable, après le plaisir de posséder une femme qu'on désire, c'est de la voir heureuse aux bras d'un autre, et d'y être pour quelque chose.

La catastrophe se précipite. Pauline accourt éperdue, au moment où son père va envoyer Polyeucte à la mort. N'attendez plus d'elle ni logique, ni arguments disposés en bel ordre. Cela était bon tout à l'heure. La raison a disparu ; c'est un amour furieux, éperdu, qui se répand en plaintes et en imprécations. Elle se jette aux genoux de ce mari, qu'elle disait naguère aimer par devoir.

> Ne désespère pas une âme qui t'adore !

Quel beau vers, et plein de passion emportée ! Souvenez-vous qu'elle avait, une heure auparavant, dit languissamment à Sévère :

> Un je ne sais quel charme encor vers vous m'emporte !

Sentez-vous la différence ? Non, elle n'a jamais adoré Sévère, un bellâtre d'esprit ! Polyeucte s'est emparé de ce cœur, il exerce sur elle cette fascination d'une âme forte et ardente, sur une femme emportée dans son tourbillon.

Et il le sent bien ! ce cri l'émeut, c'est le premier qu'il ait entendu ; et il se sauve de cette faiblesse dans la brutalité : « Vivez avec Sévère, lui répète-t-il », mais soyez sûr qu'au fond son cœur est déchiré, et quand il ajoute : « Ou mourez avec moi. » C'est bien l'alternative. Si vous n'êtes pas assez noble, assez dévouée pour me comprendre et me suivre, demeurez au monde, vous n'êtes pas la Pauline que je souhaite.

« Je mourrai si tu meurs ! » s'écrie-t-elle.

Et elle se précipite sur lui ; elle se colle à ses bras ; elle court à l'échafaud ; et c'est là, au retour, toute couverte du sang du seul homme qui lui ait fait connaître ces sensations terribles et charmantes, qu'elle jette le fameux cri :

Je vois, je sais, je crois, je suis désabusée.

Un cri de foi ? non pas ; un cri d'amour. Je vois ! oui, je vois que j'ai été bien insensée de ne pas comprendre plus tôt mon Polyeucte ; je sais ! oui, je sais qu'il était le seul digne d'être aimé ! Je crois ! je crois en lui : chrétien, païen, qu'importe ! Ce qu'il a été, je le suis, je veux l'être ! Il faut que j'aille le retrouver !

Ah ! que j'ai perdu de temps près de lui, me souvenant toujours de l'autre ! Mais aujourd'hui je suis désabusée. Ce sont les Polyeuctes qui savent aimer ! et je meurs avec le regret de ne pas l'avoir senti plus tôt !

Heureuse pourtant ! car ils ont mis l'un et l'autre, dans ce dernier serrement de main, des siècles de passion et de joie.

Et durant un moment tous deux avaient aimé !

Célimène mourra sans cette consolation.

7 octobre 1867.

II

LES CARACTÈRES

J'ai à revenir sur un de mes derniers feuilletons, qui paraît avoir causé une émotion assez grande, surtout parmi mes anciens collègues, les professeurs de l'Université dont beaucoup me font l'honneur de me lire.

Il s'agit de *Polyeucte*, et de la façon dont j'ai apprécié l'œuvre du vieux Corneille. Je ne me doutais guère qu'en traitant un sujet si peu actuel, on pouvait exciter une aussi vive attention. Je croyais n'écrire que pour un petit nombre de personnes, qui ont conservé le goût de ces études rétrospectives, et qui savent gré à un journaliste de s'y retremper par intervalles. Et point du tout : je ne pense pas avoir jamais, depuis que je suis dans le journalisme, publié un article qui m'ait attiré tant de compliments et de critiques, tant d'encouragements et de réclamations. Les lettres ont été si nombreuses, et quelques-unes si longues, et touchant à tant de points, que j'ai renoncé à répondre à chacune en particulier. Je préfère reprendre la question, et donner au public les éclaircissements qui me sont demandés par tant de gens instruits.

Vous rappelez-vous l'idée générale d'où j'étais parti? C'est que, pour comprendre et goûter, à cette heure, les chefs-d'œuvre de notre théâtre classique, on doit les transposer, comme un chanteur transpose l'accompagnement d'un morceau qu'il ne peut chanter dans le ton indiqué. Nos poètes ont peint des types immortels, qu'ils ont revêtus du costume, des sentiments et des façons de parler en usage à leur époque. Il faut les dépouiller de cet accoutrement, qui nous les rend étrangers et méconnaissables : il faut les habiller à notre mode; de l'habit noir et du chapeau rond. Polyeucte, Sévère, ou Félix, c'est ce monsieur qui vous coudoie; Pauline, c'est votre femme, votre sœur ou votre maîtresse.

Et passant aussitôt de la théorie à l'exemple, j'avais remis à la moderne la tragédie de Corneille. J'avais montré, par des exemples très sensibles, que le drame qui se joue sur ces hauteurs sereines où Corneille l'a transporté est le même qui se passe sans cesse, sous nos yeux, dans notre vie prosaïque et bourgeoise.

Je n'ai point à revenir sur ce que j'ai dit de Pauline. Il faut bien croire que j'ai touché juste, puisque personne ne s'est plaint. De même pour Polyeucte, sur qui l'on a passé condamnation. Mais il n'en a pas été de même pour Sévère. Sur ce point les réclamations ont été unanimes; et j'avouerai bien naïvement que je ne les avais pas attendues moi-même pour reconnaître que j'étais allé trop loin, que l'expression avait dépassé de beaucoup ma pensée.

Ceux qui savent par expérience ce que c'est qu'un feuilleton, qui ont mis, comme on dit, la main à la pâte, me pardonneront aisément. Ils connaissent les nécessités du journalisme. Un article de journal est lu en courant par des gens affairés, qui embrassent des yeux toute une colonne, entre deux bouffées de cigare. On doit donc être court et frapper fort. On ne peut perdre son temps aux atténuations, aux restrictions que toute idée réclame; on la ramasse en un trait qui s'enfonce en la mémoire. Qu'arrive-t-il? c'est que la pensée, dépouillée de tout ce qui l'explique, filant droit comme un boulet qui renverse tout sur son passage, étonne, effraie; et si le mot dont on se sert pour l'exprimer la charge encore, elle devient absolument inacceptable.

J'étais tout préoccupé de cette idée, qui est juste au fond, que Polyeucte et Sévère appartiennent à deux races d'hommes très distinctes; que l'un représente les hommes de foi, ceux qui transportent les montagnes; que l'autre est l'idéal de ces gens braves, aimables et sceptiques, très capables de grandes choses, mais trop raisonnables pour se dévouer jamais à une utopie, et dont le caractère se résume en cette maxime de tolérance philosophique :

> J'approuve cependant que chacun ait ses dieux!

Si je m'en étais tenu là, j'aurais eu raison, et l'on n'aurait guère trouvé où mordre. Mais une fois lancé sur la pente du développement, cherchant dans la vie contemporaine des visages à qui appliquer ce type, j'ai trouvé M. de Morny, et suis de là descendu aux gandins, les mettant, il est vrai, au dernier degré de l'échelle, mais enfin prononçant leur nom.

C'était un tort, je l'avoue; car je n'aurais dû arriver là qu'après bien des explications préliminaires, avec une foule de restrictions, que je n'avais point faites. Sévère est un politique, cela est certain; un sceptique, la chose est incontestable; un homme parfaitement aimable, et qui a la conscience du charme attirant qu'il possède, on n'en saurait douter.

Mais il y a un côté de son caractère que j'avais laissé dans l'ombre. Il a du cœur. Il est noble, il est généreux, et cette vue large et indifférente qu'il jette sur les affaires de ce monde n'exclut pas une certaine chaleur d'imagination, une sensibilité hautaine et fière.

Quand Pauline l'a supplié de s'employer pour Polyeucte, son rival, et que le confident, ennuyé de tous ces tracas, lui dit avec un bon sens tout à fait prosaïque :

> Laissez à son destin cette ingrate famille,
> D'un si cruel effort quel prix espérez-vous?

Écoutez ce que répond Sévère :

> La gloire de montrer à cette âme si belle,
> Que Sévère l'égale et qu'il est digne d'elle,
> Qu'elle m'était bien due...

Non, l'homme qui sent et s'exprime de cette façon

l'homme qui se pique ainsi de générosité, et que toute pensée noble, toute action superbe, pousse à un effort de vertu semblable, ne peut, à aucun degré, être comparé à nos gandins, chez qui manque trop souvent le cœur.

Ne rapprochez point, en lisant la pièce, Sévère de Polyeucte; mettez-le à côté de Félix, vous verrez, dans tout son éclat, la supériorité de l'un et l'incroyable bassesse de l'autre. Tout deux sont fonctionnaires, tous deux tiennent un emploi et reçoivent des appointements considérables. Mais Sévère est homme avant d'être fonctionnaire; Félix est si entièrement, si parfaitement fonctionnaire, qu'il n'a plus rien de l'homme.

Sévère a rendu de grands services à l'empire, et il a reçu du chef de l'État de hautes récompenses. Mais il se sent encore au-dessus d'elles; il est prêt à les résigner, si son honneur l'exige. Ce n'est pas lui qui garderait un portefeuille après un démenti infligé par le *Moniteur*. Il est dévoué, mais en homme dont on a besoin, et qui se sait en tout cas supérieur aux fonctions qu'il occupe.

Quand Fabian, le voyant prêt, dans un élan de magnanimité, à défendre les chrétiens, lui remontrant que c'est exposer sa faveur, et courir le risque d'une destitution, le menace de la colère de Décie, Sévère le prend de très haut :

> Cet avis serait bon pour quelque âme commune.
> S'il tient entre ses mains ma vie et ma fortune,
> Je suis encor Sévère...

Oui, sans doute, c'est là un beau mot, un très beau mot; et que nous avons tous dit à notre moment, en cette humble sphère de l'enseignement, où le hasard nous avait placés. Je ne sais guère de corporation de fonctionnaires où il y ait plus d'indépendance vraie que dans l'Université. Je parle des professeurs, bien entendu; ceux-là ont la prétention de leur mérite. Les administrateurs qui pensent et parlent ainsi sont plus rares. Il est vrai qu'ils se recrutent d'une façon bien singulière dans le corps enseignant. Quand un professeur est incapable de tenir sa classe, on en fait un censeur ou un proviseur, et parfois même un ministre; on le met à la tête de ceux qu'il n'égalait point. Peut-être était-il né pour être un Sévère, on en fait un Félix.

Ce Félix est le type le plus parfait qui ait jamais été mis sur la scène du fonctionnaire qui sacrifierait tout, honneur, vertu, dignité pour garder sa place. Il est gouverneur de sa province; en d'autres termes, c'est un préfet, un préfet de l'empire, et qui, comme beaucoup de préfets, ne voit dans les événements qui surviennent que les chances qu'ils lui apportent de garder ou de perdre sa préfecture.

Il n'est plus, ni père, ni mari, ni citoyen, ni homme : il est préfet. Rester préfet est son seul objectif, son plus cher idéal, et rien ne lui coûtera pour l'atteindre. Sa place et de l'avancement, *panem et circenses!*

Il arrive à Mytilène, qui est le chef-lieu de sa préfecture. Il y a fait la connaissance d'un homme influent, qui pourra le servir, le pousser; il lui donne sa fille, qui en aime un autre. Rien ne lui semble plus naturel. Mais voilà que cet autre, un simple officier, se distingue, gagne des batailles, arrive à être le premier de l'empire, et qu'on annonce son entrée prochaine à Mytilène, où il vient faire un sacrifice.

Voilà un homme aux champs. Il n'y a pas un mot de compassion pour sa pauvre fille, qu'il a si mal à propos sacrifiée. Il ne songe qu'à sa place; son premier cri est de désespoir :

> O ciel ! en quel état ma fortune est réduite ?

Et aussitôt, reprenant courage : « Voyons ! ma fille, dit-il, à Pauline, il t'aimait, n'est-ce pas ! il doit t'aimer encore. Eh bien ! revois-le, flatte sa passion, tire-moi de là. »

Il ne se doute pas même que ses propositions sont ignobles ! Mais que ne doit-on pas faire pour conserver sa préfecture ? Le besoin de garder sa place n'étouffe-t-il pas tout autre sentiment chez un fonctionnaire bien appris ?

Ce qu'il y a de plus amusant et de mieux observé dans ce caractère, c'est que ce Félix n'est point du tout un méchant homme, ni un Machiavel. Au fond, c'est un bourgeois qui adore sa fille, qui aime son gendre, qui voudrait voir toute sa famille heureuse autour de lui, qui leur sacrifierait tout au monde, mais qui trouve aussi fort naturel de les sacrifier à son titre de préfet.

Il est très fâché, quand il apprend l'escapade de Polyeucte. Pour Polyeucte d'abord, car il a pour lui une véritable affection. Mais que voulez-vous ? Les dieux et l'empereur sont plus que sa famille. Il le dit en termes exprès :

> J'ai les dieux et Décie ensemble à redouter.

C'est qu'il ne plaisante pas, l'empereur. Il cassera son préfet net comme verre, quand il apprendra que le candidat officiel... Pardon ! que Polyeucte a brisé les statues du temple.

Il faut prendre un parti : chose cruelle à un fonctionnaire qui n'en a pas l'habitude. Il répand ses incertitudes dans l'âme de son confident. Toute résolution a ses dangers : si l'on condamne Polyeucte, on court le risque d'une révolte, et l'empereur n'aime pas bien le désordre. Si on le sauve, Décie ne sera pas content; il sera monté encore par Sévère, qui serait ravi de voir disparaître un rival.

Et si ce rival disparaissait! Pauline deviendrait libre, elle pourrait épouser Sévère! elle l'aime après tout, et Sévère serait un gendre bien autrement considérable que Polyeucte! Cette pensée n'est pas très noble. Ce pauvre homme le sent très bien; mais il a beau la chasser, elle revient toujours, elle l'obsède : il est fonctionnaire!

Le malheureux ne comprend pas un mot au sublime drame qui se joue dans les âmes supérieures qui l'entourent. C'est un esprit étroit, qui s'imagine que le monde se conduit par ces petites finasseries, qu'il décore du nom de haute politique. Quand Sévère, se haussant le cœur à l'égal de Pauline, vient demander la grâce de Polyeucte, il croit que c'est un piège. Il est incapable d'entrer dans ces régions sereines des générosités chevaleresques et des nobles dévouements. Il s'imagine que Sévère, par un machiavélique artifice, lui ferait ensuite près de l'empereur un crime de l'indulgence qu'il aurait sollicitée lui-même.

Il appuie ses réflexions de maximes générales et leur donne un tour sentencieux. C'est le Prudhomme de l'intrigue. Il est assez nigaud pour penser qu'il ramènera Polyeucte par un de ces petits moyens que le peuple appelle de leur vrai nom : des malices cousues de fil blanc.

Il n'a pas senti l'implacable et ardente résolution du néophyte : Pauline ni Sévère ne s'y sont trompés, eux, l'un avec son instinct de femme aimante, l'autre avec la sagacité d'un esprit pénétrant et large.

Pour Félix, qui n'est accoutumé que de parler à des fonctionnaires, plat devant des supérieurs, hautain vis-à-vis de ses subordonnés, n'ayant d'autre souci que de ménager, à force de ténébreuses intrigues, la faveur des puissants, il croit à l'influence de ces ressorts mesquins qui n'ont d'action que sur les âmes vulgaires.

A un homme dévoré de la soif du martyre, il propose d'attendre, pour témoigner sa foi, le départ de Sévère, dont la présence le gêne; et il est tout décontenancé de voir que son offre, une offre si convenable, si habile, soit repoussée avec une fureur si inconsidérée.

Il s'irrite, et l'on se mettrait en colère à moins. Car, ainsi qu'il le dit lui-même :

> Il y va de ma place, il y va de ma vie!

De la vie, cela s'entend. Sa place, c'est sa vie, et réciproquement. Est-il possible de vivre à moins d'être préfet? Il finit par donner ordre qu'on traîne au supplice ce gendre compromettant; mais une fois la chose terminée, il reprend sa belle humeur :

> M'étant fait cet effort, j'ai fait ma sûreté,

dit-il; et, en même temps, il se rend témoignage qu'il n'a rien négligé pour s'épargner ce petit ennui de couper le cou au mari de sa fille, comme une femme qui se console de la mort de son mari, en se disant : « Après tout, il n'est pas à plaindre, il a été joliment soigné, ce pauvre chéri! »

Ne reconnaissez-vous pas à tous ces traits le fonctionnaire de tous les despotismes? Vous connaissez tous, au moins de nom, le célèbre d'Aguesseau, qui fut chancelier sous Louis XIV. Lisez la notice qu'un honorable magistrat de la cour de Paris, M. Falconnet, vient de mettre en tête d'une édition de ses œuvres complètes, vous verrez que ce vieux parlementaire des temps héroïques qui passe communément pour avoir été une barre de fer, fut tout simplement un Félix de l'ordre judiciaire.

Il y eut un moment où il fut chargé de faire un rapport au Parlement sur l'affaire du quiétisme, et, avant de le livrer à l'impression, il le soumit à Louis XIV qui était très échauffé contre Fénelon. Le roi y trouva quelques expressions un peu trop flatteuses pour le prélat incriminé et d'Aguesseau, contant cette aventure, ajoute naïvement dans ses Mémoires :

« Je ne dissimulerai pas que, sachant combien les révolutions sont ordinaires à la cour, et prévoyant que celui qu'on venait de flétrir par une censure rigoureuse pourrait y revenir un jour, et y jouer un premier rôle, j'avais cru qu'il était de la prudence de ne point aigrir le mal par la dureté des expressions, et de faire sentir à l'archevêque de Cambray, que, ne pouvant approuver les pieux excès de son zèle, je n'avais jamais cessé d'admirer ses talents, et de respecter sa vertu. »

Félix parlerait-il autrement en semblable circonstance ? N'est-ce pas là cette fine politique, qu'il vante, et qui consiste à rester bien avec Sévère, s'il est possible, tout en s'appuyant sur le crédit de Polyeucte ?

Ce d'Aguesseau montra toujours la même prudence courtisanesque. Il ne déploya de fermeté qu'à bon escient, et quand il devait y gagner plutôt qu'y perdre. C'est ainsi qu'en 1713, il étala un courage aussi indomptable qu'utile à ses intérêts. Louis XIV se mourait et n'avait que quelques jours à vivre. Il manda le chancelier, qui s'opposait, au nom du Parlement, à l'enregistrement de la bulle *Unigenitus*.

— Si je le veux, dit le roi d'une voix éteinte par les approches de la mort, la *déclaration* passera, et je veux qu'elle passe.

Et il menaça d'Aguesseau de lui enlever sa charge. D'Aguesseau s'inclina froidement devant le monarque, plus qu'à demi mort, et se retira avec l'inflexible dignité d'un Pasquier, d'un Dupin, ou d'un Félix. Il savait bien ce qu'il faisait.

Mais en revanche, quand il fut mis, quelques années plus tard, entre une complaisance et la perte de sa charge, il préféra rester à son poste, au prix d'une faiblesse. Le cas était grave pourtant; il s'agissait d'un homme fort méprisé, de Dubois, qui, pour obtenir le chapeau de cardinal et plaire à la cour de Rome, prétendait faire enregistrer au Parlement cette même *déclaration* qu'avait jadis repoussée d'Aguesseau avec tant de hauteur.

Le Parlement s'insurgea, tous résistèrent, tous, sauf le chancelier, qui approuva, en bon fonctionnaire, et signa l'ordre de translation du Parlement; si bien que le peuple s'en alla, la nuit, écrire sur la porte de son hôtel, cette injurieuse épigraphe : *Et homo factus est.*

Si les magistrats inamovibles du vieux temps faisaient ainsi, qu'ont pu être beaucoup de préfets de tous les temps? Corneille en a tracé l'immortel portrait dans Félix, et il est si ressemblant que tous les critiques l'avaient, jusqu'à ce jour, pris pour une caricature.

28 octobre 1867.

III

POLYEUCTE ET SÉVÈRE

Sévère est amoureux, cela est certain. Mais la passion est-elle le fond de son caractère? A Polyeucte, oui, et je crois l'avoir prouvé jusqu'à l'évidence, dans une récente analyse. Oh! celui-là, c'est un violent; il n'aime rien que d'un amour entier, absolu et farouche.

Sévère, lui, est un sceptique.

Comprenez-moi bien; je n'entends point par sceptique celui qui fait profession de douter de tout; non, je prends le mot dans le sens que l'étymologie lui donne : sceptique veut dire qui examine, qui pèse, qui juge, une grande âme, assurément, très noble, très brillante, très chevaleresque, mais qui, soit par nature, soit par habitude, jette sur les choses de ce monde un regard impartial et serein, les estime ce qu'elles valent, et se tient encore au-dessus, puisqu'elle sait les comprendre et les juger.

Il revient pour épouser Pauline. Notez qu'il est enflammé d'amour; qu'il est parti uniquement pour aller à la guerre; qu'il n'a conquis que pour la mériter, honneurs et fortune. La voilà donc au comble de ses vœux; on ne peut plus la lui refuser. Quelle est la première nouvelle dont on l'accueille? Pauline est mariée...

Voyons, lecteur, mettez-vous pour un instant à la place de ce malheureux. Vous avez eu des passions en votre jeune âge, et si l'on était venu, au retour des vacances, vous dire d'une maîtresse dont vous étiez très épris : « Elle t'a planté là! elle est avec un tel! », quel eût été votre premier mouvement? De douleur et de rage, je n'en fais aucun doute. Vous auriez traité l'une de misérable et l'autre de pied plat, vous auriez, grinçant des dents, cherché une bonne vengeance.

C'est que vous êtes sanguin, mon cher monsieur, et que vous étiez très furieusement amoureux; et que l'amour furieux ne raisonne pas. Mais Sévère n'est rien moins que cela. On lui annonce que sa belle a épousé Polyeucte :

> Je ne la puis du moins blâmer d'un mauvais choix;
> Polyeucte a du nom et sort du sang des rois.

Voyez-vous le philosophe qui, d'un regard, a embrassé tout de suite le pour et le contre, et qui a rendu contre lui-même un arrêt impartial. Il se donne à lui-même toutes les raisons qu'aurait pu lui fournir un ami sage et de sang-froid :

> De quoi puis-je accuser qui ne m'a rien promis ?
> Elle n'est point parjure, elle n'est point légère ;
> Son devoir m'a trahi, mon malheur, et son père.
> Mais son devoir fut juste et son père eut raison...

Ça, de la passion ! Avouez qu'en tout cas c'est une passion d'une espèce particulière ; une passion qui n'exclut pas le raisonnement juste, qui n'est pas de celles dont un moraliste a dit qu'elles sont un merveilleux instrument pour vous crever les yeux. Il garde les yeux très frais et parfaitement ouverts !

C'est que, chez lui, l'amour n'est qu'un accident de la vie, et que la réflexion philosophique est le fond de son caractère.

Donnez à cet accident toute l'importance qu'il vous plaira, il y aura quelque chose au-dessus dans le personnage : c'est un goût de raison froide et de discernement équitable et vif ; c'est ce qu'on pourrait appeler la philosophie pratique, en prenant ce mot dans son sens le plus fier et plus élevé :

> J'approuve cependant que chacun ait ses dieux,
> Qu'il les serve à sa mode et sans peur de le faire.

Tout Sévère est dans ce mot. Païen, il l'est par raison d'État, parce que c'est la religion officielle, parce qu'il sait bien qu'ébranler les croyances publiques, c'est porter la main sur tous les intérêts du gouvernement qui y sont étroitement mêlés. Mais pour fanatique, personne ne l'est et ne le sera jamais moins que lui.

Il n'est pas de ceux qui, comme cet imbécile de Félix, haïssent et condamnent la foi chrétienne, sans en rien connaître. Non, il l'a étudiée, poussé par cet esprit de curiosité large qui est le fond de sa nature. Il en a parfaitement vu les beaux côtés, apprécié la grandeur, et il n'hésite pas à en rendre témoignage. Mais ce n'est pas lui qui se convertira à la fin de la pièce.

Une femme passionnée telle que Pauline, un ignorant fanatique tel que Félix peuvent parfaitement changer de croyance d'une minute à l'autre. Ce sont des coups de la grâce si l'on veut, mais qui s'expliquent avec des caractères ainsi faits. Mais un sceptique, pourquoi voulez-vous qu'il se convertisse? Il n'a pas d'opinion ; comment en changerait-il ? Il sait que, dans toute religion, il se trouve une part de vérité; il prend un plaisir délicat à la démêler, et regarde avec une dédaigneuse indifférence le vulgaire, qui, bien loin au-dessous de lui, s'agite et se démène.

Si vous voulez bien entrer dans les replis de cette nature, lisez les préfaces où M. Renan explique ses procédés de travail et le caractère de son esprit. Il va sans dire que je ne suis pas assez amoureux du paradoxe pour comparer Sévère à M. Renan. Non, mais vous trouverez là, exprimée en termes pleins de grâce, la théorie de ce scepticisme distingué, qui, planant au-dessus des fureurs indiscrètes de la foule, enveloppe l'humanité d'un regard indifférent et impartial.

Ces hommes-là sont très capables de hautes vertus, par respect d'eux-mêmes et par amour de la gloire d'abord, mais surtout par pique d'amour-propre, s'ils se trouvent en contact avec une âme supérieure. Ils se sentent blessés dans l'estime qu'ils font de leur mérite, quand ils voient faire à un autre un beau trait dont ils ne se fussent pas avisés, dont ils n'eussent pas été peut-être capables, s'ils avaient été livrés à leurs propres forces. C'est ce qui arrive à Sévère ; c'est ce qui l'échauffe et l'élève.

A la vue de ces héroïques sacrifices, il n'en aura pas le démenti. Ce n'est point, comme ces fous sublimes, par un élan de passion qu'il agira ; mais cette passion qui pousse aux grandes choses le charme et l'invite à la fois ; il la comprend, et se dit qu'il serait beau d'en faire autant ; ce qu'il cherche, en prenant la résolution de sauver lui-même un rival, c'est :

> La gloire de montrer à cette âme si belle
> Que Sévère l'égale et qu'il est digne d'elle.

De passion dans tout cela, pas un mot. Ne faites donc pas de Sévère, vous qui le représentez sur la scène, un personnage qui ne va que par emportements et par soubresauts. C'est un homme d'État doublé d'un philosophe. Donnez, tant qu'il vous plaira, une couleur brillante et chevaleresque au rôle. Mais qu'on sente partout la supériorité légèrement sceptique de l'observateur qui a beaucoup vu, beaucoup comparé, et qui nage d'un mouvement aisé, la tête toujours au-dessus des contradictions humaines.

Et vous allez voir tout de suite comme ce caractère général, une fois bien précisé, va se marquer dans le détail, et changer du tout au tout l'allure de certaines scènes, l'intonation de certains passages.

C'est à l'acte quatrième : Sévère cause avec son confident, et ce brave homme à vues étroites lui raconte qu'il y a quelque péril à s'intéresser pour les chrétiens :

— C'est bien, lui dit l'autre, je ne crains rien ; je m'appelle Sévère.

Et de là, passant à des confidences plus intimes :

— La secte des chrétiens n'est pas ce que l'on pense.
— On les hait...
— Par curiosité, j'ai voulu les connaître.

Et il arrive à cette piquante satire des erreurs du paganisme, qui se termine par les deux vers si connus, où il fait allusion aux empereurs devenus dieux :

> A te parler sans fard de ces métamorphoses,
> L'effet est bien douteux de ces apothéoses.

Tous les acteurs que j'ai vus dire ce couplet croient bien faire d'insister sur ces critiques, de les souligner finement ; ils appuient, avec une sourde malignité, sur ces apothéoses dont l'effet est si douteux. Charpentier n'y a pas manqué, il a insisté peut-être encore plus que tous les autres, parce qu'il est plus jeune, et cherche l'effet de meilleur cœur.

Puis, quand Sévère revenant aux chrétiens conte ce qu'il a trouvé chez eux :

> Les chrétiens n'ont qu'un Dieu, maître absolu de tout,
> De qui le seul vouloir fait tout ce qu'il résout.

Il a repris un air de conviction emphatique, comme s'il exprimait une de ces vérités indiscutables auxquelles tout homme est forcé de donner son assentiment.

Il n'y a rien de plus faux, de plus antipathique au caractère que cette façon de comprendre la scène.

Voyons ! on juge en ce moment l'*Internationale*. Je ne prends parti ni pour, ni contre les ouvriers. Je connais mal la question, qui me paraît un peu plus embrouillée après le procès qu'auparavant. Ce qu'il y a de sûr, c'est que, dans la bourgeoisie, on voit d'un fort mauvais œil ces associations d'ouvriers coalisés contre leurs patrons, et qu'elles sont en butte aux préjugés, et peut-être aux calomnies.

Eh bien ! je suppose qu'un homme d'État, tel que j'ai peint Sévère, causât avec un de ses amis de cette affaire, et lui dit :

— J'ai voulu, par curiosité, connaître cette *Internationale*. Les bourgeois en disent pis que pendre, et les patrons sont furieux contre elle. Mais enfin, il y a bien à dire aussi contre ces patrons. Ils parlent sans cesse du capital et de ses droits ; mais le travail aussi a les siens.

Est-ce que vous croyez qu'il appuierait d'une voix pesante sur les traits lancés contre la bourgeoisie, et qu'il aurait l'air de lui dire : « Admirez comme j'ai de l'esprit à me moquer de ces ridicules ? »

Non, c'est un homme d'État, un philosophe. Il passe d'un ton simple, d'une voix aisée et légère sur ces critiques ; elles ne sont pour lui que l'expression de la vérité. Voilà ce qu'il a observé et il le dit parce qu'il n'est point un fanatique ; il se pique, au contraire, d'impartialité et de libéralisme.

Et s'il arrive à dire, parlant des mérites de l'*Internationale* :

— Savez-vous bien qu'elle n'a d'autre but que de payer équitablement le travail, qu'elle a peut-être raison au fond...

Il n'ouvrira pas une large bouche, comme une profession de foi. Il ne prendra pas le ton emphatique et convaincu d'un sectaire plaidant sa cause ; non, encore une fois, c'est un amateur de vérité, un sceptique, qui se trouve être un homme aimable et un homme d'esprit. Il dit tout cela simplement : un air de détachement ne messiérait pas même ; il marquerait la supériorité de l'homme, qui, analysant des préjugés, se sent fort au-dessus d'eux.

Point d'autre émotion dans tout ce rôle que celle d'une âme généreuse et noble, qui se sent touchée au spectacle de certaines grandeurs morales. Cette émotion-là, un philosophe est très capable de l'éprouver.

Ainsi, au cinquième acte, après que Félix a déclaré qu'il voulait mourir pour la foi chrétienne, qu'il avait persécutée, Sévère s'écrie :

> Qui ne serait touché d'un si tendre spectacle !
> De pareils changements ne vont point sans miracle.

Ne prenez pas l'air contrit et extatique d'un moine à qui apparaît la Vierge. Savez-vous ce que pense Sévère à ce moment-là :

— Tiens, se dit-il, voilà qui est particulier ! Un idiot pareil ! un imbécile de cette force ! une âme si vile et si grossière ! un Félix ! il a un beau mouvement ! lui aussi il aspire au sacrifice ! Il se jette dans les bras de sa fille, et demande pour elle et pour lui le dernier supplice ! Curieux, en vérité : excessivement curieux ! Je suis attendri malgré moi, et ne comprends rien à cette force secrète qui les fait agir. Il y a là quelque chose qui passe ma raison. Très curieux ! Oh ! je suis attendri, il n'y a pas à dire, et du diable si je sais comment.

> Qui ne serait touché d'un si triste spectacle !
> De pareils changements ne vont point sans miracle.

Ce petit travail que je viens de faire sur quelques vers du rôle, pris un peu au hasard, on pourrait l'appliquer également à toutes les scènes. On verrait alors se dessiner la physionomie du vrai personnage, et la tragédie tout entière se sentirait de ce changement. D'un côté, Polyeucte passionné, ardent, capable de toutes les violences, brisant tout sur son passage, pour s'élancer à la conquête de son idée, et finissant par y rallier sa femme, qu'il adore ; de l'autre, Sévère, homme d'État et philosophe, impartial et fin, et se haussant, par une pique d'amour-propre très concevable dans un grand cœur, aux générosités sublimes des fous que le hasard a jetés sur son chemin.

Est-ce que le *Polyeucte* de Corneille, ainsi interprété, ne vous semble pas à la fois, et plus vrai et plus neuf ? Est-ce que beaucoup de vers qui, peut-être, ne vous avaient pas frappés ne reprennent pas leur sens, et ne se détachent pas du texte ? Je supplie ceux qui me lisent de s'abstraire, en reprenant leur *Corneille*, de leurs vieilles impressions de collège : je serais bien étonné si, en suivant la voie que j'indique, ils n'avaient pas le plaisir de rencontrer des effets inattendus et des sensations nouvelles.

4 juillet 1870.

IV

LE RÔLE DE FÉLIX

Je vous ai déjà conté comment Silvain m'avait une première fois donné raison en hasardant une nouvelle interprétation du rôle de Narcisse, qui a paru être vivement goûtée du public. Il vient, cette fois, de remporter une éclatante victoire en prenant le contre-pied d'une tradition qui m'avait semblé, à moi, parfaitement fausse.

Félix n'est pas un bas coquin : c'est tout bonnement un fonctionnaire qui tient à sa place et qui a peur de la perdre. Voltaire, La Harpe, et le dix-huitième siècle pouvaient ne pas connaître cette espèce d'hommes ; nous sommes plus familiers avec ce genre de caractère. Nous avons pu, depuis tantôt cinquante ans, étudier de très près les déviations d'idées et de sentiments que fait subir à une âme, née d'ailleurs honnête, le désir d'obtenir une place ou la peur de la perdre quand on la possède.

Félix, dans le train ordinaire de la vie, est un brave homme et même un galant homme. Il aime sa fille, il aime son gendre, il est pénétré de l'importance de ses fonctions et il s'en acquitte avec intelligence et avec zèle. Il doit avoir de grandes manières, car ce n'est pas une petite affaire que d'être nommé gouverneur d'une des plus riches provinces de l'empire, et Décius a dû le choisir parmi les personnages importants de Rome. Sa seule faiblesse, disons mieux, son seul vice, c'est d'avoir une place, une grande place et d'y tenir comme à sa vie.

<blockquote>Il y va de ma place, il y va de ma vie !</blockquote>

s'écrie-t-il.

Cela s'entend, sa place, c'est sa vie ; car que serait un fonctionnaire sans fonctions ? Moins que rien ; il n'aurait plus de raison de vivre. Il vit pour sa place et il fera, tout en restant le plus honnête homme du monde, tout en restant un grand seigneur, de manières polies, de langage hautain, d'allure administrative, tout ce qu'exige l'intérêt de cette place. Ce n'est pas sa faute à ce malheureux Félix, si le hasard le jette à travers des aventures qu'il n'a pu prévoir et auxquelles il ne comprend rien. Voilà un drame de passion qui se joue entre des âmes héroïques ; chez l'une, c'est l'héroïsme de la raison et de la vertu ; chez l'autre, c'est l'héroïsme de la foi ou, pour parler plus justement, du fanatisme.

Eh bien ! il n'est pas un héros, Félix ; c'est un politique et même un politique adroit ; seulement, il n'est pas habitué à manier ces forces singulièrement explosibles dont il ne peut calculer l'intensité : la rage de désintéressement qu'inspire une vertu sublime, la fureur d'intolérance que souffle au cœur une foi nouvelle. Il n'est pas habitué à trouver des forces de cette espèce sous ses pas; tous ces grands mouvements de passion le déconcertent.

Nous, grâce à la magique baguette dont nous a touchés Corneille, nous entrons dans l'héroïsme de ces âmes, nous sommes transportés avec elles dans les régions sublimes, d'où les calculs très humains de ce pauvre homme empêtré de sa place nous semblent encore plus mesquins et vils qu'ils ne le sont dans la réalité. Ce train de la politique quotidienne nous fait horreur et nous dégoûte quand nous le comparons aux magnifiques emportements de passion des autres personnages.

Songez qu'après tout Félix ne pense, ne dit et ne fait que ce que ferait tout autre fonctionnaire à sa place. Il a refusé sa fille à Sévère qui n'était qu'un petit officier de fortune, pour la donner, lui, gouverneur d'Arménie, à l'homme le plus important du pays, Polyeucte, dans les veines duquel coulait le sang des anciens rois. Il a agi là en père prudent et en sage politique, d'autant mieux que Polyeucte est, après tout, une grande âme et qu'il était impossible de prévoir quel indécrottable fanatique il deviendrait plus tard.

L'officier de fortune a fait fortune, et revient en Arménie pour demander la main de Pauline, dont il ignore le mariage; voilà Félix sensiblement embarrassé, car Sévère est tout-puissant près de l'empereur, et il peut desservir celui qui l'a méprisé autrefois.

Quelle est la première idée qui lui vient? Elle n'est pas des plus nobles, je l'avoue, cette idée; mais quel est le préfet qui ne l'aurait pas à sa place? Quel est le préfet qui ne prendrait pas sa fille à part et ne lui dirait pas:

« Voyons, il va venir, sois gentille avec lui; je ne te demande rien de compromettant; mais enfin il t'a aimée, il ne voudra pas faire de peine à celle qu'il a demandée en mariage, qu'il aime encore? Arrange-nous ça; c'est l'affaire de deux ou trois jours; il repartira, et bon voyage! »

Est-ce que ces choses-là ne peuvent pas se dire avec grand air; avec une nuance d'affection câline ou triste, en honnête homme et en grand seigneur?

Polyeucte a fait cette frasque que vous savez; il s'en est allé dans le temple renverser les idoles; prenez-moi le plus sensé, le plus aimable, le plus charmant des préfets. Il n'y a pas à dire, si son gendre lui fait un tour pareil, il sera furieux et il en aura bien le droit; il dira juste à sa fille ce que Félix dit à la sienne, parce que, sérieusement, il n'y a pas autre chose à dire :

> Au nom de l'empereur dont vous tenez la place,

s'écrie Pauline suppliante.

Et le préfet répond :

> J'ai son pouvoir en mains, mais s'il me l'a commis,
> C'est pour le déployer contre ses ennemis.

Est-ce qu'il n'a pas cent fois raison? Mettez-vous à sa place. Est-ce qu'il n'est pas encore dans le vrai quand il lui dit : « Vous êtes là à me supplier. C'est à votre mari qu'il faut vous adresser; c'est lui qui nous a jetés dans cet embarras; il n'y a que lui qui puisse vous en tirer. Il est bien ennuyeux, cet animal-là; vous l'aimez trop vraiment ! »

Pauline sort et Félix reste seul avec son confident.

Silvain a eu là un geste vraiment admirable, et s'est assis de l'air d'un homme qui se dit : « Ah ! enfin ! nous voilà délivrés des femmes et du sentiment ! Nous allons pouvoir causer sérieusement et en politiques de cette malheureuse affaire, qui est toute politique. »

— *Albin, comment est-il mort?* demande Félix.

Et l'on sent dans la façon dont il accentue cette demande tout l'intérêt qu'il porte à savoir si vraiment il y a espoir que le supplice de Néarque ait touché son gendre.

— Et Polyeucte? dit-il.

Mais Polyeucte ne semble pas prêt à changer d'idée et à demander son pardon.

— *Oui, vous êtes bien loin encore de le réduire*, dit Albin qui joue le rôle de chef de cabinet.

Et Félix s'écrie douloureusement:

— *Que je suis malheureux!*

Eh! oui, il est malheureux. Il a beau être préfet, c'est un homme, il sent très vivement le chagrin des siens, il en est ému jusqu'au fond du cœur. Mais il a aussi les devoirs de sa charge à remplir, il a sa place à garder; jamais homme, en effet, ne se trouva dans une position plus fâcheuse avec ce diable de gendre sur les bras, sa fille en pleurs, Sévère à côté et dans le lointain l'empereur, celui qui a le droit de le destituer. Albin lui ouvre des avis très sages; mais, à chaque fois, Félix y trouve des inconvénients.

> Écrivez à Décie afin qu'il en ordonne,

lui dit son chef de cabinet.

Le conseil n'est pas mauvais; c'est celui que suivent tous nos préfets dans un cas embarrassant; ils télégraphient au ministre; ils se déchargent sur lui de la responsabilité qu'ils devraient prendre eux-mêmes.

Oui, mais :

> Sévère me perdrait, si j'en usais ainsi,
> Sa haine et son pouvoir font mon plus grand souci.

CORNEILLE

Ce que Félix ne comprend pas, ce qu'il ne peut pas comprendre, ce qu'il lui est interdit même de soupçonner, c'est que Sévère a beau être le favori de l'empereur Décie, ce n'est pas à proprement parler un politique, et il n'a ni les calculs ni les passions du politique. C'est une âme chevaleresque qui s'est agrandie, épurée, échauffée, au contact des héroïsmes de Polyeucte et de Pauline. Il devient désintéressé, grand, et un peu fou, si c'est être fou que de sacrifier les calculs de l'égoïsme politique aux mouvements d'une passion noble; et Félix, qui raisonne toujours, qui croit n'avoir affaire qu'à des hommes de sens, raisonnant comme lui, se trouve trompé dans ses conclusions; mais il l'est sans bassesse, sans vilenie, sans honte.

Sans honte? Il y a bien un petit sentiment honteux qui s'est fait jour dans son âme : « Si Polyeucte était exécuté, l'autre épouserait ma fille et l'autre est bien plus puissant ! »

Oui, le sentiment n'est pas beau, cela est évident, mais qui peut répondre qu'un sentiment pareil ne traverserait pas son esprit dans des circonstances semblables ? Le vilain n'est pas d'avoir de ces sentiments, mais de s'y abandonner. Félix a ce mérite de le détester et de le chasser.

Vous me répondrez qu'il aurait mieux fait de ne pas le dire. Cela est vrai, mais remarquez que c'est une convention tragique. Les personnages des œuvres classiques ont pour habitude de s'analyser eux-mêmes, d'ouvrir leur âme jusqu'au fond devant le public et de lui dire : « Regardez, j'ai tel sentiment; puis, par-dessous ce sentiment, tel autre, derrière lequel s'en cache un troisième, si fugitif, si ténu que vous ne pourriez pas l'apercevoir si je ne vous mettais pas le nez dessus. » L'antique tragédie est tout entière psychologique.

Il ne faut donc pas en vouloir à Félix de mettre son

cœur à nu, c'est une convention sans laquelle il n'y aurait pas de tragédie.

Silvain a rendu à cette scène qui avait été, jusqu'à lui, présentée sous de vilaines et dégoûtantes couleurs, sa dignité et sa grâce. Il a fait de Félix un politique, qui parle en politique d'une affaire politique, et chez qui encore il y a des retours d'homme sensible. Il a eu, quand son confident le prévient que le peuple s'ameute et veut tirer Polyeucte de sa prison, un mouvement d'une vérité merveilleuse; le préfet s'éveille en lui, le préfet qui répond de l'ordre. Il se lève avec empressement et du ton dont un ministre dit : « Donnez ordre au colonel de faire les trois sommations » :

... Il faut l'en tirer,

dit-il,

Et l'amener ici pour nous en assurer.

A la suite de cette scène, que Silvain a jouée d'une façon tout à fait supérieure, en gardant toujours le ton d'un grand seigneur, père malheureux et accablé, mais politique fin et résolu, de longs applaudissements ont éclaté dans le public. C'est un des succès les plus inattendus et les plus mérités que j'aie pu constater de ma vie.

Félix croit-il aux faux dieux ou n'y croit-il pas? Il y croit, cela est certain, mais il y croit de cette croyance où le sentiment des nécessités administratives entre pour la plus grande part. Le paganisme n'est point pour lui une foi personnelle qu'il ait examinée, acceptée, pour laquelle il serait tout disposé à souffrir; non, c'est une foi de tradition d'abord et de situation ensuite, mais une foi qui n'en est pas moins positive et ardente ; il croit à Jupiter parce que Jupiter est le dieu qui a son buste dans la salle de la préfecture et parce que l'empereur Décie y croit également ou affecte d'y croire.

Cette âme d'un politique terre à terre est incapable de comprendre un autre genre de foi, et c'est ce qui explique comment, au cinquième acte, il a l'idée, qui paraît saugrenue au public et qui est pourtant d'une vérité profonde, de dire à Polyeucte :

— Tu sais, je n'aurais pas de répugnance à me faire chrétien, moi ; seulement, il faudrait que j'apprisse en quoi consistent les mystères du christianisme; donne-moi le loisir de me les faire enseigner.

Que veut dire Félix en parlant ainsi ? Gagner du temps et pas autre chose. Il s'est dit : « Je prendrai aisément Polyeucte à ce piège. » Car les gens qui raisonnent croient toujours que l'on raisonne comme eux. Mais il a affaire à un énergumène, qui, lui, ne raisonne point, qui passe au travers de ces toiles d'araignée avec la raideur d'un aigle s'élançant vers le ciel; ce sont de petites habiletés qui sont tout à fait dans le caractère de Félix, qui ne le déshonorent aucunement, car, j'en reviens là, il n'y a pas un préfet au monde qui ne les mît en jeu s'il se trouvait en pareille occurrence. Mais le malheur de ce Janvier de la Motte, c'est qu'il a affaire à des fanatiques, et il ne se doute pas de ce que c'est qu'un fanatique; c'est un élément dont il n'a pas appris encore à connaître ni à mesurer la force.

J'ai moins aimé M. Silvain dans le cinquième acte.

Il y a là une nouvelle scène de Félix avec son chef de cabinet; il l'a trop jouée, et l'a jouée avec trop d'importance et de *ronron* tragique. Félix est, à ce moment, au dernier degré de l'irrésolution et de l'ennui ; j'aurais souhaité qu'il se promenât d'un air agité, fiévreux, presque incohérent, se faisant à lui-même des objections et des réponses dans l'état d'esprit d'un préfet qui, décidément, est aux prises avec une situation trop forte et qui se dit : « Je suis un homme perdu, je ne m'en tirerai jamais. »

Je ferai observer à Silvain que Corneille a marqué en termes extrêmement forts ce désordre d'esprit. Félix commence par dire, parlant de Sévère :

> Il parle en sa faveur, il me prie, il menace,
> Il me perdra, dit-il, si je ne lui fais grâce.
> Tranchant du généreux, il croit m'épouvanter.
> L'artifice est trop lourd pour ne pas l'éventer.

Et un peu plus loin, ou même tout de suite après, il ajoute :

> Car s'il avait affaire à quelque maladroit,
> Le piège est bien tendu, sans doute il le prendroit.

Il est trop clair que, si le piège est bien tendu, l'artifice n'est pas trop lourd. Il y a là une contradiction évidente. Mais la contradiction n'est que dans les termes. Figurez-vous un homme perdu dans ces perplexités, qui se promène agité, tortillant sa moustache et qui tantôt se dit :

— C'est malin ce qu'il a fait là ; un autre y eût été pris, mais moi !

Et tantôt :

— L'imbécile, il s'imagine que je vais donner dans ce panneau-là, faut-il qu'il soit idiot !

Quoi de plus simple, de plus naturel, et de plus conséquent au caractère !

Mais prenez garde : il faut absolument que l'acteur me traduise aux yeux ces va-et-vient d'une âme tumultueuse et irrésolue. Je supplie M. Silvain d'étudier encore tout ce passage ; il le dit trop froidement ; il nous reproduit les accents et les nuances de la première scène que nous avons tant admirés chez lui ; mais, depuis ce temps-là, l'action a marché : Félix est acculé au bord de l'abîme ; ce n'est pas moi qui invente cette nuance, c'est Corneille, qui l'a indiquée de sa main puissante.

Je suis convaincu que si M. Silvain se rend à ces observations, s'il pousse jusqu'au bout l'étude de ce personnage dont il a esquissé les principaux traits avec une originalité si puissante dans les premiers actes, il fera de cette création l'une des plus curieuses de sa carrière dramatique. Pour moi, je lui sais un gré infini de m'avoir donné, dans un rôle que l'on comprenait mal, des sensations nouvelles et que je crois parfaitement justes. Je l'en remercie personnellement, et c'est lui qui me semble avoir, dans cette soirée mémorable, été, comme disaient les romanciers du siècle dernier : la reine du bal.

6 octobre 1884.

LA MORT DE POMPÉE

La *Mort de Pompée* est une pièce qui n'est pas trop commode à monter : tous les rôles y sont importants ; les confidents mêmes y ont d'admirables récits que l'on ne peut confier à un acteur subalterne sans qu'elle perde beaucoup de sa force et de sa grâce. Ce n'était certes pas chose facile de trouver au Théâtre-Français dix personnes qui voulussent bien se pénétrer de cette idée, que dans une œuvre de Corneille le moindre détail négligé manque à l'ensemble et fait tort au spectateur. M. Thierry est parvenu à les réunir ; il les a tous animés de son zèle ; il a montré qu'en dépit des railleurs, on peut encore de notre temps jouer Corneille sans ennuyer son monde, et qu'à défaut de génie — le génie est toujours fort rare — l'intelligence et le soin suffisent à l'interprétation des chefs-d'œuvre de la tragédie classique et au plaisir des spectateurs.

Le mien a été fort vif. J'avais lu bien des fois la *Mort de Pompée*, et croyais la connaître ; la représentation m'y a fait découvrir mille beautés nouvelles qui m'avaient échappé, et j'ai senti, une fois de plus, combien les ouvrages vraiment dramatiques gagnent à être vus sur la scène, dans leur point de perspective.

J'avais toujours regardé le rôle de Cornélie comme le premier de la pièce. C'est une erreur qui est fort commune ; les beaux vers dont ce rôle est tout plein, l'admiration éloquente de Voltaire, et le génie des grandes actrices qui s'y sont toutes essayées avec succès, ont fait illusion sur la valeur qu'on lui donne généralement. Il n'est qu'une petite partie de ce vaste tableau; j'ajouterai même qu'il n'est pas la meilleure, et Mme Guyon l'a laissé dans l'ombre avec une modestie que je loue d'autant mieux qu'il n'y a guère d'autre éloge à lui adresser.

Le personnage qui est sur le premier plan et qui occupe les yeux tout d'abord, c'est le grand César. J'imagine que tous mes lecteurs ont lu l'*Histoire du Consulat et de l'Empire*, de M. Thiers. Aucune lecture ne leur aidera mieux à comprendre les vers de Corneille. Par une rencontre qui peut sembler étrange, mais qui au fond est toute naturelle, les scènes où l'historien de l'Empire montre Napoléon parlant et agissant sous le coup d'émotions violentes sont le commentaire le plus exact et le plus animé du caractère que Corneille a prêté à César.

Vous vous rappelez sans doute ces éclats de colère dont l'empereur foudroyait les ambassadeurs des peuples ennemis, les représentants de la nation, et plus souvent encore ses propres serviteurs. M. Thiers démêle avec beaucoup de sagacité les secrets ressorts de ces fureurs, qui semblaient éclater comme des coups de tonnerre. Il nous fait très bien voir que, la plupart du temps, Napoléon ne se laissait pas aller à son indignation première; qu'il l'accroissait en quelque sorte par la réflexion, qu'il en préparait de longue main l'explosion pour la rendre plus terrible, et qu'il la dominait presque toujours en s'y livrant. Corneille a deviné, par une merveilleuse intuition, ce que les Mémoires contemporains avaient appris à M. Thiers. Lui aussi il nous montre César, quand on lui apporte la tête de Pompée, contenant non sans peine les sentiments tumultueux dont il est agité, se préparant en silence à un éclat de colère, et ne témoignant ce qui se passe en son âme que par un regard farouche et un profond soupir :

> Mais l'indignation qu'on prend avec étude
> Augmente avec le temps et porte un coup plus rude.

Ainsi parle un des conseillers du roi d'Égypte, et il a bien raison. Au premier mot de Ptolémée, un mot de soumission, d'abaissement même, César lâche la bride aux fureurs et aux mépris qu'il a longtemps accumulés. Il en accable le malheureux roi, qui reste épouvanté et longtemps muet. Napoléon ne parlait pas autrement aux ambassadeurs de l'Europe, après la rupture du traité d'Amiens.

Un de ses anciens soldats, qui a conseillé le crime et qui l'a exécuté, se présente tout à coup à ses yeux ; il le foudroie d'une de ces apostrophes sous lesquelles les généraux de l'Empire demeuraient terrifiés : Septime ne trouve pas un mot à répondre ; il se sauve et court se donner la mort.

Vous vous souvenez encore de cette indulgence hautaine et mélancolique où s'était élevée l'âme héroïque de Napoléon, après que tant de défections, apprises coup sur coup, lui eurent fait connaître le fond des lâchetés humaines. Il en était venu à ne plus être irrité de ces trahisons, à ne plus en être même surpris ; il les excusait comme des faiblesses de l'humaine nature, auxquelles compatissait son grand cœur. Corneille a donné encore à César ce coup d'œil triste et méprisant, jeté d'en haut sur les consciences :

> Pensez-vous que j'ignore ou que je dissimule
> Que vous n'auriez pas eu pour moi plus de scrupule,
> Et que s'il m'eût vaincu, votre esprit complaisant
> Lui faisait de ma tête un semblable présent ?

Non, vous ne sauriez croire l'effet qu'ont produit ces vers sur le public. Ils ont été dits d'une voix basse et vibrante, avec une sorte de résignation où l'on sentait un retour mélancolique sur soi-même et un profond dédain des hommes. La claque n'était point, par bonheur, avertie que cela fût beau; elle nous a laissé le plaisir, vraiment délicieux, d'applaudir nous-mêmes d'admirables vers supérieurement dits.

Représentez-vous encore par la pensée Napoléon accueillant, après la bataille d'Iéna, la fille du grand Frédéric : aurait-il su jamais répondre aux emportements de son chagrin et aux violences de sa haine par un discours plus digne, plus douloureux, où les bienséances dues à une femme, à une reine, à la fille d'un grand homme, fussent observées avec plus de grâce ensemble et de majesté, que dans ce discours si délicat et si ému, adressé par César à la veuve de Pompée :

> O d'un illustre époux noble et digne moitié,
> Dont le courage étonne et le sort fait pitié :
> Certes vos sentiments font assez reconnaître
> Qui vous donna la main et qui vous donna l'être.

Je m'arrête; il faudrait tout citer.

Un des traits du caractère de Napoléon, qui éclate de toutes parts dans l'histoire de M. Thiers, c'est sa prodigieuse imagination. On se figure toujours que les grands capitaines et les grands hommes d'État ne se conduisent que par raison et par calcul. On se trompe singulièrement : l'éclat d'un beau nom, ou d'une magnifique cérémonie suffit à éblouir ces hommes d'imagination. Napoléon poursuivait dans ses rêves le nom d'empereur d'Occident : César fit tout pour obtenir celui de roi. Ce n'étaient pourtant que des titres vains. Tous deux avaient le solide de la puissance : mais ces titres, que leur raison eût méprisés, éblouissaient leur imagination. Corneille a encore saisi et rendu d'une façon bien originale ce trait de caractère. Savez-vous pourquoi César regrette surtout Pompée? C'est que cette mort lui enlève un magnifique spectacle, qu'il apercevait déjà dans le lointain, et qu'il avait rêvé de donner au monde :

> Oh! combien d'allégresse une si triste guerre
> Aurait-elle laissé dessus toute la terre,
> Si Rome avait pu voir marcher en même char,...
> Vainqueurs de leur discorde, et Pompée et César!

11 juin 1860.

LE MENTEUR

Il faut d'abord s'entendre sur le sens que Corneille attribue à ce mot : *le Menteur*. Remarquez que la pièce espagnole d'où notre compatriote a tiré la sienne et qu'il a presque traduite, en la plupart des scènes, porte un titre qui nous paraît beaucoup mieux choisi : *la Vérité suspecte*. L'auteur voulait faire entendre par là que l'homme qui a pris l'habitude de conter des bourdes n'est pas plus cru, même alors qu'il dit la vérité ; que ses mensonges se retournent contre lui et l'accablent.

Il n'avait point prétendu faire une comédie de caractère ; sa pièce était une pièce d'intrigue, un vaudeville, comme nous dirions aujourd'hui, où, par un revirement familier au théâtre de ce genre, l'action engagée par le principal personnage retombe sur sa tête et le confond ou le punit.

Corneille, en appelant sa pièce *le Menteur*, donne à penser qu'il a voulu peindre un caractère. Mais c'est une question de savoir si le mensonge peut, à lui seul, constituer un caractère, s'il n'est pas souvent une façon d'être, un accompagnement obligé de certaines qualités ou de certaines situations.

Il est certain que l'on ne ment pas toujours parce qu'on a une disposition secrète à trahir la vérité ; on ment dans une vue d'intérêt quelconque, et bien que l'action soit très vilaine et d'autant plus honteuse que le but est moins noble, on n'est pas pour cela un menteur, il peut se faire qu'on répugne au mensonge et qu'on l'emploie. Le mensonge ne sera alors qu'un accessoire; et mentît-on vingt fois, trente fois, cent fois, toute la journée, cette habitude du mensonge ne serait pas encore un trait dominant de caractère, elle ne serait qu'une nécessité de situation.

Il n'y a de menteur que celui qui ment sans raison, sans but, pour le plaisir, par une inclination naturelle que fortifie l'habitude. Les mots de : *craqueur, gascon, hâbleur, blagueur* même, traduiraient mieux cette sorte d'humeur qui consiste tantôt à exagérer les faits en les embellissant, tantôt même à les inventer, pour réjouir les autres en s'amusant soi-même.

C'est là le menteur de Corneille. Un jeune homme aimable, qui a de l'esprit, du cœur, noble, généreux, brave, toutes sortes de qualités, pas un vice, mais prompt à conter des histoires, un Gascon, M. de Crac. Il est vrai qu'il pourra se laisser entraîner par l'occasion à débiter quelques-unes de ses bourdes habituelles, même à son père, et que ce vieillard vénérable, à qui il aura ainsi manqué de respect, le relèvera vertement, lui montrant avec force tout ce qu'il y a de honteux pour un gentilhomme à ne pas dire la vérité; mais ce n'est là qu'un accident; à le bien prendre, tous les mensonges de Dorante sont de ceux que le catéchisme qualifie de mensonges joyeux; ils n'entachent en rien l'honneur ; ils n'excitent aucun mépris contre celui qui les fait, ils ne soulèvent aucune des idées répugnantes que les grands mots de *menteur* et de *mensonge* traînent à leur suite. Nous n'avons affaire ici qu'à cette disposition qu'ont certaines personnes à déguiser la vérité des faits et à l'arranger, disposition qui se retrouve plus vives chez quelques peuples ou dans certaines professions : *Gascon* et *chasseur* vont, comme on sait, de compagnie.

En quoi consiste, et de quels éléments se compose ce caractère ?

Le premier qu'on trouve est la vanité. La Rochefoucauld avait bien raison de montrer l'amour-propre au fond de toute action humaine. Toutes ces analyses, que nous avons déjà essayées des différents caractères, nous ont toujours laissé la vanité pour premier résidu. Vous trouverez sans cesse, dans le monde, des gens qui content un fait que vous savez ou complètement faux, ou tout au moins inexact en ses principaux détails. Observez-les bien ; vous verrez que toujours ils se mettent en avant : le *moi* domine en tous leurs récits. Ils étaient là, ce sont eux qui ont dit, qui ont fait.

Vous-même, vous qui m'écoutez, ami lecteur, que de fois ne vous est-il pas arrivé de prendre à votre compte une histoire que vous aviez entendu conter à quelqu'un de vos amis, ou plus simplement que vous aviez lue dans le journal. Ce n'est souvent qu'une forme littéraire plus rapide ; car le *je* bien employé donne au récit beaucoup de vivacité et d'animation. Que de fois, en revanche, c'est un je ne sais quel secret désir de se mettre en avant, de se prêter un mot remarquable, une réplique heureuse, une action spirituelle ou héroïque. On ne se rend pas bien compte des divers sentiments par lesquels on est poussé, on y obéit à son insu. On se laisse aller au plaisir d'étonner son public, de concentrer sur soi l'attention et les yeux de ceux qui écoutent.

La plupart des exagérations viennent de là. On se trouve aux prises avec un homme qui a eu la bonne fortune d'être témoin ou acteur dans de surprenantes aventures ; il les raconte, et l'on se trouve bientôt soi-même vis-à-vis de lui dans un état d'infériorité qui agace. C'est alors qu'on prend la parole, et, sans presque y prendre garde, on fait comme le menteur de Corneille : on enchérit sur les hauts faits qu'il a célébrés, et on lui fait rentrer ses nouvelles au corps. Il y a là, dit Dorante, un des plus vifs plaisirs qu'on puisse éprouver ; c'est un plaisir de vanité satisfaite. On ramasse sur soi-même l'admiration de son public, qui s'égarait sur d'autres, plus heureux ou plus hardis. On sent, à voir l'étonnement qu'on excite, un délicieux chatouillement d'amour-propre.

A cette vanité se joint un défaut, sans lequel il n'y aurait pas de menteur : c'est la loquacité. Il y a des hommes, disons mieux, il y a des races qui ont absolument besoin de se répandre au dehors, de s'exhaler par la parole. Je crois que les Méridionaux cèdent plus volontiers à cet instinct que les nations du Nord. Aussi le *Menteur* est-il né en Espagne, et a-t-il passé en France où la Garonne sert de limite au pays des gasconnades. Ce n'est pas que, dans cette loquacité, on ne puisse encore trouver de l'amour-propre (il y en a partout) ; mais elle est, par elle-même, un trait dominant du caractère de certaine population.

Les gens du Nord semblent être plus concentrés en eux-mêmes ; chez nous, l'activité de l'esprit met sans cesse la langue en mouvement ; il faut qu'on parle, et ce serait contre nature si deux Français, se trouvant ensemble, laissaient tomber la conversation.

Un entretien ne se compose pas que d'idées émises, de théories discutées ; on peut même dire que cette forme élevée de la conversation est la plus rare, la moins accessible au gros de la foule. Il ne se compose, la plupart du temps, que d'événements contés, et le fond que chacun en possède s'épuise assez vite.

Rien ne paraît plus simple que de s'arrêter quand on n'a

plus rien à dire d'intéressant, ni de vrai. Mais on est pressé de ce besoin de parler quand même ; à une histoire, une autre succède qui en amène une troisième, qui provoque une explosion d'aventures plus étonnantes encore.

Je ne puis mieux comparer cet effet de la parole sur celui qui s'y abandonne qu'à une sorte d'ivresse morale. On n'est plus maître de son récit ; c'est lui qui vous emporte, et il arrive assez souvent qu'on en soit dupe. Le roman s'arrange de lui-même dans l'imagination, à mesure qu'on le débite, et les mots se pressent sur les lèvres, comme un troupeau de moutons qui saute une barrière.

Écoutez les narrations du *Menteur* : Ne sentez-vous pas qu'il se grise lui-même de ses paroles, qu'il se laisse aller, avec une joie capiteuse, à ces détails qui jaillissent coup sur coup de son improvisation brillante ; il va... il va... il ne se possède plus. Pour un peu, il croirait lui-même aux circonstances qu'il invente sur l'heure. Ne le pressez pas trop là-dessus ; ne lui faites pas remarquer les contradictions de son récit, il le prendrait de très haut avec vous ; il est à demi convaincu, et il lui suffira de répéter deux fois la même histoire pour en être persuadé tout à fait.

Aussi ai-je quelque inquiétude sur la façon dont Delaunay débite ses tirades, et notamment celle où il conte son faux mariage. L'acteur a parfois l'air d'hésiter, de chercher à tâtons par où et comment il se tirera du récit commencé. Je ne crois pas que le doute soit dans le caractère de l'homme. J'ai bien souvent observé dans le monde les gens qui brodent des histoires vraies, ou qui en imaginent de fausses ; ce m'est toujours un étonnement de voir avec quelle facilité prodigieuse, des personnes, qui sont d'ailleurs dépourvues d'imagination, trouvent, sans chercher un instant, avec un air d'assurance imperturbable, des romans qui ont encore un certain air de vraisemblance. Où il est facile de les prendre en flagrant délit de mensonge, c'est dans la façon dont elles font converser les personnages qu'elles mettent en scène. J'ai toujours remarqué qu'elles aimaient la forme du dialogue, et qu'elles prêtaient à chacun de ceux qui figuraient dans le récit et leurs idées propres et leur tour particulier de langage. C'est un trait qu'a négligé Corneille dans le *Menteur*, et qui n'en est pas moins très conforme à la vérité. Henri Monnier, dans ses photographies de la vie bourgeoise, en a fait plus d'une fois un usage charmant.

Voyez comme ses conteurs de récits reviennent sans cesse à ces formules : « *Alors il m'a dit, et je lui ai répondu.* » Et ils mettent dans la bouche de l'autre toutes les sottises, qu'ils auraient dites eux-mêmes, et ils se prêtent les réponses qu'ils auraient voulu faire.

C'est une règle générale et qui souffre très peu d'exceptions : toutes les fois que vous verrez un conteur s'engager dans d'interminables dialogues, soyez sûrs qu'il ment. Ni le dialogue n'est vrai, ni probablement les faits qui l'ont amené. C'est, chez lui, le besoin de loquacité. Il nous arrive à nous autres, journalistes, de *tirer à la ligne*. Lui, il tire à la phrase. Il satisfait ce besoin de parler qui est l'instinct des races latines ; il dépense en paroles, j'allais dire le trop-plein de son cerveau, mais la plupart du temps, il n'y a rien dans ce cerveau qui est vide d'idées. Il parle pour parler. Il conte pour conter. C'est le *menteur* de la comédie.

Si ces deux éléments le constituaient seuls, ils feraient de lui un pauvre sire, qui jouerait sur la scène du monde, comme sur les planches d'un théâtre, un fort sot personnage. Le menteur de Corneille, comme celui d'Alarcon, est un esprit brillant pour qui l'on se sent une sympathie vraie. Il a de la verve, de la grâce, un je ne sais quoi qui enlève et qui plaît.

C'est que, dans la composition du mensonge (tel que nous l'avons défini), il entre un élément qu'on n'a pas assez remarqué et qui est d'une importance capitale : c'est un réel goût de l'art, et un sentiment obscur, mais puissant, des nécessités qu'il impose.

Avez-vous jamais vu que la nature ait rien fait de complet, d'achevé, d'artistique? Prenez les objets qui vous touchent le plus sensiblement, un beau paysage, par exemple. Est-ce que vous ne vous êtes pas dit : « Quel dommage que ce premier plan soit si touffu! Voilà un rocher mal placé! Cette ligne d'horizon est trop courte! » et autres critiques semblables. Critiques très justes, car la nature ne s'occupe point de faire un tout dont l'impression sur l'âme soit unique; elle n'a point souci de cette unité, sans laquelle il n'y a point d'art vrai.

Je me souviens d'une phrase de Chateaubriand qui me frappa beaucoup lorsque je la lus. C'était dans sa correspondance; il écrivait à son ami Joubert le récit d'un voyage; il lui contait qu'un soir, la diligence s'était arrêtée pour réparer un accident de voiture; il avait fait un tour dans les champs, et s'était mis à admirer la campagne qui était d'une mélancolie douce :

— Je regardai le ciel, ajoutait-il; il y brillait un pâle croissant de lune naissante, et j'en fus bien aise. Car cette lune terminait le paysage, et je sens bien que je l'aurais mise dans ma description, alors même qu'elle eût oublié de paraître.

Il est bien entendu que je ne cite pas les paroles textuelles, mais le sens y est, et je le garantis. Chateaubriand parlait là en artiste; si la lune n'eût pas été levée, à l'heure où il se promenait par la campagne, ce n'eût été qu'un oubli de la nature, et il y aurait suppléé par l'imagination, afin d'achever le paysage.

Eh bien! il y a des races artistes, qui ne se font aucun scrupule de voir la lune absente, et de la mettre dans leurs descriptions quand elle a négligé de s'allumer au firmament.

Il en est des événements comme des paysages. La nature, qui les jette pêle-mêle, ne s'occupe jamais de les terminer. Elle ne fait point de roman, elle ne donne que la réalité nue, et c'est un hasard des plus extraordinaires quand cette réalité se présente sous une forme complète, achevée, artistique. Il faut, pour qu'elle plaise à l'imagination des hommes, retrancher ici, ajouter là, resserrer le tout dans des lignes précises qui la délimitent aux yeux.

Cela ne se fait point de dessein prémédité par un homme qui se dit : « Je vais tromper mon public en lui embellissant ce que j'ai regardé. »

Non, le Français, l'Italien, et plus généralement le Méridional, voient les choses telles qu'elles devraient être. C'est une conformation particulière de son œil, ou plutôt de son esprit.

Le fait réel n'est pas pour lui un objet direct d'observation, c'est un excitant pour son imagination, qui se répand autour, qui l'enveloppe d'une gaze brillante au travers de laquelle il l'aperçoit ; les contours en sont modifiés, les couleurs en deviennent ou plus ternes, ou plus vives ; mais il n'est pas complice de ces changements qui se font dans l'objet, à son insu, et sans presque qu'il en ait conscience.

Ce phénomène est facile à observer sur nos *reporters*. Tous, ou presque tous, sont de bonne foi ; mais ce sont aussi presque tous des hommes imaginatifs, qui n'envisagent pas froidement la réalité, pour la reproduire avec exactitude. Ils ont un sentiment de l'art qui les domine.

Ils sentent vaguement, et sans même s'en rendre compte, que tel détail ajouté ou renforcé donnera infiniment plus de prix au tableau, parce qu'il en achèvera les lignes ou en ravivera la couleur ; et ce détail, ils le voient, ils sont sûrs de l'avoir vu ; ils mettent, de leur grâce, la lune dans un ciel vide.

Ils sont très intéressants, et composent des chefs-d'œuvre, des chefs-d'œuvre du genre, bien entendu. Mais ils inspirent des inquiétudes aux hommes qui ne cherchent que la réalité certaine, que le fait dépouillé de ses ornements. Lisez les correspondants anglais, vous verrez aisément la différence des deux races.

Le récit d'un reporter anglais forme rarement un tout artistement composé, qui aille d'un point fixe à un autre bien marqué d'avance, qui ait sa progression naturelle et son dénouement, comme une tragédie classique ou un drame bien fait. Ils suivent la réalité, qui n'est point artiste, et ne visent point à l'effet.

Nos écrivains sont toujours hommes de style. Où la réalité a le tort de ne pas mettre de point, ils en laissent tomber un pour finir ; ils dérangent les faits, pour les arranger ; ils les parent, afin de frapper davantage les yeux à qui ils sont chargés de les exposer. Ils font œuvre d'art. Ce sont des *menteurs*.

C'est ainsi que s'explique le plus souvent cette manie d'exagération qui est si commune en notre pays, et qui n'est pas rare non plus, dit-on, en Italie et en Espagne. Il faut absolument faire effet, et forcer la note. Vous vous rappelez le joli récit que contait si bien Arnal :

— Je me sauvai à travers l'escalier, j'arrivai au quatrième étage, et fermai sur moi la porte. Tout le monde accourut derrière moi, et ils étaient sur le palier plus de dix mille qui regardaient par le trou de la serrure.

— Oh ! dix mille ? lui dit son interlocuteur avec doute.

— Ils étaient au moins quatre, reprend Arnal avec conviction.

Dix mille! Voilà l'homme d'imagination! S'il avait dit : quatre personnes couraient après moi, c'eût été la réalité nue et sèche. Mais que voulait-il? Enfoncer dans l'esprit de son auditeur l'idée qu'il a couru un grand danger, qu'un bruit terrible de pas se pressait derrière lui; il a donc, usant d'un procédé familier à tous les arts, grossi le trait dont il voulait que les yeux et l'imagination demeurassent frappés.

C'est grâce à cet élément que le mensonge, dont le nom seul excite l'horreur, est si agréable dans la comédie de Corneille et dans toutes celles qui ont été faites depuis sur ce thème.

Avant toute analyse, le spectateur se sent averti par une sorte d'obscur instinct, qu'il n'y a rien d'odieux et de déshonorant dans cette façon de déguiser la vérité. Elle se compose de trois qualités dont aucune n'excite de répugnance : la vanité, la loquacité et un certain goût d'arrangement artistique.

Un honnête homme peut les avouer sans honte; aussi, Dorante est-il un honnête homme, et néanmoins, comme il y a dans cette manie, poussée à l'extrême, un danger véritable, Corneille a très bien fait d'en marquer les inconvénients, et le plus bel endroit de sa pièce est précisément celui où le père, prenant Dorante en flagrant délit de mensonge, lui adresse la fameuse apostrophe qui est restée dans toutes les mémoires.

C'est ce trait qui manque à tous les vaudevilles où le goût du mensonge a été mis en œuvre. Il eût été trop large et trop coloré pour de simples pièces de genre. Sans cette scène, le *Menteur* de Corneille ne serait qu'un grand vaudeville écrit en vers admirables par un homme de génie.

29 août 1870.

THÉODORE

L'Odéon poursuit discrètement, sous l'habile direction d'Émile Marck, à qui Porel a confié cette partie de la besogne, ses études sur le répertoire classique. Il a donné cinq représentations de *Théodore*, tragédie chrétienne en cinq actes de Pierre Corneille : les quatre premières aux habitués des mardis et vendredis classiques, la cinquième à une matinée du jeudi. Jules Lemaître s'était chargé de la conférence et il nous a conté, en commençant, qu'à l'origine, en 1645, *Théodore* n'avait eu de même que cinq représentations et que depuis elle n'avait jamais été reprise. Il ne me paraît pas qu'après cette seconde épreuve elle doive l'être jamais. Elle aura donc vécu deux fois cinq soirées. La voilà rentrée pour jamais dans le tombeau, où elle avait déjà dormi deux siècles.

Jules Lemaître nous a fort bien expliqué pourquoi elle n'en sortirait plus. C'est lui, je crois, qui avait conseillé à Porel de la remettre à la scène. Il l'avait lue, et naturellement, il l'avait lue avec curiosité. *Théodore* est de la belle époque de Corneille ; elle se place chronologiquement entre *Rodogune* et *Héraclius*; mais elle est antérieure à *Don Sanche* que l'on a repris l'année dernière, avec l'applaudissement de tous les lettrés, et à ce *Nicomède* que nous souhaitons tous de voir reprendre un jour à Mounet-Sully.

Je n'ose pas dire, après que Pailleron dans le *Monde où l'on s'ennuie* a ridiculisé la phrase, qu'il s'y trouve un beau vers. Mais le fait est qu'il s'y trouve un beau vers, un vers qui est resté dans la mémoire des hommes, un vers que l'on cite partout :

> A l'époux sans macule une épouse impollue !

Il y en a d'autres encore, qui n'en sont pas moins beaux pour être moins célèbres; et même par-ci par-là, à travers des scènes d'un empêtré et d'un rocailleux extraordinaire, il éclate quelques couplets d'une netteté, d'une vigueur incomparables. Si notre confrère s'était laissé séduire, ce n'est pas qu'il ne se fût rendu compte combien le drame laissait à désirer ; mais il pensait que certaines beautés de détail enlèveraient le public.

Mais voilà : au théâtre, le public oublie d'être lettré, il cherche avant tout d'instinct une œuvre dramatique et il n'y a rien de moins dramatique que le sujet de *Théodore*.

Comment Corneille s'en était-il féru ? Comment n'avait-il pas été averti, par la difficulté même qu'il sentait à le traiter, combien ce sujet était peu fait pour la scène ? Comment même ne s'en est-il jamais dépris et témoigne-t-il, dans son examen, de quelque faible pour cette pièce si durement rebutée du public ? Et pourquoi, dites-moi, je vous prie, pourquoi Dumas prise-t-il par-dessus toutes ses autres œuvres l'*Ami des femmes ?* Pourquoi a-t-il dépensé, autour de ce sujet impossible, plus de talent et de travail qu'à aucun autre de ses ouvrages ? Pourquoi a-t-il refait la pièce qui n'a pas plus réussi sous sa forme nouvelle que dans la version primitive ? Pourquoi parle-t-il de la refondre encore et de la remettre à la scène ? Pourquoi vise-t-il pour elle un nouvel échec à la Comédie-Française ?

Je n'ai été présenté que deux fois dans ma vie à Scribe déjà vieux et tout près de sa fin. J'avais encore, en ce temps-là, des velléités de faire du théâtre, et je croyais avoir trouvé un sujet de comédie. Je l'exposai à Scribe qui écoutait volontiers les jeunes gens avec beaucoup de bienveillance. En quelques mots, il m'en montra l'impossibilité à la scène; et comme je le regardais de l'air d'un homme qui ne se rend pas :

— Vous ferez la pièce, me dit-il en souriant. Voyez-vous, retenez bien ceci : quand un sujet n'est pas bon, on y tient davantage, et l'on fait toujours la pièce.

Je ne l'ai pourtant pas faite; c'est que j'ai tourné du côté de la critique; mais quand un écrivain dramatique s'est engagé dans un sujet d'où il n'y a pas moyen de sortir, il s'y acharne d'autant plus; il se sait bon gré d'avoir soufflé une apparence de vie à un avorton qui n'était pas né viable.

Nous sommes à Antioche, sous le règne de Dioclétien. Théodore, une descendante des anciens rois, s'est convertie au christianisme et les édits de persécutions contre les chrétiens sont en pleine vigueur. Le gouverneur d'Antioche, Valens, a un fils nommé Placide, qui est également amoureux de cette Théodore; il ne veut pas qu'il l'épouse ayant une autre femme à lui donner. Il se dit que si, usant contre elle de la rigueur des lois, il la condamne au dernier supplice, il ne fera qu'exaspérer l'amour de son fils qui se refusera toujours d'épouser l'autre. Il s'avise d'un stratagème : Théodore sera enfermée dans un mauvais lieu et livrée à la brutalité des soldats. Le dégoût en détachera Placide qui se rangera plus volontiers aux volontés de son père.

Quel est le sujet? Il faut que le poète nous montre les sentiments et impressions par lesquels passe Théodore, quand elle apprend sa condamnation, quand on l'emmène, quand elle attend l'exécution, quand les soldats entrent.

Mais... Et Jules Lemaître nous a fait ici une analyse bien fine, bien délicate et bien plaisante, des raisons qui rendent le sujet impossible à traiter.

Mais d'abord, ces sentiments, nous a-t-il dit, il n'est pas très facile de les deviner, sinon d'une façon sommaire et grossière. Ce sont des choses délicates qui se passent dans le fond le plus mystérieux de l'être, qui fuient la lumière, qui sont d'autant plus malaisées à définir qu'il s'y mêle, à la terreur de l'âme, une angoisse qui n'est pas purement morale, une sorte de terreur physique, obscure et vague, imparfaitement expliquée par celle même qui l'éprouve... Cela peut sans doute être démêlé et décrit, mais non point par elle.

Théodore est ignorante ou elle ne l'est pas. Si elle est ignorante, elle ne peut que se figurer un vague danger et ressentir une obscure épouvante, et elle n'a rien à dire. Si elle n'est pas ignorante, si elle est capable de se figurer avec quelque exactitude le danger qui la menace, elle ne peut rien dire. Les images qui flottent sans doute devant ses yeux, elle ne peut les traduire par des mots. Car la pudeur se détruit elle-même dès qu'elle avoue se connaître. La pudeur est un sentiment si délicat qu'on le viole rien qu'en l'exprimant. Et ainsi, le rôle de Théodore, à partir d'un certain moment, est forcément un rôle muet.

Cette analyse si juste et si subtile a été fort goûtée du public de l'Odéon. Il faut dire que le conférencier a improvisé tout ce développement avec une netteté, une finesse et une bonne grâce de langage incomparables. L'air de détachement qui lui est naturel quand il parle ajoutait encore à l'effet.

Il y a un point que j'aurais voulu lui voir aborder, et

dont il n'a donné mot ; et ce point me tracasse, car je fais en ce moment de Corneille une étude particulière. Je suis convaincu que Corneille, qui a été un grand inventeur en fait de théâtre, et un inventeur inconscient, a obscurément et sans trop s'en rendre compte, pressenti, essayé une manière de tragédie où le fait, chose vile, prendrait la première place, où l'intérêt tout entier de la pièce serait non dans les passions que ce fait met en mouvement, mais dans les incidents et les spectacles qu'il provoque. Il a été toute sa vie sur le point de découvrir le mélodrame. Et *Rodogune* même, est-ce autre chose qu'un mélodrame, empêtré dans les traditions de la tragédie soi-disant aristotélique ?

On fourre Théodore où vous savez. Voilà un fait ; il est même absurde ; c'est un départ de bon mélo.

On lâche les soldats sur la maison de Théodore. Il est facile de supposer qu'il y a, parmi ses adorateurs, un Mélingue dévoué et chevaleresque qui écarte les soldats un instant en leur jetant l'or à poignée, qui pénètre respectueusement dans le sanctuaire de la vierge et, pour la faire échapper, lui jette son manteau sur les épaules, son casque sur la tête. Elle sort sous ce déguisement, et lui, il reste, au hasard de ce qui en pourra arriver.

C'est la pièce de Corneille que je vous conte là. Mais Corneille était asservi aux formes de la tragédie, telle qu'il avait contribué lui-même à la consacrer. Au lieu de nous mettre tout cela en action, ce que ne manquerait pas de faire le moindre d'Ennery de notre temps, il l'a distribué en quatre récits, qui se complètent l'un par l'autre et qui, mis bout à bout, finissent par nous apprendre toute l'histoire. Ces récits emplissent le quatrième acte, où, dans nos mélodrames, se trouve le point culminant de l'action. C'est qu'en effet ces récits, dans l'œuvre de Corneille, c'est toute l'action qu'il n'a pas osé, ou su, ou pu mettre en scène.

Il faut rendre justice à la troupe de l'Odéon. Elle avait appris, et elle a joué avec une conscience admirable, cette œuvre ingrate.

30 décembre 1889.

DON SANCHE D'ARAGON

Il faut bien le dire : *Don Sanche* ne comptera jamais parmi les grandes œuvres de Corneille. Au temps même où elle fut jouée pour la première fois, le succès semble en avoir été médiocre. On peut l'inférer des propres aveux de Corneille.

« La pièce, dit-il dans son *Examen*, eut d'abord un grand éclat sur le théâtre; mais une disgrâce particulière fit avorter sa bonne fortune. Le refus d'un illustre suffrage dissipa les applaudissements que le public lui avait donnés trop libéralement et anéantit si bien tous les arrêts que Paris et le reste de la cour avait prononcés en sa faveur, qu'au bout de quelque temps elle se retrouva reléguée dans les provinces. »

Nous connaissons ce langage. Que de fois n'avons-nous pas entendu un auteur dramatique s'écrier, en ne voyant pas un chat dans la salle à la cinquième représentation de sa pièce : « C'est la faute de Vitu ! » ou : « C'est la faute de Sarcey. » Le public était ravi; il avait applaudi à tout rompre. Mais Vitu a parlé; plus personne aujourd'hui. C'était déjà comme ça du temps de Corneille.

Le premier acte de *Don Sanche* est une des plus belles expositions qui aient été mises au théâtre. A la lecture, l'impression est vive. Mais c'est bien autre chose au théâtre. L'effet est inimaginable.

La jeune Isabelle vient de monter sur le trône de Castille. Son peuple a exigé qu'elle se mariât et lui a, sur sa demande, désigné trois prétendants entre lesquels il lui serait permis de choisir : don Lope de Guzman, don Manrique de Lare, don Alvar de Luna. La reine, elle, a distingué un jeune cavalier, beau, bien fait, vaillant, qui s'est couvert de gloire en battant les Maures, une manière de Cid héroïque et chevaleresque. Mais quoi ! ce jeune homme n'est qu'un aventurier : on ignore son nom et sa naissance. Une reine ne saurait s'abaisser à un choix si indigne. Et cependant elle se sent pour lui un penchant secret.

Le jour solennel est venu où Isabelle doit faire son choix. Toute la cour est là debout, autour de la reine sur son trône. Les trois prétendants lui font face, Carlos à quelques pas d'eux.

Isabelle prend la parole :

> Avant que de choisir, je demande un serment,
> Comtes, qu'on agréera mon choix aveuglément ;
> Que les deux méprisés, et tous les trois peut-être,
> De ma main, quel qu'il soit, accepteront un maître.
> Car enfin, je suis libre à disposer de moi.

Ce serment, ils le prêtent, chacun selon son caractère : don Lope avec une pointe d'orgueil froissé, don Manrique avec mauvaise humeur, car il se doute bien que ce serment cache un piège, don Alvar avec indifférence. Il aime ailleurs.

Le serment prêté, la reine donne ordre qu'on prenne place. Tous les grands seigneurs s'assoient. Carlos voit un siège vide auprès de don Manrique ; il va s'en emparer ; don Manrique l'arrête .

> Tout beau, tout beau, Carlos! D'où vous vient cette audace?
> Et quel titre en ce rang a pu vous établir?
> — J'ai vu la place vide, et cru la bien remplir.
> — Un soldat bien remplir une place de comte!

Et voilà la dispute qui commence! Et la reine l'écoute avec un secret plaisir, et elle demande à savoir de la bouche même de Carlos qui il est ; et l'aventurier conte avec une bonne grâce fière, les Maures défaits, la Castille sauvée et ceux-là mêmes qui l'insultent aujourd'hui arrachés à l'ennemi qui les avait déjà fait prisonniers.

La reine le flatte de quelques bonnes paroles ; mais les comtes, tout en reconnaissant que ce récit est vrai, insistent pour que Carlos nomme ses parents.

> Car enfin la valeur, sans l'éclat de la race,
> N'eut jamais aucun droit d'occuper cette place.

Et Carlos s'écrie à cette mise en demeure :

> Se pare qui voudra du nom de ses aïeux;
> Moi, je ne veux porter que moi-même en tous lieux ;
> Je ne veux rien devoir à ceux qui m'ont fait naître,
> Et suis assez connu sans les faire connaître.
> Mais pour, en quelque sorte, obéir à vos lois,
> Seigneurs, pour mes parents, je nomme mes exploits ;
> Ma valeur est ma race et mon bras est mon père.

Ah! j'aurais voulu que vous fussiez à cette représentation! Tout le public a été secoué d'admiration à ce couplet merveilleux. Et remarquez : ce n'est pas seulement ici de belle rhétorique, c'est du théâtre. A l'orgueil de la race, l'auteur oppose la fierté du mérite personnel : ce sont deux passions qui se choquent; et comme le cadre où Corneille nous a montré cette lutte est grandiose et pittoresque! Je dirai aux lettrés : « Vous croyez connaître *Don Sanche* parce que vous l'avez lu au coin de votre feu. Mais non, ce n'est plus cela, plus cela du tout. Les choses qui sont vraiment de théâtre prennent au théâtre un relief extraordinaire. Cette scène de la querelle, elle n'est que belle à la lecture : à la scène, elle est émouvante, elle transporte, elle ravit. »

— Vous le voyez, s'écrie don Lope, il n'est pas noble.

— Eh bien ! je l'anoblis, dit la reine.

A la bonne heure ! Mais pour avoir le droit de s'asseoir devant la reine, il faut être marquis ou comte :

Et aussitôt Isabelle, prenant la balle au bond :

> Eh bien ! soyez-vous donc, marquis de Santillane,
> Comte de Penafiel, gouverneur de Burgos.
> Don Manrique, est-ce assez pour faire seoir Carlos ?
> Vous reste-t-il encore quelque scrupule en l'âme ?

Et don Manrique, dépité :

> Achevez ! achevez ! faites-le roi, madame...

Est-ce du Victor Hugo ? Est-ce du Corneille ? On ne sait ; mais il n'y a que ces deux hommes en France qui aient trouvé des traits pareils.

La reine s'avise, pour contenter à la fois et son amour secret et la pudeur de son rang, d'un stratagème qui est d'une ingéniosité charmante. Elle se tourne vers les prétendants et, leur montrant Carlos :

> J'en ai fait un marquis, je veux qu'il fasse un roi.
> S'il a tant de valeur que vous-même le dites,
> Il sait quelle est la vôtre et connaît vos mérites
> Et jugera de vous avec plus de raison
> Que moi qui n'en connais que la race et le nom.
> Marquis, prenez ma bague et la donnez pour marque
> Au plus digne des trois, que j'en fasse un monarque.
> Rivaux ambitieux, faites-lui votre cour.

N'est-ce pas là un joli tour de femme amoureuse ! Et comme tout cela est noble, galant, chevaleresque ! Comme on se sent emporté loin de la cour de Louis XIV, en pleine Espagne !

Voilà donc Carlos en possession de la bague. Les comtes lui demandent, sur un ton de raillerie hautaine, ce qu'ils auront à faire pour plaire à leur juge. Quel soubresaut de surprise a la réponse du bel aventurier :

> Comtes, de cet anneau dépend le diadème ;
> Il vaut bien un combat ; vous avez tous du cœur,
> Et je le garde...
>   — A qui, Carlos ?
>   — A mon vainqueur !
> Qui pourra me l'ôter l'ira rendre à la reine.

Comme on comprend l'enthousiasme persistant de Mme de Sévigné pour son vieux Corneille, lorsqu'on tombe sur ces beaux endroits. Tout le public, l'autre soir, au Théâtre des Arts, a pensé comme Mme de Sévigné.

L'emballement a été général. Et je me disais à part moi : « Comme cette scène ferait plus d'effet encore si elle était rehaussée, à la Comédie-Française, de la mise en scène que le sujet comporte ! On me tient pour un ennemi de la mise en scène. Mais point du tout, je ne la hais que lorsqu'elle ne sert qu'à dissimuler l'absence de toute idée, ou lorsqu'elle étouffe l'idée sous un amas d'ornements inutiles.

Le diable, c'est qu'après ce merveilleux premier acte, il n'y a plus de pièce possible. Ce pauvre Corneille, qui avait le bon sens robuste, l'avoue assez ingénument dans son *Examen* :

« Le sujet, dit-il, n'a pas grand artifice. C'est un inconnu assez honnête homme pour se faire aimer de deux reines. L'inégalité des conditions met un obstacle au bien qu'elles lui veulent durant quatre actes et demi ; et quand il faut de nécessité finir la pièce, un bonhomme semble tomber du haut des nues pour faire développer le secret de sa naissance, qui le rend le mari de l'une en le faisant reconnaître pour le frère de l'autre. »

Il a raison, ce brave Corneille, le sujet n'a pas grand artifice. Et cependant on sent je ne sais quel plaisir délicat et noble à entendre des sentiments d'une galanterie si chevaleresque s'exprimer dans un langage si fier presque toujours, et parfois si précieux et si raffiné. Le drame, par malheur, repose tout entier sur un préjugé qui a disparu de nos mœurs. Carlos est de si fière mine et de si haute valeur qu'en dépit de sa naissance avérée, tout le monde, et la reine, et ses cousines, et les prétendants, et le peuple, s'obstinent à le croire d'une origine plus haute ; si bien que quand un bruit se répand qu'un certain don Sanche, fils de la reine d'Aragon, vient d'être retrouvé, la foule n'hésite pas un instant : il n'y a que Carlos qui puisse être ce fils de reine ! C'est lui don Sanche ! Il a beau s'en défendre et crier : « Mais non ! mais pas tout ! » on ne veut pas le croire, on fourre son père en prison comme un vil imposteur qui se dit son père sans l'être, et Carlos s'écrie :

> Je suis fils d'un pêcheur, mais non pas d'un infâme.
> La bassesse du sang ne va point jusqu'à l'âme,
> Et je renonce aux noms de comte et de marquis
> Avec bien plus d'honneur qu'aux sentiments d'un fils.

Cette générosité touche la reine, qui confesse son admiration.

> Je vous tiens malheureux d'être né d'un tel père,
> Mais je vous tiens ensemble heureux au dernier point,
> D'être né d'un tel père et de n'en rougir point,

> Et de ce qu'un grand cœur, mis dans l'autre balance,
> Emporte encore si haut une telle naissance.

Ces sentiments sont si loin de nous à cette heure! Tandis que ces vers passaient, je regardais dans la salle et me disais : « Il n'y a peut-être pas dans ce public dix Rouennais qui ne soient les fils de leurs œuvres et qui n'en tirent vanité. Ils se sont faits eux-mêmes et ne s'en estiment que davantage, et on ne les en estime que davantage autour d'eux. Comment pourraient-ils entrer dans ce préjugé du sang qui est le fond de l'ouvrage? Comment pourraient-ils s'y intéresser? Pour eux, Carlos vaut don Manrique et don Lope. » Mais si l'on part de cette idée, il n'y a plus de drame.

13 juin 1887.

NICOMÈDE

LES FEMMES ET LE THÉATRE DE CORNEILLE

Les femmes réservent leurs sourires pour le *Duc Job* et le *Pied de Mouton*. Elles boudent le vieux Corneille, qui transportait Mme de Sévigné.

C'est que Mme de Sévigné était capable d'entendre Corneille ; nos femmes ne le sont plus aujourd'hui. Non pas qu'elles aient moins d'esprit ou d'imagination que la bell marquise ; il s'écrit de notre temps des lettres tout aussi délicates, tout aussi passionnées que celles qui sont proposées dans tous les cours de littérature comme modèles de style. Mais Mme de Sévigné était fort instruite et les femmes de notre temps ne savent rien. On trouvera peut-être que je reviens souvent sur ce sujet : c'est qu'il est d'une importance capitale.

Si nos filles étaient autrement élevées, le théâtre entrerait pour une large part dans leur éducation, et les grandes solennités que célèbre chaque année la Comédie-Française seraient pour elles de véritables fêtes. On les mène au *Duc Job*. Je n'y vois, pour ma part, aucun mal : elles apprennent là comment Arthur finit par épouser Joséphine. Comme, après tout, il faudra bien qu'un jour elles aient aussi leur Arthur, il n'est pas mauvais qu'elles y pensent de temps en temps. Ce sont trois heures perdues, mais agréablement perdues. Elles n'ajoutent rien à l'éducation d'une jeune personne : elles l'amusent et c'est bien quelque chose.

Nicomède pourrait être une leçon d'histoire et de morale en même temps qu'un plaisir. Il est clair que, si on traîne là une jeune fille sans lui avoir rien dit de la pièce, elle y bâillera de tout son cœur. Que voulez-vous qu'elle y entende? Elle ne connaît point les personnages qu'elle voit en scène; ils font sans cesse allusion à des faits qu'elle ignore; toutes les idées qu'ils expriment lui sont étrangères; tout cela, c'est de l'hébreu pour la pauvre enfant.

Un père sensé, qui voudrait que sa fille pût goûter Corneille, s'y prendrait d'autre façon. La représentation de *Nicomède* était depuis longtemps annoncée. Il se serait arrangé pour ouvrir par avance les yeux de la jeune personne. La chose est moins malaisée qu'on ne pense : on peut m'en croire; j'ai été dix ans professeur; je le serais encore, si l'administration de l'Université l'avait bien voulu. Mais j'aime à revenir, toutes les fois que je le puis, à mon ancien métier. Non, il n'est pas difficile de mettre une jeune fille, qui a l'esprit naturellement ouvert, au point d'entendre une tragédie de Corneille, fût-ce même *Nicomède*, et de s'y plaire.

Il n'y faut que quelques lectures bien faites, en compagnie d'un maître intelligent qui les explique. Deux ou trois passages habilement choisis, soit dans les *Vies* de Plutarque, soit plus simplement dans l'*Histoire* de Rollin, suffiraient à lui montrer l'insultante hauteur des Romains lorsque, après la ruine de Carthage, ils parurent dans le monde pour tout envahir, et le lâche étonnement dont ils frappèrent les rois. Il n'y eut pas un seul souverain sur la terre qui ne fût capable de toutes les bassesses pour garder un trône qu'ils lui laissaient par politique ou par pitié.

Il faudrait encore, en lui lisant et en lui commentant soit la *Vie de Cléopâtre* dans Plutarque, soit toute autre qui semblerait plus convenable, lui soulever un coin des mœurs de l'Orient. Elle entrerait dans ces caractères, brouillés de ruse et de violences, que n'effraie point l'idée des crimes les plus monstrueux, que l'on voit rampant vers leur but par les voies les plus tortueuses de la trahison et y bondissant tout d'un coup, à front découvert, dans un accès d'impétueuse fureur.

Flaminius, Prusias et Arsinoé ne l'étonneraient plus; elle se serait déjà, sans le savoir, familiarisée avec leurs figures. Elle retrouverait là des visages connus, et elle aurait encore le plaisir d'y faire des découvertes. Il en est des tragédies de Corneille comme des tableaux de maîtres; après dix ans qu'on les regarde, on y découvre encore des beautés nouvelles; à plus forte raison une jeune fille qui ne les a point sérieusement étudiées.

Y a-t-il une physionomie plus curieuse que celle de Prusias? Ce bonhomme est une sorte de Cassandre couronné : il tremble devant Flaminius; il tremble devant sa femme; il a, en dépit de lui-même, un certain respect pour son fils Nicomède. Il voudrait que tout ce monde vécût bien ensemble et le laissât tranquille; mais ce ne sont que querelles autour de lui, et il entre à chaque instant dans des peurs et dans des colères effroyables. Il demande pardon à Flaminius, à la reine, à son fils; il les gronde ensuite et s'excuse. Digne, au milieu de tout cela, il croit, comme le Chrysale des *Femmes savantes*, qu'il gouverne seul ; il fera bien voir qu'il est le maître! Molière n'est pas plus plaisant.

A côté de lui, Flaminius, insinuant et impérieux : un lion couvert d'une peau de renard. Les griffes percent souvent, les puissantes griffes du peuple romain. Où l'adresse a échoué, et les conseils obliquement coulés dans l'oreille, il parle en maître, par sentences, sans passion ni colère, comme un homme sûr d'avoir toujours le dernier mot. Il expose, dans un langage à la fois simple et ferme, les maximes de la politique romaine. Il est vaincu dans la pièce sans être humilié. On sent fort bien que le temps n'est pas loin où il prendra une revanche éclatante.

Arsinoé est une de ces imaginations violentes et brouillonnes que chauffe le soleil de l'Orient. Elle est incessamment agitée par une tempête de haines furieuses, qu'elle ne sait point gouverner. Elle se croit bien fine et trouve, dans son esprit artificieux, mille effroyables machinations contre ceux qu'elle déteste. Mais un coup de vent emporte toutes ses résolutions. La femme du Midi se retrouve ardente, impétueuse, incapable de se maintenir et donnant tête baissée, à l'aveugle, dans les crimes les plus monstrueux.

Ces caractères ont sans doute bien des traits généraux par où ils se rapprochent du commun des hommes. Mais on ne peut les comprendre et s'y intéresser que si l'on connaît, par des récits historiques, les milieux où ils ont vécu, où ils se sont développés. Corneille a rassemblé dans un seul tableau les faits, les idées et les mœurs de toute une époque; il les a montrés sous de prodigieux raccourcis, qui nous frappent d'admiration. C'est que nous avons des yeux pour les voir. Les femmes n'y voient rien, à moins qu'on ne les leur ouvre.

Quelle est, en revanche, la jeune fille de seize ans qui ne sentirait d'elle-même la grandeur des rôles de Nicomède, de Laodice et d'Attale? Corneille s'est plu à jeter, dans ce monde de servilités et d'infamies, de jeunes et nobles cœurs, naturellement dressés aux sentiments généreux,

7.

aux vaillantes actions. Je ne sais pas au théâtre de héros plus digne d'être aimé que ce Nicomède. Le Cid même reste au-dessous. Quel admirable orgueil! Comme il est impossible qu'aucun sentiment bas approche de cette âme hautaine! De quel mépris il traite et les petites vilenies de sa belle-mère et les tortueuses insinuations de Flaminius! Avec quel respect fier et douloureux il relève les défaillances de son père! Comme on sent bouillir dans ses paroles la ferveur de ses vingt-cinq ans, l'orgueil de dix batailles gagnées, l'héroïsme de la vertu, et cette verve impétueuse qui s'échappe de toutes parts en spirituelles et impertinentes boutades!

Il faudrait avoir le cœur bien vieux soi-même, pour ne point le sentir battre à ses soudaines explosions ou de tendresses généreuses ou de sublimes mépris. L'âme s'emplit, à ce spectacle, d'une joie fière; on sort de là meilleur et tendu aux nobles pensées. On ne serait peut-être pas capable de ces héroïsmes; mais on s'élève pour une heure au-dessus de soi-même en les admirant. Il semble qu'à cet enthousiasme le sang se rafraîchisse et coule plus vite; les larmes viennent naturellement aux yeux. Ah! que je les plains ceux qui n'éprouvent pas ces émotions délicieuses! C'est autre chose que de voir l'éternel Arthur faire son éternelle cour à l'éternelle Joséphine.

Joséphine, chez Corneille, c'est Laodice. Encore un grand cœur, celle-là : grand, non de son propre fonds, mais par l'homme qu'elle aime. Elle est reine, et ce titre lui enfle l'âme d'un juste orgueil; mais elle est la maîtresse de Nicomède, et une femme aimée d'un tel homme ne peut plus s'abaisser à rien de vil. Il faut la voir dans sa dernière scène avec Arsinoé; elle est menacée, insultée presque : il y va de sa liberté, de sa vie. Elle ne faiblit point; elle ne lâche pas un mot dont son amant pût avoir à rougir, s'il l'entendait. On apprend, tout d'un coup, que Nicomède est vainqueur. Ce revirement de fortune met sa rivale entre ses mains ; sa première parole est telle que l'aurait pu dire le héros qu'elle adore :

> Ne craignez plus, madame :
> La générosité déjà rentre en mon âme.

Voyons, cela ne vaut-il pas, ô mères de famille, dites-le-moi, cela ne vaut-il pas le meilleur de tous les sermons ?

On parle quelquefois d'idéal aux jeunes filles, je ne sais pas trop ce qu'on entend par là ; — ce mot ne me semble propre qu'à nourrir dans leur cœur des rêveries sentimentales et creuses. Il n'y a pas d'autre idéal que d'aimer passionnément ce qui est beau et bon. C'est l'idéal que leur présente Corneille.

Chez lui, les personnages qui ne trouvent pas en eux-mêmes la force d'être grands sont soulevés par l'héroïsme des autres. Voyez Attale, dans *Nicomède*. Il a été nourri par les Romains dans l'exercice de la vertu ; mais celle qu'ils lui ont enseignée est une vertu pratique, terre à terre. Ils ont voulu en faire un instrument de leurs desseins politiques ; ils se sont bien gardés de lui hausser le cœur. Attale se trouve en présence de Nicomède. Cette générosité de sentiments l'étonne : cette grandeur de langage l'éblouit ; le jour se fait peu à peu dans son âme. Il aperçoit vaguement le piège honteux où les Romains prétendent le conduire ; une dernière conversation avec Flaminius l'éclaire sur leurs projets. L'indignation lui monte au visage ; un mouvement de chevaleresque héroïsme l'emporte :

> Attale ! était-ce ainsi que régnaient tes ancêtres ?
> Veux-tu du nom de roi pour avoir tant de maîtres ?
> Ah ! ce titre à ce prix déjà m'est importun :
> S'il nous en faut avoir, du moins n'en ayons qu'un.

C'est de son frère qu'il parle, de ce Nicomède dont un seul mot l'a tiré de ses pensées serviles. Il n'y a que Corneille au monde pour avoir de ces beautés transportantes ! D'un coup d'aile il s'élance dans le grand et nous y ravit en même temps. Et lorsque Attale, à la suite de cette scène, a sauvé son frère près de périr et que Nicomède apprend ce service, quelle explosion de joie ! Le héros ne songe point à remercier Attale : il ne lui parle pas de sa reconnaissance; non : c'est un bien autre bonheur qui emplit son âme. Ce frère est donc, lui aussi, un grand cœur ! Il vient de faire ses preuves ; il s'est réconcilié avec l'héroïsme et la vertu ! Le premier mot de Nicomède est une exclamation d'étonnement joyeux et fier ! M. Beauvallet l'a rendu en grand artiste; toute la salle a tressailli de surprise et d'admiration.

10 juin 1861.

RACINE

LA THÉBAÏDE

La Comédie-Française a voulu, pour célébrer la fête de Racine, remettre au jour la *Thébaïde,* qui n'avait pas été jouée depuis deux siècles. Mais elle a reculé devant sa propre audace ! Elle s'est contentée de détacher les quatrième et cinquième actes. C'est bien assez. Rien n'était plus facile aux amateurs que de lire les trois premiers, chez eux, le matin.

— Eh ! va-t-on s'écrier, ne pouvaient-ils tout lire?

Oui, sans doute; mais ce n'est pas la même chose de lire une pièce ou de la voir jouer.

On sent bien à la lecture que la *Thébaïde* est une assez pauvre tragédie. Mais on ne voit parfaitement qu'aux feux de la rampe, aux chandelles, comme on disait au temps de Racine, par où elle manque. Jamais il n'a été montré d'une façon plus nette combien était juste le mot du vieux Corneille qui, parlant des premiers essais de Racine, disait :

— Ce jeune homme a beaucoup d'esprit, et il écrit fort agréablement; mais il devrait abandonner le théâtre, il n'y entend rien.

On peut dire que cela est encore vrai même après *Andromaque,* après *Phèdre* et *Athalie.* Il y a des écrivains qui ont l'instinct de la scène : la pièce s'ordonne tout naturellement sous leurs mains pour l'effet dramatique, et les personnages en suivent le mouvement. Ce n'est pas l'œuvre d'un lettré, bonne à savourer au coin du feu. On la sent vivre, même dans le volume; on suit le va-et-vient des acteurs, on les voit se placer ici, et à tel moment passer là. Une scène peut être manquée, jamais celle où la situation commande.

Corneille a ce génie, ses personnages sont constamment en scène, même dans ses plus mauvaises pièces, et vous mènent toujours à quelque coup de théâtre. Pour Molière, il n'est pas besoin d'en parler! c'est le théâtre fait homme. Il y a trois ans, M. Thierry s'avisa de monter *Psyché;* la tradition de la mise en scène s'était absolument perdue; mais on n'eut aucune peine à la retrouver; elle naissait pour ainsi dire logiquement de la pièce écrite; elle faisait corps avec elle, Corneille et Molière avaient passé par là.

On serait plus embarrassé en face d'une œuvre de Racine. Ses tragédies ne sont pas faites pour le théâtre; on y sent, même dans les plus fameuses, des trous insupportables; c'est un très bel esprit, qui connaît admirablement le cœur des femmes, qui se plaît à étaler le fruit de ses observations, et qui a choisi, pour le faire plus commodément la forme du théâtre. Ce n'est pas un écrivain dramatique.

Je l'avais toujours senti obscurément, mais je l'ai vu à plein l'autre soir, à cette reprise de la *Thébaïde.* C'est toujours dans les premières œuvres que se marquent en traits plus vifs les qualités et les défauts des futurs grands artistes. On nous a remonté, il y a quinze mois, l'*Eugénie* de Beaumarchais. Cela était exécrable; une seule qualité surnageait, qui nous a frappé tous : l'art de faire agir les personnages et de ramasser tout l'intérêt de la pièce sur une situation forte; la puissance dramatique, en un mot.

Le Beaumarchais du *Barbier de Séville* était là, en germe.

Vous retrouverez, plus qu'on ne le croit généralement, le Racine d'*Iphigénie* dans la *Thébaïde*, c'est à peu près le même style ! le tissu en est moins serré, moins solide ; l'élégance y est moins divine ; il y éclate de temps à autre quelqu'un de ces vers à effet, puérile imitation de Corneille, dont se corrigea plus tard le disciple de Boileau. Mais c'est déjà le même goût des périphrases nobles, des longs et harmonieux discours ; la langue est châtiée, saine et abondante. Ce jeune homme sait écrire ; Corneille avait raison.

Ce qu'il ne sait pas, ce qu'il ne saura jamais parfaitement, car la nature lui en a refusé l'instinct, c'est précisément ce qui constitue l'écrivain dramatique, l'art de grouper ses personnages et ses scènes, et de les presser ensemble vers une situation capitale. La *Thébaïde* est construite avec une maladresse, avec une gaucherie incroyables. On ne s'en aperçoit pas trop à la simple lecture ; mais la représentation éclaire tous les défauts à cette implacable lumière de la rampe.

Ils sont là tous en scène, au moment où le quatrième acte s'ouvre. Jocaste, qui veut réconcilier ses deux fils, les a mis en présence, et se tient entre eux deux.

A gauche, Créon, leur oncle, un traître, qui a conseillé cette entrevue, se doutant bien que la guerre en sortirait plus terrible ; de l'autre côté, son fils Hémon, qui a pris parti pour un des princes, mais qui n'a rien à faire à la discussion ; au fond, Antigone, la sœur des deux rivaux, la fiancée d'Hémon.

Remarquez bien cette Antigone : elle n'a l'air de rien, dans son coin ; personne n'y fait attention ; et le fait est que ce n'est pas elle qui est en cause. Eh bien ! tous ces personnages vont s'évanouir l'un après l'autre, et la laisser seule porter le poids d'une action où elle est à peu près étrangère.

C'est Jocaste qui commence la retraite ; elle n'a pu persuader la réconciliation à ses fils : « C'est ainsi, s'écrie-t-elle, eh bien ! je sors et cours me tuer. » Antigone se jette au-devant d'elle : « Ah ! madame ! » Mais l'autre l'écarte, sort et se tue comme elle l'avait annoncé.

Sur quoi Etéocle dit à son frère : « Nous nous battrons ; je m'en vais t'attendre. » Antigone veut l'arrêter : « Ah ! mon frère ! » Mais point ; Etéocle l'écarte et part. C'est au tour de Polynice : « Tu ne m'attendras pas longtemps ! je te suis. » — « Ah ! mon frère ! » s'écrie encore cette brave Antigone, toujours avec aussi peu de succès. Polynice l'écarte et passe.

A Hémon maintenant.

— Mon ami, courez les séparer.

— J'y vais, s'écrie Hémon.

Il se sauve et Antigone le suit sans qu'on sache trop pourquoi. Cette cascade de sorties était si singulière, que, malgré tout le respect du lieu, il a couru un sourire sur toutes les lèvres.

Voilà Antigone qui revient pour le cinquième acte. Elle débite des stances à porter le diable en terre. Une confidente arrive et lui apprend que Polynice se meurt ; premier chagrin ; Créon entre et lui conte qu'Etéocle est également tué : second désespoir. Elle apprend ensuite qu'Hémon n'est plus, troisième douleur. Ils sont tous partis l'un après l'autre à l'acte précédent ; ils reviennent dans le même ordre, à celui-ci, mais morts. Créon profite de la circonstance pour offrir à Antigone sa main et le trône. C'est peut-être aller un peu vite en besogne ; son confident, un homme sensé, lui en fait doucement la remarque.

— Vous venez de perdre votre fils Hémon, sans compter que votre autre fils est déjà mort au second acte ; prenez le temps de le pleurer.

Mais les héros n'ont pas de ces faiblesses. Créon ne songe qu'à la noce. Antigone s'est enfuie, en lui disant : « Attendez ! — Attendez ! »; cela veut dire évidemment : « Je ne demande qu'un peu de répit, et je vous épouse. » Mais pas du tout ! Antigone est sortie pour se tuer. Créon l'apprend quelques instants après, et se tue par esprit d'imitation. Il ne reste plus de toute la pièce que le confident, pour conter la nouvelle de toutes ces tueries.

Et le combat finit faute de combattants.

Décidément, Racine n'avait pas le génie de la scène ; il eût mieux fait d'écrire des élégies ou des romans.

26 décembre 1864.

ANDROMAQUE

I

PSYCHOLOGIE D'ANDROMAQUE

Prenons la situation d'Andromaque dans la pièce de ce nom; prenons-la dans sa généralité, sans savoir si c'est d'Andromaque, de Pyrrhus et d'Astyanax qu'il s'agit. Nous n'avons pas besoin, pour l'instant, de tous ces noms.

Une femme, jeune encore et belle, — ce sera qui vous voudrez : Céline, Virginie, Madeleine, à votre choix, ça m'est égal, c'est une femme, voilà tout : et qui est fort désirable. Elle adorait son mari, qui est mort; il lui a laissé un fils, et elle aime ce fils de toutes les forces d son âme : d'abord, parce que c'est son fils, et ensuite et surtout, parce qu'il est la vivante image de ce mari à qui elle avait donné sa vie tout entière, à qui elle a gardé son âme.

Veuve et isolée, le hasard des circonstances l'a mise dans la dépendance d'un homme qui s'est amouraché d'elle et veut absolument l'épouser. Cet homme, vous l'appellerez aussi du nom qu'il vous plaira : Henri, Gaston ou Georges; le nom ne fait rien à l'affaire. Il est très amoureux de cette femme. Il a une grande position; il est tout-puissant et tient entre les mains le sort de l'enfant, et il dit à la mère, car il est de nature violente : « Si vous me refusez, je tue votre fils. »

Vous m'arrêtez là, et vous me dites : « C'est que voilà une situation qui n'est pas si générale ni si commune que vous dites. Il se trouve rarement des hommes qui aient le pouvoir de mettre une femme entre deux alternatives aussi extrêmes. »

Pardon ! rien n'est plus ordinaire qu'une situation pareille. Il n'est pas question, il est vrai, de tuer l'enfant, la chose n'est plus dans nos mœurs. Mais à combien de femmes n'est-il pas arrivé et n'arrivera-t-il pas tous les jours d'avoir affaire à un protecteur brutal, de qui elles attendent ou le pain de leur enfant, ou une place pour lui, ou une aide quelconque, et qui leur met le marché à la main.

Mais c'est une histoire de tous les jours. J'en sais dix exemples. Les noms, les fortunes, les circonstances, les accidents changent. Mais ce sont là les accessoires de l'aventure ; le fond, c'est celui-ci : une femme amoureuse encore du mari qu'elle a perdu, saintement fidèle à son souvenir, dépend d'un homme qui a tout pouvoir sur son enfant et qui lui dit : « Je le tuerai (ou je ne ferai rien pour lui) si vous ne cédez pas. »

Voilà la situation, et quand je vous l'ai exposée, je continue :

— Eh bien ! mon cher, tu me croiras si tu veux, mais voilà un an que ça dure.

Il est toujours après elle ; il ne fait que lui répéter :

— Vous savez, c'est demain que je le tue. Elle ne peut pas le sentir, elle ne voudrait pas, pour tout l'or du monde, lui rien accorder ; c'est presque de l'horreur qu'elle a pour lui. Avec ça, elle trouve moyen de le renvoyer toujours furieux, mais jamais désespéré. Il parle tous les matins de tuer, et il ne tue pas.

Il faut qu'elle soit joliment maligne.

Il faut qu'elle le soit, en effet.

Il n'y a Andromaque, ni Pyrrhus, ni Astyanax, ni Homère ni Virgile qui tienne. Une femme qui se trouve dans la situation que j'ai dite, et qui trouve moyen de la prolonger six mois, huit mois, un an, sans compromettre ni sa fidélité au souvenir d'un mort, ni le salut de son fils, lequel est entre les mains d'un sauvage; celle-là est maligne. Chaste tant qu'on voudra; tout entière à son mari, je ne dis pas; la statue du regret et de la douleur, j'en conviens; incapable de lâcher un mot qui l'engage trop avant, je l'avoue; mais maligne, cela est certain, cela est évident; cela ne peut pas, entendez-vous bien, cela ne peut pas être autrement.

Et une actrice de nature ne s'y trompe pas.

Elle ne va pas fouiller les textes grecs ou latins, elle ne s'en va pas se matagraboliser la cervelle du fatras des commentateurs; elle ne voit que la situation. Elle se dit : « Si j'étais à sa place, moi, je le ferais aller parce qu'il n'y a pas moyen de s'en sauver autrement », ou plutôt elle ne se dit rien, car elle n'a pas de réflexions si profondes à faire. Elle sent d'instinct la situation, et tout en récitant le texte de son auteur, elle s'y conforme parce que c'est la situation, parce que son auteur serait le dernier des crétins si, ayant mis ses personnages dans une situation, il ne leur avait pas prêté un langage et des sentiments qui y fussent conformes.

M. d'Heilly contait cette année même, dans la *Gazette anecdotique*, un mot bien topique de Mlle Rachel.

Dumas père lui faisait, un jour, répéter le principal rôle de *Mademoiselle de Belle-Isle*. Au moment où la marquise de Prie disait à Mlle de Belle-Isle : « Rappelez-vous le malheur de Fouquet », Rachel eut un geste d'effroi admirable.

— Ah ! bien ! s'écrie Dumas ; c'est cela. Vous savez donc l'histoire de Fouquet ?

— Moi, reprit Rachel, pas un mot ; mais vous me dites : rappelez-vous le malheur de Fouquet. Naturellement, je tremble et j'ai peur. Qu'ai-je besoin de m'inquiéter de savoir quels sont au juste les malheurs de Fouquet ?...

Voilà la vérité. Mlle d'Épinay, dans un opuscule qui a pour titre : le *Songe de Mme Clairon*, fait soutenir la thèse contraire à l'illustre tragédienne. Elle suppose qu'un jeune homme vient lui demander des conseils sur son art et lui récite, comme entrée de jeu, une scène de *Britannicus*. Et voilà Mlle Clairon qui l'interroge sur l'histoire romaine, sur Tacite, et qui, ne le jugeant pas très ferré sur tous ces points, le renvoie en lui disant :

— Étudiez-les d'abord, et vous viendrez ensuite causer du rôle avec moi.

Mais point du tout. C'est mettre la charrue devant les bœufs et faire de la mauvaise besogne. La première chose à voir dans le rôle de Néron, c'est la chose générale : un homme, impatient d'échapper à la tutelle impérieuse de sa mère, amoureux d'une jolie fille qu'il a rencontrée par hasard en chemise et jaloux de son frère, à qui elle s'est fiancée en secret.

Néron, c'est ça d'abord ; d'abord, entendez-vous bien. Je ne suis pas assez de parti pris, j'allais dire assez absurde, pour demander qu'on ne lise pas Tacite. Mais le sentiment général, le sentiment humain, c'est la trame sur laquelle doit travailler l'artiste. Les commentaires historiques, philosophiques, métaphysiques, moraux, toute cette exégèse n'est que de l'accessoire ; accessoire utile, accessoire brillant, amusant, pittoresque, je n'y contredis pas, mais de l'accessoire après tout.

Mme Sarah Bernhardt, qui a toujours pris l'instinct pour guide, ne s'y était pas trompée. Elle n'avait pas lu un tas d'auteurs avant de composer son rôle d'Andromaque; je puis même ajouter qu'elle n'en avait jamais causé avec moi, qui la connaissais beaucoup à cette époque. Il est probable qu'elle n'avait pris conseil de personne.

Une voix secrète lui avait soufflé tout bas à l'oreille qu'une femme, quelle qu'elle soit, de quelque nom qu'elle se nomme, quelque rang qu'elle ait occupé dans la légende, parlât-elle en vers, fût-elle la petite-nièce de Virgile et la fille de Racine, que cette femme-là, uniquement parce qu'elle était femme, parce qu'elle dépendait d'un homme qui pouvait tout sur son enfant et voulait l'épouser, devait, si résolue qu'elle fût à ne pas céder, et justement parce qu'elle était résolue à ne pas céder, devait user d'une certaine diplomatie féminine, et que certainement elle en avait usé, puisqu'elle avait pu prolonger la situation durant toute une année.

Et maintenant, appelez cette diplomatie du nom qu'il vous plaira de lui donner. Je m'étais servi du mot *coquetterie*; est-ce que vous croyez que j'y tiens? J'avais tâché de corriger ce qu'il pouvait avoir d'excessif et d'inquiétant par l'épithète de vertueux. Cette concession ne vous suffit pas. Supprimons le mot lui-même, je ne demande pas mieux.

Ce ne sera plus de la coquetterie. Ce sera... ma foi, je n'ai pas de terme pour exprimer la chose, et, si je n'en ai pas, c'est qu'il n'y en a point. Mais enfin, sapristi! il n'est pas que vous n'ayez passé par là. Une femme qui est absolument libre et qui ne veut pas de vous, ne vous l'envoie pas dire. Elle ne prend pas des mitaines; elle vous dit très nettement :

— Vous savez, mon cher, vous m'ennuyez; je ne veux pas de vous, passez au large.

Mais si elle vous dit tout simplement :

— Oh! non, laissez-moi; j'aime mon mari. Il est si bon. Vous êtes sans aucun doute aimable, généreux, plein de qualités, mais je n'ai jamais aimé et n'aimerai jamais que mon mari.

Voyons! monsieur, vous qui me lisez, est-ce que, quand on vous dit ces choses-là (et le ton fait la chanson), votre première idée n'est pas de penser en vous-même :

— Tiens, tiens, tiens! voilà une femme que j'aurai un de ces jours. Ça sera long, ça sera difficile, mais j'y arriverai.

Relisez tout le rôle d'Andromaque; est-ce que vous y trouverez un équivalent de :

« Vous me déplaisez vous êtes laid, bête, désagréable? »

Jamais. Elle lui répète sur tous les tons :

« Un obstacle éternel nous sépare; vous êtes grand, noble, généreux; mais vous avez tué mon Hector. Comment pourrai-je vous aimer? »

Mais ces choses-là, ça agace un homme, ça ne le désespère pas... « S'il n'y a que cela entre nous deux... », se dit-il; et il pousse sa pointe.

C'est qu'en effet elle lui glisse des compliments :

J'ai fait plus : je me suis quelquefois consolée
Qu'ici plutôt qu'ailleurs le sort m'eût exilée.

. . . .

Jadis Priam soumis fut respecté d'Achille
J'attendais de son fils encore plus de bonté.

Y a-t-il une façon plus ingénieuse, plus délicate de lui dire :

— Je vous tiens pour un plus grand cœur qu'Achille lui-même ?

Elle ment, cela est certain. Car elle n'aime point Pyrrhus, et les femmes sont merveilleusement injustes pour les gens qui les pressent et qu'elles n'aiment point. Elle le dit tout de même. Qu'est-ce que c'est que ça ? Vous ne voulez pas que ce soit de la coquetterie. Qu'est-ce que c'est, alors ?

Andromaque se dérobe derrière sa douleur. Mais elle sait bien qu'il y a des femmes que les larmes embellissent.

> Captive, toujours triste, importune à moi-même,
> Pouvez-vous souhaiter qu'Andromaque vous aime ?
> Quels charmes ont pour vous des yeux infortunés
> Qu'à des pleurs éternels vous avez condamnés ?

Elle dit cela, et cela est vrai ; mais elle n'ignore pas que ces pleurs éternels sont justement un des attraits qui ont ensorcelé Pyrrhus. Elle le sait si bien que Pyrrhus le lui a dit lui-même :

> Oui, je sens au regret qu'en excitant vos larmes
> Je ne fais contre moi que vous donner des armes.

Et il l'avoue plus loin à son confident :

> J'aimais jusqu'à ces pleurs que je faisais couler...
> Quelquefois, mais trop tard, je lui demandais grâce.

Eh ! oui, elle pleure, parce qu'il y a de quoi pleurer dans son affaire, mais parce que les larmes aiguisent sa beauté, excitent l'amour de Pyrrhus et retardent l'instant fatal où il livrera son fils au bourreau.

A un moment, elle lui dit :

> Retournez, retournez à la fille d'Hélène.

Qu'est-ce qu'il y a de plus irritant pour un homme qui

fait la cour de trop près à une maîtresse de s'entendre dire :

— Non, mon cher, allez donc retrouver votre femme !

Il n'en est que plus enragé après l'autre.

Le manège est d'un effet si certain, si infaillible, qu'elles en usent toutes, et Andromaque comme les autres. Pourquoi donc pas ? C'est pour le bon motif ; il s'agit de sauver son fils.

Je pourrais vous analyser tout le rôle à ce point de vue vers par vers. A quoi bon ? Il me suffit de vous avoir mis en main le fil qui doit vous guider dans cette étude, s'il vous plaît de la faire vous-même.

Ceux qui ont eu le bonheur de voir et d'entendre Mme Sarah Bernhardt dans ce rôle, qui a été l'un de ses triomphes, n'auront pas même eu besoin de ces indications. Coquette, Mme Sarah Bernhardt l'était jusqu'au bout des ongles, sous le voile de ses vêtements de deuil.

En quoi consistait cette coquetterie ? Je ne pourrais pas bien le dire. C'était quelque chose de subtil et d'inanalysable. On ne pouvait la surprendre dans un geste ni dans une intonation ; elle s'échappait comme un parfum invisible et pénétrant de l'ensemble de la personne et de la diction.

J'avais compris le rôle avant cette épreuve ; je ne l'ai senti que de ce jour. Nous avons eu là une sensation délicieuse de vérité poétique que les jeunes gens ne retrouveront plus.

Car Mme Sarah Bernhardt était une femme avant d'être une comédienne. Elle sentait, elle parlait et vivait en femme sur le théâtre.

28 juin 1886.

II

LE RÔLE D'ANDROMAQUE ET LES TRAGÉDIENNES

La Comédie-Française nous a offert, cette semaine, une reprise très brillante de l'*Andromaque* de Racine. Mlle Dudlay avait choisi le rôle d'Hermione pour son troisième début ; M. Perrin lui avait donné pour partenaires : Mounet-Sully dans Oreste et Mme Sarah Bernhardt dans Andromaque. Laroche jouait Pyrrhus. C'était donc une fort belle représentation et qui avait attiré au théâtre une affluence considérable pour la saison.

Le grand succès de la soirée a été pour Mme Sarah Bernhardt, à qui le public, après le troisième acte, a décerné une ovation d'autant plus flatteuse qu'elle est plus rare à la Comédie-Française. Il l'a rappelée deux fois de suite, et les applaudissements partaient également de tous les points de la salle.

Il est vrai que Mme Sarah Bernhardt a accompli ce tour de force de nous renouveler ce rôle d'Andromaque que tous les lettrés savent par cœur d'un bout à l'autre, de nous y révéler une foule de beautés que nous ne soupçonnions pas ou plutôt sur lesquelles notre sensibilité s'était émoussée par la longue habitude.

Nous nous représentons toujours l'Andromaque de Racine comme une manière d'élégie antique qui aurait pris corps et qui marcherait sur la scène. Nous la voyons enveloppée dans les longs et vastes voiles de sa robe blanche, soupirant des plaintes harmonieuses qui n'ont guère plus d'accent que la brise tire en passant d'une harpe éolienne. Ses douleurs ont pour nous quelque chose au-dessus de l'humain; elle ne s'exprime qu'avec une dignité fière et mélancolique qui lui interdit les accès de sensibilité trop vive.

Nous avons emporté de notre commerce avec le doux Virgile au collège une image si noble, si pudique et si tendre de cette malheureuse princesse que nous ne pouvons plus nous la figurer chez Racine que flottant dans je ne sais quel lumineux idéal de tristesse éternelle et laissant tomber ces beaux vers tout mouillés de larmes :

O mihi sola mei super Astyanactis imago.

C'est ce personnage que toutes les artistes que j'ai vues s'essayer au rôle d'Andromaque ont cherché à nous rendre. La plupart n'y réussissaient qu'à demi, et elles n'arrivaient à mettre sous nos yeux qu'une pleurnicheuse, dont la tristesse fatiguait par son uniformité. Et cependant, tel est l'attrait de ce rôle admirable, que, même joué ainsi par une comédienne insuffisante, il plaisait encore. Je me souviens d'une soirée demeurée célèbre dans les fastes de l'Odéon, où Mlle Méa, une actrice fort ordinaire qui n'avait pour elle que de posséder une beauté régulière et une voix touchante, battit, renversa, écrasa cette pauvre Mlle Caroly, alors au comble de la réputation, et qui s'attendait à un triomphe éclatant dans Hermione.

Le public y mit un peu de malice, je le crois bien. Il voulait donner une leçon à Mlle Caroly, pour qui l'on avait fait sonner avec trop peu de discrétion toutes les trompettes de la publicité. Mais il y eut un coin de vérité dans cette manifestation dont le récit amusa tout Paris, le lendemain. C'est qu'en effet nous avions tous été enchantés du rôle d'Andromaque. C'est que nous avions écouté avec ravissement le murmure plaintif de ces vers qui coulent avec un bruit harmonieux de source épanchant ses eaux.

8.

Mlle Favart, qui comprenait et qui rendait le rôle comme je viens de l'expliquer, nous a donné l'idéal de cette interprétation. Il était impossible d'avoir des attitudes plus pudiques et plus douloureuses, des accents plus nobles et plus tendres; elle savait avec un art merveilleux répandre sur un ton de réserve générale des nuances de diction d'une exquise délicatesse. En ces dernières années, elle avait quelquefois forcé la note, et sa voix, dont le cristal s'était altéré, mêlait malheureusement à cette poésie toujours égale certaines notes un peu rauques. Mais aux beaux jours de l'administration de M. Thierry, Mlle Favart, avec son pur visage de camée antique, avec sa grâce fière, avec sa démarche noble, ses gestes sobres et poétiques, nous faisait l'effet d'une figure détachée des bas-reliefs du Parthénon, prenant vie, et récitant les vers du plus mélodieux des poètes, de Virgile ou de Racine, son héritier.

Il nous semblait que Mme Sarah Bernhardt, si elle n'essayait point de copier ce modèle incomparable, car elle n'est pas de celles qui imitent, suivrait au moins la même tradition. Tout le lui conseillait : elle est faite pour ces rôles raciniens qui paraissent ne demander, pour être supérieurement rendus, que le rythme harmonieux du corps et de la voix. Qui le possède à un plus haut degré que Mme Sarah Bernhardt ?

Mais elle est, avant tout et surtout, une artiste originale. Elle a eu cette idée... mon Dieu ! vous n'allez pas la trouver si étonnante, cette idée-là; et pourtant, si vous saviez ce qu'il faut d'intelligence pénétrante et de force de caractère pour s'affranchir en quoi que ce soit du joug de la tradition ! Je croirais plutôt que c'est chez elle intuition de génie. Mais peu importe. Elle s'est donc avisée de se dire :

« Mais cette Andromaque d'Homère, de Virgile et de

Racine, c'est, après tout, une femme comme nous toutes, qui a souffert les mêmes douleurs, qui les exhale par les mêmes plaintes, que l'on pourrait, sans la dénaturer aucunement, transporter dans le monde de nos sentiments modernes. »

Elle a perdu son mari ! eh bien ! cela se voit tous les jours. Elle lui a voué un respect pieux, une tendresse que rien ne saurait changer ; le cas n'est pas si rare. Elle se trouve entre les mains d'un vainqueur enragé d'amour pour elle, qui lui dit : « Épousez-moi ou votre fils est mort. »

Dame ! il est vrai que, sous cette forme, la situation n'a point d'analogue dans notre civilisation. Mais elle se présente absolument la même sous d'autres espèces : est-il si difficile de vous imaginer un homme riche et puissant qui aura ruiné une pauvre et honnête famille ? Le mari sera mort de chagrin ; la mère reste avec un fils. Le persécuteur se prend de passion pour la femme qui meurt de faim et qui voit son enfant dépérir à côté d'elle. Il la met, tout comme Pyrrhus Andromaque, entre l'horrible nécessité de lui céder ou l'extrémité plus douloureuse encore de condamner son fils à la mort.

Les lecteurs de ce feuilleton se rappellent peut-être que j'ai déjà fait, sur un certain nombre de personnages de Corneille et de Racine, une étude à peu près semblable, ramenant ces figures antiques à des proportions plus humaines, et montrant que, sous la phraséologie des tragédies classiques, vivent des héros qui sont tout aussi bien nos contemporains que contemporains de Racine ou d'Homère, parce qu'ils sont des hommes, de vrais hommes, taillés sur le patron de l'homme qui est éternel.

Je n'avais pas fait ce travail sur Andromaque, et je ne croyais pas même qu'il pût être fait. Le rôle était si fortement imprégné d'antiquité qu'il ne me semblait pas qu'il y eût profit à traduire en langage moderne les sentiments que l'auteur lui prête, à transporter l'héroïne de Virgile du domaine de la tragédie classique où Racine l'avait jetée, dans celui du drame ou du roman contemporain.

C'est ce qu'a essayé Mme Sarah Bernhardt, avec une rare hardiesse, et, il faut le dire aussi, avec un succès inouï.

Peut-être était-elle la seule qui, ayant l'idée d'une tentative aussi hasardeuse, y pût réussir.

Il y a toujours péril à déranger, aux yeux du spectateur un idéal auquel ils se sont accoutumés depuis longtemps. Combien plus le danger était grand, quand il s'agissait d'Andromaque pour qui la tradition, née dans les collèges, appuyée de documents authentiques, se fortifie des impressions qu'ont laissées tant d'illustres comédiennes. Il fallait, tout en emportant le rôle de ces régions sereines de poésie où il flottait, lui garder cependant, à travers les émotions de la vie moderne, ses corrections d'attitude, ses réserves d'allures, ses grâces pudiques et fières de diction.

Prenons un exemple pour mieux éclaircir ma pensée.

Je suppose qu'il y a quinze ans, Mlle Jane Essler, qui a débuté par la tragédie et qui avait de beaux dons qu'elle a un peu gaspillés, se fût passé la fantaisie de jouer Andromaque, et qu'elle eût voulu moderniser le rôle, en faire un personnage de drame contemporain. C'est en vain qu'elle eût déployé dans cette tentative toute l'énergie dont elle est capable. Elle eût échoué. C'est qu'elle aurait rompu trop violemment avec cet idéal de dignité classique que nous nous sommes formé. Il eût suffi d'un geste trop accentué, d'un mouvement peu harmonieux, d'un pli de péplum maladroitement relevé pour effaroucher tout le public et gâter l'impression des plus heureuses trouvailles.

On aurait crié à la brutalité, au sacrilège.

On n'avait rien à craindre de pareil chez Mme Sarah Bernhardt, qui est la grâce en personne, qui a dans un degré éminent le sentiment de la mesure et du rythme; dont la diction, même alors qu'elle s'abandonne aux plus violentes tempêtes de la passion, est une musique admirablement réglée.

Elle est arrivée sur la scène vêtue de noir.

Nous avions toujours vu Andromaque enveloppée de voiles blancs. Est-ce un effet de l'habitude? Le blanc sied-il mieux en effet aux bras nus? J'avoue que ce costume, au premier abord, a importuné mes yeux, et que j'en ai été gêné durant les premières scènes.

Il est probable que Mme Sarah Bernhardt s'est dit :
— Puisqu'il faut que je joue le rôle d'une veuve qui pleure encore son mari, je dois garder les habits de deuil; cela serait inutile, si je représentais en effet Andromaque; mais il faut que je donne au public la sensation d'une veuve en deuil, et c'est le noir qui en est chez nous le signe caractéristique.

Toutes les fois que Mme Sarah Bernhardt est émue (et les plus grands artistes ne parviennent jamais à dominer la frayeur qu'inspirent les premières représentations), ses dents se serrent, et la voix, qu'elle tire du seul gosier, contracte, en passant à travers cet obstacle, une sonorité particulière qui n'est pas agréable. Le débit devient lourd et haché. Aussi la première scène a-t-elle été froidement accueillie, quoique l'actrice eût dit certains passages avec un naturel délicieux.

Vous savez qu'Andromaque ne paraît point au second acte; elle occupe la plus grande partie du troisième.

C'est là que Pyrrhus fait mine de s'en aller livrer aux Grecs le fils d'Hector, pour se donner le plaisir de voir Andromaque à ses pieds. De quel mouvement pathétique

Mme Sarah Bernhardt s'y est jetée! Quel cri de désespoir dans ces vers :

> Ah ! seigneur, arrêtez ! Que prétendez-vous faire ?
> Si vous livrez le fils, livrez-leur donc la mère !

Et tout le reste avec un merveilleux emportement de douleur. Mais ce qu'elle a mieux dit encore, c'est l'endroit, où, sur le conseil de Céphise, revenant à la charge et s'adressant à Pyrrhus :

> Seigneur, voyez l'état où vous me réduisez,
> J'ai vu mon père mort et nos murs embrasés,
> J'ai vu trancher les jours de ma famille entière,
> Et mon époux sanglant traîné sur la poussière,
> Son fils seul avec moi réservé pour les fers ;
> Mais que ne peut un fils ! Je respire, je sers.

Tous ces premiers vers dits d'une voix brève, nette, rapide, avec des regards de reproche enflammés jusqu'à l'exclamation : « Que ne peut un fils ! » suivie de ces deux mots, qu'elle détache avec un étonnement douloureux mêlé de honte, de résignation et de fierté : « Je respire, je sers. »

Et comme elle nous a mis sous les yeux ce tableau de Troie embrasée, si admirablement peint par Racine :

> Songe, songe, Céphise, à cette nuit cruelle,
> Qui fut pour tout un peuple une nuit éternelle.
> Songe aux cris des vainqueurs, songe aux cris des mourants...

Point d'effets cherchés, ni de temps pris ; et cependant que de nuances indiquées d'un simple trait de voix, en courant !

C'était comme un frémissement continu dans la salle ; parfois même il s'élevait, avant que le morceau fût achevé, comme il arrive pour les chanteurs qui enlèvent le public, un murmure d'admiration et de plaisir qui coupait le vers et interrompait l'artiste.

Mais c'est à la fin de la scène qu'ont éclaté tous les transports. Vous vous rappelez qu'Andromaque, ne sachant que résoudre, mais voyant son fils mort si elle n'accepte, s'écrie :

> Non, tu ne mourras point, je ne le puis souffrir.
> Allons trouver Pyrrhus. Mais non, chère Céphise,
> Va le trouver pour moi...

Ces incertitudes ont été rendues par l'actrice avec une puissance étonnante. C'était le désordre de la douleur porté à son comble. On sentait que cette malheureuse femme avait perdu la tête. Ce n'était plus l'Andromaque que nous avions connue jusque-là, consultant et se lamentant avec sa confidente, c'était une veuve éperdue, bouleversée, se tordant les bras entre ces deux extrémités affreuses dont on lui offre le choix :

— Que faut-il que je dise à Pyrrhus? lui a demandé Céphise :

> Dis-lui que de mon fils l'amour est assez fort.

Et tout à coup elle s'arrête :

> Crois-tu que dans son cœur il ait juré sa mort?

Ce mouvement a été marqué d'un geste si pathétique ; ce fol espoir qui lui traverse un instant la cervelle a été rendu avec une telle intensité de sentiment, que toute la salle a tressailli, et qu'elle a éclaté en longs bravos.

Ce n'était qu'un cri dans les couloirs à la sortie de l'acte. Jamais, même après la déclaration de Phèdre, Mme Sarah Bernhardt n'avait recueilli tant d'éloges enthousiastes.

Elle ne devait plus reparaître que dans la première scène du quatrième acte ; elle y a été moins applaudie, car la scène n'est pas à effet, mais tout aussi goûtée. Andromaque est allée sur son tombeau consulter Hector. Elle a distinctement entendu la voix de son époux ; elle suivra les conseils qu'il lui a donnés.

Mᵐᵉ Sarah Bernhardt a donc donné à tout ce qui suit un tour d'exaltation mystique, qui témoigne qu'elle a conversé avec un esprit ; que sa résolution, dictée par un divin fantôme, est empreinte d'un caractère religieux. Cette interprétation n'est pas nouvelle. Mᵐᵉ Favart disait le morceau de même. Ce qui est plus personnel, et qui m'a semblé charmant, c'est la façon dont elle a recommandé son fils à Céphise ; elle s'est penchée à son oreille et à demi-voix, avec un accent de supplication, comme une mourante qui ferait une mystérieuse recommandation à quelque parent :

> Si tu vivais pour moi, vis pour le fils d'Hector,
> De l'espoir des Troyens, seule dépositaire,
> Songe à combien de rois tu deviens nécessaire.

Toute la tirade a été dite dans ce sentiment, bien qu'avec une infinie variété de nuances délicates jusqu'au célèbre vers :

> Et quelquefois aussi parle-lui de sa mère,

qu'elle murmure presque bas, comme tremblante de je ne sais quelle pudeur maternelle, avec un accent de tendresse et de douleur qui nous a remués tous.

Les jeunes gens ne sauraient faire une meilleure étude d'art dramatique que d'aller entendre ce rôle dit par Mᵐᵉ Sarah Bernhardt. Ils verront là combien ces œuvres de nos vieux classiques sont vivantes et contemporaines. Dépouillez-les du jargon tragique, ce sont des drames modernes, les plus pathétiques qu'il y ait au monde.

6 août 1877.

III

QUESTIONS D'INTERPRÉTATION

Mon dernier feuilleton m'a attiré, de la part d'un vieil amateur de la Comédie-Française, une lettre intéressante, mais qui est trop longue pour que je la puisse reproduire en ces pages. J'y retrouve une objection que l'on m'a déjà présentée plus d'une fois, et qui a pris naissance dans un préjugé fort répandu. C'est à propos des éloges que je donnais à Mᵐᵉ Sarah Bernhardt pour avoir rompu avec la tradition et changé le caractère attribué généralement au rôle d'Andromaque. Mon correspondant me demande si je crois que l'on a ainsi le droit d'interpréter à sa guise les créations des maîtres, si le devoir d'un comédien n'est pas de se conformer strictement à leur idée ; il me rappelle les railleries dont j'ai poursuivi moi-même les artistes qui répondent fièrement à l'auteur donnant une indication : « Monsieur, ce n'est pas comme ça que je sens le passage. » Eh bien ! Mᵐᵉ Sarah Bernhardt ne commet-elle pas la même impertinence envers Racine ?

L'objection est spécieuse. Elle ne me paraît pas fort juste. Il est clair que, lorsque Racine était là et qu'il formait lui-même Mˡˡᵉ Duparc à dire le rôle d'Andromaque, elle eût été fort mal venue à se moquer de ses conseils et à passer outre. Racine savait juste ce qu'il avait voulu faire. En écrivant *Andromaque*, il avait, par un habile mélange, associé les traditions d'Homère et de Virgile aux idées, aux mœurs, aux besoins, au costume de son temps ; il avait, de ces éléments divers, fondus ensemble, composé un personnage qui appartenait par moitié à l'antiquité classique et par moitié au siècle où vivait l'auteur.

9

Il entendait que cette image qu'il avait tirée ainsi, et de ses études grecques, et de ses observations sur le vif, prît corps sur le théâtre, et s'y présentât telle qu'il l'avait conçue et réalisée. Mlle Duparc lui rendit-elle cet idéal? Cela est bien probable, car Racine était encore plus auteur jaloux qu'aveugle amant, et si la Duparc n'eût pas fait son affaire comme comédienne, il ne se fût pas gêné pour lui retirer le rôle. Il n'avait pas déjà fait preuve de tant de scrupules avec Molière, son protecteur et son ami.

Mlle Duparc joua donc Andromaque à la satisfaction de Racine. Il s'ensuivrait, dans la théorie de ces messieurs, que l'actrice qui lui succéda aurait dû se modeler sur elle, la troisième sur la seconde, et ainsi de suite, en sorte qu'à chaque génération, on aurait tiré d'un même original une foule de copies, nées l'une de l'autre et de plus en plus faibles.

Quelques comédiens, amoureux de la tradition, ne reculent pas devant ces conséquences. Je me souviens qu'un jour, causant avec M. Maubant, qui est un artiste si consciencieux et si instruit, il me disait : « Un passage ne saurait souffrir deux interprétations également bonnes; lorsque le sens d'une tirade ou même d'un simple vers a été une fois marqué ou par l'auteur ou par un grand artiste, il faut l'accepter soi-même et le transmettre ensuite aux successeurs. Quel avantage y a-t-il à changer? On ne peut que trouver moins bien. »

L'avantage, c'est que le mouvement est l'indice de la vie; c'est que, dans le monde de l'art comme dans la nature, tout ce qui reste immobile se décompose et meurt.

Les voyageurs nous content qu'en Orient, les peintres n'ont pas le droit de changer même un accessoire de costume aux portraits consacrés par la religion; les artistes n'en continuent pas moins de les expédier par douzaines, les copiant sur le type hiératique. C'est la plus détestable peinture qui soit au monde. L'original a pu encore avoir quelque grandeur, mais les épreuves qu'on en tire depuis des siècles tournent de plus en plus à la barbarie.

Il en serait de même des rôles dont l'interprétation serait hiératiquement formée par le culte exclusif et intolérant de la tradition.

Vous croyez que l'*Andromaque* de Racine est restée aujourd'hui et que nous l'admirons telle qu'elle est sortie de ses mains? Mais pas du tout. Elle a beaucoup changé depuis deux siècles. Ce sont bien les mêmes vers qu'elle dit toujours, mais sous ces vers nous entendons une foule de sentiments et d'idées dont Racine ne s'est jamais douté; derrière ces expressions, nous entrevoyons une image tout autre que celle qu'il avait formée de ses mains.

Comment cela?

Eh! mon Dieu! c'est que les choses n'existent pas en soi; qu'elles n'ont de forme et couleur que dans l'œil de celui qui les regarde, et notre œil a changé. Oui, notre œil a changé, et il change tous les jours.

Est-ce que nos idées sur l'antiquité grecque et latine n'ont pas été profondément modifiées par les études des archéologues modernes, études dont les vulgarisateurs de notre temps ont popularisé les résultats? Nous représentons-nous, aujourd'hui que nous sommes plus familiers avec les mœurs des premières époques, la captive de Pyrrhus, comme une jeune princesse chaste et fière, s'enveloppant des voiles de sa tristesse pour repousser les avances d'un noble seigneur, farouche, mais respectueux? Racine croyait copier Homère; nous savons, à cette heure, combien il était loin de compte. Il voyait cette figure à travers un brouillard de préjugés classiques qui n'existe plus.

Ne pouvons-nous pas, maintenant, quand nous nous remettons en face de son *Andromaque* et que nous considérons ce que Racine a cru y mettre de couleur grecque, ramener à nos idées modernes, qui sont plus proches de la vérité réelle, ce caractère d'antiquité ?

Supposons, par exemple, que l'on ait affaire (comme cela se pourrait produire en Allemagne) à un public nourri des études contemporaines sur les anciens mythes ; on joue devant lui la pièce de Racine ; l'acteur, chargé du rôle de Pyrrhus, en accentue la passion indomptée ; il néglige de parti pris les fades compliments qui sentent leur cour de Louis XIV, et il donne une physionomie plus rude aux vers où se trahit le barbare ; Andromaque, elle, est moins fière, plus craintive, plus abattue.

Les acteurs qui modifieraient ainsi les personnages de Racine seraient-ils à blâmer ? Pas du tout ; ils accommoderaient le rôle aux façons de voir de leur public particulier, et feraient pour lui saillir de l'œuvre du maître des côtés moins en vue, mais plus appréciables pour ce public. Ils auraient fait pour le caractère des rôles ce qu'ont déjà fait nos artistes pour le costume. Pyrrhus portait perruque au temps de Louis XIV. Nous l'habillons à la grecque à cette heure. Personne ne s'en plaint. Eh bien ! On aurait ainsi rapproché des mœurs d'Homère les manières de sentir et de voir des personnages raciniens, voilà tout.

Mais ce point de vue archéologique est le moins important de la question. Les œuvres des maîtres ne vivent que parce que, dans les personnages qui s'y meuvent, il entre une part de vérité éternelle. Dans les hommes qu'ils mettent en scène, ils ont peint l'homme ; ainsi, pour me tenir à l'exemple choisi, ce qui fait qu'Andromaque est une création immortelle, c'est que, tant que le monde sera monde, toute femme qui a perdu un mari qu'elle adorait, et qui ne vit que pour élever l'enfant qui le lui rappelle, retrouvera ses sentiments dans le langage de la veuve d'Hector.

Ces sentiments sont éternels en leur fond. Mais la forme en change, chaque siècle, et les accessoires et la couleur. Il est clair qu'aujourd'hui une femme dans la position d'Andromaque donnerait à ses pensées un autre tour, comme elle porterait d'autres vêtements. Ce serait bien la même douleur, le même désespoir, mais exprimés d'une façon différente.

Or, il faut bien le dire : la forme, en tout, joue un grand rôle, et c'est surtout par elle que nous sommes touchés. Fussiez-vous le plus amoureux et plus tendre des hommes, je vous défie bien de séduire une femme de 1876 avec des phrases à la Jean-Jacques ou avec des fadeurs à la Demoustiers. Il ne suffit pas d'avoir le cœur pris. Il faut encore posséder la phraséologie et les manières qui ont le don de persuader pour l'heure, comme on dit de certains remèdes qu'il faut les prendre quand ils guérissent encore.

Rien ne nous est plus difficile, au théâtre, que de nous transporter, par un effort d'érudition, dans un autre temps, pour en goûter le langage, les façons de sentir et de voir, en un mot, la forme particulière qu'ont revêtue à cette époque-là les sentiments éternels de l'humanité. Cette forme, après tout, n'est qu'un accessoire très secondaire; puisque chaque siècle la modifie et que les sentiments, qui se dépouillent de l'une pour prendre l'autre, ne perdent ni ne gagnent rien à ce changement de costume. Il est donc tout naturel que les artistes, chargés de nous traduire les œuvres des grands écrivains, s'attachent de préférence à ce qui est éternel et immuable, et, faisant bon marché de la forme, tâchent de l'accommoder à nos yeux en la rapprochant de celle qui nous est plus familière.

Toute œuvre sur laquelle on ne peut pas faire ce travail-là est une œuvre morte.

13 août 1877.

IV

DÉBUTS DE M. MOUNET-SULLY DANS ORESTE

La Comédie-Française a repris, cette semaine, l'*Andromaque* de Racine pour y produire deux de ses nouvelles recrues : M. Mounet-Sully et Mlle Rousseil. Mlle Rousseil est fort connue du public parisien, et le succès qu'elle a remporté à l'Ambigu dans l'*Article 47*, de M. Adolphe Belot, est présent à toutes les mémoires. M. Mounet-Sully n'a pas encore eu le temps de beaucoup répandre son nom. Il sort à peine du Conservatoire, où il a fait de bonnes études. M. Albéric Second, à qui la position officielle qu'il occupait en ce temps-là donnait le droit d'assister aux examens du Conservatoire et d'y faire fonction de juge, me disait qu'il avait été très frappé du mérite de ce jeune homme, et qu'il lui avait, à plusieurs reprises, donné sa voix pour le premier prix, qu'il n'obtint qu'en 1868.

Il entra à l'Odéon, où il créa obscurément quelques rôles, dans des pièces qui ne jetèrent pas un bien vif éclat. Je me le rappelle dans l'*Affranchi*, de la Tour Saint-Ybars ; dans *Jeanne de Ligneris*, de Marc Bayeux ; et dans une reprise de la *Lucrèce*, de Ponsard, où il faisait le personnage un peu effacé de Sextus. Il sortit de l'Odéon pour une question d'appointements et voulut y rentrer à n'importe quelles conditions. Il s'agissait, je crois, de cent francs par mois. Le théâtre n'avait pas besoin de lui et il resta sur le pavé.

Il y serait peut-être encore sans M. Ballande, dont je ne cesse de parler, parce qu'il a rendu en ce genre bien des services à l'art dramatique. M. Ballande, qui lui croyait un grand avenir, le fit jouer, et c'est aux matinées littéraires de la Gaîté que M. Perrin le vit et l'apprécia.

C'était, pour ce jeune homme, une grosse affaire que de débuter par le terrible rôle d'Oreste. M. Ballande m'avait exprimé quelques appréhensions à ce sujet, il trouvait la tentative bien hasardeuse. Mais à vingt-cinq ans, on n'a peur de rien, et ce sont parfois les audaces les plus téméraires qui réussissent le mieux.

M. Mounet-Sully, après avoir passé cinq ou six ans à l'Odéon, a de grandes qualités et qui sont de premier ordre dans la tragédie. La figure est fort belle, très noble et très douce. La prestance est superbe, et les bras que le costume antique laisse nus semblent taillés par un sculpteur dans un morceau de marbre. Le premier aspect prévient en sa faveur. Il s'était fort bien arrangé, l'autre soir. La tête qu'il s'était faite (c'est le mot consacré) donnait assurément l'idée d'un homme que poursuit une fatalité impitoyable, et qui sera traîné par elle jusqu'aux crimes les plus monstrueux, jusqu'à la folie. Il y avait peut-être quelque recherche d'effet mélodramatique dans le désordre de ses cheveux qui lui retombaient sur le front, et au travers desquels brillaient des yeux profonds, des yeux d'Arabe. Mais, chez un débutant, tout vaut mieux que la correction froide et passée à la pierre ponce.

Il a les attitudes violentes et le geste tumultueux. C'est de l'excès sans doute, et il s'en défera avec l'âge. On remarquera alors que la plupart de ses attitudes sont élégantes et pathétiques; que ses mouvements, même les plus emportés, les plus fougueux, plaisent encore par une certaine harmonie. Mais il faut l'avertir tout de suite, que là est son défaut, et que, dès à présent, il doit travailler sérieusement à s'en corriger. S'il devait pousser dans cette voie ; s'il ne se pénétrait pas bien de cette idée que, dans la tragédie classique, il n'y a point de beauté sans calme, il ne serait bientôt plus qu'un Rouvière épileptique. Il gâterait à plaisir des dons merveilleux.

La voix est charmante, d'une douceur et d'une tendresse pénétrantes. Il lui manque encore bien des accents ; elle exprime mal l'ironie ; elle est insuffisante à rendre le désespoir, et toute la grande tirade :

> J'assassine à regret un roi que je révère...

a été dite sans puissance. Mais cette voix, dans l'expression des sentiments tendres, est une caresse pour l'oreille, et les inflexions en sont riches et passionnées. Elle m'a paru de qualité fragile, car elle s'est sensiblement altérée au cinquième acte ; il est vrai que l'acteur, en vrai jeune homme, ne s'était point ménagé, et avait, dès le premier acte, lancé toutes ses réserves.

C'était une double faute. Outre que le rôle d'Oreste est si écrasant qu'il est impossible aux forces humaines de le maintenir, de l'un à l'autre bout, à ce degré d'exaltation et de violence, c'est méconnaître les intentions de l'auteur que de lui imprimer dès l'abord ce caractère de violence farouche.

Quand M. Mounet-Sully arrive en scène, on dirait un des Arabes de Regnault, sombre et truculent, tout prêt à tirer son grand sabre, et dont les yeux étincellent de fureur. Mais non : Oreste est, à ce moment-là, fort détendu. Il espère ; il est chargé d'une ambassade qui peut mettre, si elle réussit, Hermione entre ses mains. Il est comme tous les amoureux ; il se dit : « Une fois à la cour de son père, seule avec moi, elle oubliera mon rival, elle m'aimera. »

Qu'il soit mélancolique, parce que c'est le fond de sa nature, voilà qui va bien. Mais terrible, mais enragé, non : pas encore. Cela viendra tout à l'heure, et ses accès de fureur jalouse n'en seront que plus saisissants par le contraste.

M. Mounet-Sully, s'acquittant de l'ambassade que vous savez près de Pyrrhus, croit devoir marquer par certaines intentions amères, par certains gestes violents, la haine secrète qu'il éprouve pour le roi. Rien n'est moins sensé. Oreste est un ambassadeur, et qui doit garder toutes les bienséances de sa profession. C'est à peine s'il peut indiquer, par une très légère inflexion de voix, les passions qui l'animent au dedans. Il aura tant d'occasions de mettre plus tard toutes voiles dehors! L'artiste doit observer les gradations qui ont été marquées par le poète.

M. Mounet-Sully n'en a pas tenu assez de compte. Aussi, a-t-il été accueilli, durant les deux premiers actes, avec une bienveillance froide. La glace n'a été rompue qu'au troisième. Il a trouvé des accents si pathétiques et si douloureux pour dire :

> Tout lui riait, Pylade, et moi pour mon partage,
> Je n'emporterais donc qu'une inutile rage ;
> J'irais loin d'elle encor tâcher de l'oublier ;
> Non, non ; à mes tourments, je veux l'associer.

que le public a éclaté en longs applaudissements par trois fois répétés.

Et alors, il s'est passé un phénomène assez curieux, dont j'ai déjà été quelquefois témoin, et pour lequel le monde artiste a inventé un mot à son usage : acteur et public se sont *emballés* de compagnie.

C'est une joie si vive, pour un public aussi sensible que l'est le public parisien des premières représentations, de voir un débutant trouver en scène quelque chose d'absolument nouveau, et lui donner une impression sur laquelle il ne comptait point; c'est aussi un tel enivrement pour un comédien, hier inconnu, inexpérimenté encore, de sentir tout d'un coup le succès lui venir, instantané, violent, comme le sang afflue au visage en un moment d'émotion brusque, que la tête se perd aisément de part et d'autre, et que tous deux, se surexcitant par une émulation mutuelle, arrivent à des explosions d'une énergie inconcevable.

On n'a plus fait d'attention à aucun des défauts de ce jeune homme, tous ses effets ont porté, et avec une intensité prodigieuse. Lui-même, fouetté par cette admiration si subite, s'est évidemment surpassé; il a été à la fois et plus mauvais et meilleur qu'il ne sera jamais. Il a joué des nerfs, comme on dit en style de coulisses. C'est un des spectacles les plus intéressants où il m'a été donné d'assister, depuis que je suis le théâtre.

La complaisance avec laquelle je m'étends sur les débuts de ce jeune homme, prouve le cas que j'en fais. Je le crois, pour ma part, appelé à un avenir. Mais qu'il se défie des gens qui le pousseront aux grands éclats où il n'est déjà que trop enclin. Nous supplions M. Perrin de le garder longtemps au régime sévère de la tragédie, de ne lui souffrir aucune incartade. Il aura toujours bien assez de véhémence et de feu; qu'il apprenne la correction et la tenue. On lui passe tout, en ce moment, parce qu'il jette sa gourme. Plus tard, nous serons d'autant plus sévères avec lui qu'il nous aura donné de plus vastes espérances.

Mlle Rousseil a paru écrasée sous cet énorme succès d'un camarade. Je ne veux rien dire d'elle aujourd'hui. Elle a été si évidemment au-dessous du rôle et d'elle-même, que j'aime mieux croire à quelqu'une de ces paralysies dont les artistes sont bien souvent frappés, aux jours de leurs débuts. Il n'y a, pour le moment, ni conseils ni critiques à adresser à Mlle Rousseil; la représentation d'avant-hier ne compte pas pour elle.

Je voyais beaucoup de personnes, dans la salle, rappeler le souvenir de Mlle Rachel. C'est toujours un tort d'abîmer une nouvelle actrice sous le poids du grand nom laissé par un acteur de génie. La tragédie n'a plus été possible après Talma, parce qu'on lui comparait tous les débutants, et que, naturellement, on ne les trouvait pas à sa hauteur. De même, après Rachel; je n'ai jamais vu se produire une jeune personne dans Hermione ou dans Roxane, sans qu'on s'écriât aussitôt :

— Ah! ce n'est pas Rachel!

Je le crois, parbleu, bien! que ce n'était pas Rachel. Mais sait-on bien que cette Rachel eût parfaitement tué la tragédie si elle n'avait pas été morte depuis longtemps. On allait l'entendre, comme on fait de la Patti, parce qu'elle était un phénomène bizarre, une prodigieuse excentricité. Autour d'elle, rien : l'œuvre du poëte, on n'y faisait plus attention; les autres interprètes, ils ne comptaient pas. Elle partie, il n'est resté de la tragédie que ce qui demeure du répertoire italien, quand Mme Patti est absente.

Il n'y a rien de plus fatal pour l'art que ces accaparements de la curiosité publique par un talent qui dessèche tout sous son ombre.

Savez-vous ce qui m'a fait plaisir, mais un plaisir infini, dans la soirée de jeudi? C'est l'attitude du public. J'en appelle à tous ceux qui ont assisté à cette représentation : est-ce que ces deux mille auditeurs (une salle comble) n'ont pas marqué, par leur attention émue, que ce n'était pas tel ou tel détail du spectacle qu'ils étaient venus voir, que c'était l'œuvre en son ensemble dont ils étaient touchés.

Non, je n'avais pas senti, avant cette épreuve, quel admirable drame c'est que l'*Andromaque* de Racine. Je la savais par cœur, et il me sembla, comme à tout le monde, que j'y faisais des découvertes. Quelle admirable gradation de sentiments poussés à l'extrême! Et cette langue, comme elle est savante à la fois et pittoresque, et passionnée, et harmonieuse!

Ce n'est point la Patti, c'est Rossini que l'on admirait ce soir-là pour lui-même. Voilà décidément revenus les beaux jours de la tragédie, et, à sa suite, du grand drame historique! Salut donc, noble exilée, toi qu'on a si outrageusement raillée depuis vingt ans! Que j'ai eu de joie à te voir enfin rentrer chez toi, belle, chaste et toujours jeune, comme le sont les immortelles! Il y a si longtemps, si longtemps que j'attendais, que je souhaitais le triomphe de cette soirée!

Ne vous y trompez pas, ce n'est pas un accident. Vous y viendrez vous-mêmes, tas de sceptiques que vous êtes, qui vous en allez disant:

— Ah bah! ça s'est trouvé une fois comme ça!

Eh bien! c'est ce qui vous trompe, ça va se trouver comme ça tout le long de l'année. Ah! si un garçon de vingt ans arrivait à cette heure, nous apportant un beau grand drame en vers! Quelle révolution! Comme les esprits y sont prêts et vibrent! Mais viens donc, jeune triomphateur de demain, viens donc: nous t'attendons comme la pluie pour rajeunir et renouveler l'art! Les chemins sont ouverts.

8 juillet 1872.

V

LE RÔLE D'HERMIONE

Même pour nous autres, qui savons *Andromaque* par cœur, il y a toujours profit et plaisir à revoir un ouvrage de maître. Il est bien rare qu'il ne jaillisse pas de sa représentation quelque réflexion nouvelle.

Larroumet, un professeur de la Sorbonne qui ne dédaigne point les jeux de la scène, comme on disait autrefois, m'avait demandé une place dans ma loge. Il avait justement, le matin, pris part, en qualité d'examinateur, à une soutenance de thèse de doctorat, qui avait porté sur un livre de M. Maurice Souriau : *De la convention dans la tragédie classique et dans le drame romantique*. Vous savez avec quelle passion je me suis occupé du rôle de la convention au théâtre ; la conversation tomba donc naturellement sur ce sujet.

— La convention au théâtre, elle est partout, lui disais-je, elle se mêle à tout, elle domine tout. Ce que vous et moi nous appelons la scène à faire, c'est la scène qui résulte nécessairement des intérêts ou des passions qui animent les personnages mis en jeu ; il faut qu'à un moment donné ces personnages se rencontrent et s'expliquent. Eh bien ! la scène à faire serait souvent impossible dans la réalité. La convention veut qu'elle se fasse et fournit un moyen quelconque de la faire.

Nous étions au quatrième acte d'*Andromaque*. Pyrrhus vient de lâcher Hermione (il n'y a pas d'autre mot), et il l'a lâchée de la façon la plus outrageante, pour donner à Andromaque et sa couronne et sa main. Hermione est enragée de cet abandon ; elle a fait venir Oreste, et elle lui a dit :

— Vengez-moi, je suis à vous.

Voilà la situation.

Est-ce que vous, spectateur, vous ne sentez pas le besoin d'une scène, qui jusque-là vous a manqué ? Est-ce que vous ne vous dites pas :

— Je voudrais bien, pour voir, qu'Hermione se rencontrât avec son infidèle, qu'elle décliargeât son cœur, qu'ils eussent tous deux une explication.

Car enfin ils sont dans une position telle qu'ils ont quelque chose à se dire et quelque chose d'essentiel. Lui, peut-être pas ; mais elle, certainement.

Dans la vie réelle, est-ce que la scène aurait lieu ? Jamais de la vie. Quand un homme s'est aussi indignement conduit envers une femme, son premier besoin est de l'écarter et de la fuir. Il sait qu'il n'a que des reproches à recevoir, des reproches mérités et qui n'aboutiront pas, puisque son parti est pris. Autant vaut s'en épargner l'ennui. Et il consigne sa maîtresse. En tout cas, il ne va pas la chercher.

Voilà le vrai.

Oui, mais si Pyrrhus doit redouter cette scène, nous en avons besoin, nous ; nous voulons qu'Hermione ait la parole, qu'elle découvre à nos yeux les nouveaux sentiments qu'une aussi infâme trahison a fait naître chez elle ; elle le hait, cela va sans dire ; mais qui sait ? peut-être l'aime-t-elle encore davantage. Elle-même l'a dit :

Dieu ! ne puis-je savoir si j'aime ou si je hais !

Qu'elle se trouve en sa présence. Le fond de son cœur se révélera malgré elle. Il nous la faut, cette scène ; elle est nécessaire ; elle sort de la logique de la situation ; c'est une scène à faire.

Et l'on ne peut pas la faire.

La convention vient au secours de la vérité. Il est absurde que Pyrrhus aille trouver Hermione, pour l'unique plaisir de recevoir son paquet. Supposons qu'il y aille. Bon ! Il y est allé. Que lui dit-il ? Son discours peut se résumer en quatre lignes :

— Ma chère amie, je sais que je viens de vous faire une crasse. Pour une crasse, c'est une forte crasse. Mais, si ça peut vous soulager de me dire des injures, allez-y, vous êtes dans votre droit, je ne répondrai rien.

C'est à cela que se résume la belle phraséologie que Racine met dans la bouche de Pyrrhus. Il faut bien le dire : elle n'a pas le sens commun. Pyrrhus est un sot et un sot mal élevé. Tout le monde se révolterait contre ce cynisme de cruauté inutile, si tout le monde ne sentait pas d'instinct que c'est la scène à faire, si tout le monde n'était pas enchanté de la voir faire. On admet donc la convention proposée par le poète. Il vous dit :

— Je fais faire à Pyrrhus une démarche inconvenante, absurde et odieuse.

Il la fait gratuitement, et cela est, j'en conviens, aussi ridicule qu'abominable. Mais il n'y a pas d'autre moyen de les mettre aux prises ; et la logique de la pièce veut qu'à ce moment-là ils soient aux prises, et votre secret désir est d'accord avec cette logique. Écoutez donc la scène.

Cette scène n'est pas parmi celles que Mlle Weber joue le mieux. Mlle Weber a fait d'incontestables progrès dans ce rôle. Elle est encore bien loin de cette moyenne élevée que la Comédie-Française a le droit d'exiger. Je crains fort pour elle qu'on ne lui joue un mauvais tour, en l'enlevant trop tôt à cette excellente école de l'Odéon. C'est que le public est autrement sévère rue Richelieu que sur la rive gauche. Nous apportons à l'Odéon un parti pris d'indulgence, dont nous ne manquons pas de nous défaire quand nous entrons dans la solennelle maison de Molière.

Mlle Weber est trop uniformément violente et farouche. Ce qui fait la beauté des rôles de femmes chez Racine, c'est l'innombrable variété de sentiments et de nuances de sentiment dont ils se colorent tour à tour.

Un exemple entre beaucoup d'autres :

C'est au troisième acte : Pyrrhus, conseillé par Phénix et rebuté des refus d'Andromaque, est revenu à Hermione. C'est chez elle, tout aussitôt, une explosion de joie et d'orgueil. Elle congédie ce pauvre Oreste avec cette cruauté inconsciente des femmes, qui sont si parfaitement indifférentes aux douleurs des gens qu'elles n'aiment pas. Elle se hâte de rester seule avec sa confidente, pour s'abandonner follement à l'ivresse de son bonheur :

> Conçois-tu les transports de l'heureuse Hermione !

Et comme Cléone, qui est une bonne âme, lui parle du service que lui a rendu Oreste en intimidant Pyrrhus, en le forçant à épouser la fille de Ménélas :

> Tu crois que Pyrrhus craint !

s'écrie-t-elle ; et la voilà qui chante les louanges de Pyrrhus :

> Sais-tu quel est Pyrrhus ? T'es-tu fait raconter
> Le nombre des exploits ?... Mais qui les peut compter ?
> Intrépide, et partout suivi de la victoire,
> Charmant, fidèle... enfin, rien ne manque à sa gloire.

Ne sentez-vous pas qu'il faut que le couplet soit tout entier jeté dans un grand mouvement d'allégresse, d'une voix triomphante ? Il y a là un épanouissement subit de tout l'être. Elle aime, elle est orgueilleuse ; son orgueil et son amour sont à la fois contentés par un coup imprévu, elle se dilate, elle exulte; elle sonne éperdument une fanfare de victoire.

Est-ce que rien de tout cela se traduit dans la diction de Mlle Weber? Son visage, ni son débit ne s'éclaircissent. Et lorsque cette malheureuse Andromaque vient se jeter à ses pieds, est-ce qu'elle a cette hauteur insultante, que Racine a si bien exprimée dans ces vers d'une raillerie impitoyable :

> S'il faut fléchir Pyrrhus, qui le peut mieux que vous?
> Vos yeux assez longtemps ont régné sur son âme,
> Faites-le consentir; j'y souscrirai, madame.

C'est qu'Hermione n'est pas une héroïne de tragédie toujours furieuse; c'est une femme, une vraie femme, emportée à tous les vents de la passion. Il faut, pour ce merveilleux rôle, bien plus de variété de gestes, d'attitudes, de physionomie et de diction que n'en donne Mlle Weber.

Ce que j'en dis n'est point du tout pour la décourager. Nous lui trouvons tous des qualités de premier ordre. Nous ne voudrions point qu'elle s'imaginât être arrivée. Elle commence à peine à épeler les premiers éléments de son art. C'est une écolière merveilleusement douée, et à qui nous croyons un bel avenir.

22 mars 1886.

BRITANNICUS

Britannicus réussit à la Comédie-Française, comme a réussi le *Cid*, comme a réussi *Andromaque*, comme réussiront toutes les tragédies que l'on voudra remonter. C'est la mode, et en France ce mot rend compte de tout. Ce n'est certes pas moi qui m'en plaindrai. J'ai trop longtemps souhaité et prédit cette vogue pour être fâché qu'elle aille un peu au delà de ce que j'aurais voulu. Il y a dans toutes les réactions une exagération nécessaire. Celle-là est d'ailleurs si noble que l'on en prend aisément son parti.

Je me suis parfaitement expliqué, en voyant jouer *Britannicus*, pourquoi il avait eu peu de succès à la scène. C'est qu'en réalité, à se placer au point de vue très particulier de l'art dramatique, c'est une des pièces les moins bien faites de Racine. Les trois premiers actes sont presque vides d'action, et le dernier est tout à fait misérable. Octavie et Sénèque restent dans la coulisse; Junie est une jeune pleurnicheuse moderne, qui se jette dans un couvent pour les nécessités du dénouement; Britannicus est un sot.

Ces défauts, très visibles à la représentation, ont dû frapper les contemporains, qui sont toujours bien plus sensibles aux petites fautes qu'aux grandes beautés d'une œuvre. L'admirable étude de l'ambition dans le caractère d'Agrippine, cette superbe peinture d'un monstre naissant dans le portrait de Néron, la mâle et éloquente vertu de Burrhus les ont moins touchés que les défaillances du génie de Racine.

Loin de m'étonner du peu de succès qu'a obtenu *Britannicus* à la première apparition, je ne suis surpris que d'une chose : c'est qu'il ait dès ce temps-là trouvé tant de bons juges, qui, se dépouillant des préventions du moment, l'aient tout de suite classé à son rang, au rang des chefs-d'œuvre, qui aient du premier coup senti l'immortelle beauté de ce style, et la profondeur d'observations de ces caractères.

C'est un de mes souvenirs les plus lointains et les plus présents ; je n'avais guère que quinze ou seize ans quand le sens de la tragédie me fut révélé par une représentation de *Britannicus*. Mlle Georges jouait à l'Odéon, pour je ne sais quel bénéfice, le rôle d'Agrippine. Le hasard fit que je pus y aller. Je ne me rappelle qu'une scène, mais la mémoire en est encore si vive chez moi, que je revois les acteurs, leur place au théâtre, et que j'ai le son de leur voix dans l'oreille. C'était au quatrième acte, à la grande scène entre Néron et sa mère. Je la savais par cœur, comme tous les bons écoliers :

> Asseyez-vous, Néron, et prenez votre place.

Et toujours, en récitant ces vers, je m'étais représenté une femme majestueuse dictant d'un ton lent et digne, avec une grande ouverture de bouche, l'ordre de s'asseoir et d'écouter. Voilà que tout à coup Mlle Georges, abaissant rapidement le doigt vers le fauteuil, d'un ton bref, sec, impérieux, comme si elle eût parlé à un subalterne, disait :

> Asseyez-vous, Néron, et prenez votre place.

Ce pauvre Néron ! Il était, du coup, si bien rapetissé, si

parfaitement aplati, que je regardai d'instinct s'il oserait s'asseoir, s'il ne se fourrerait pas sous le fauteuil qu'on lui marquait, pour éviter le regard et les explications de cette terrible mère.

Elle commença, cette explication! Les mots tombaient drus, nets, âpres... et simples, mais simples! J'étais confondu, et en même temps émerveillé! Je ne sais si vous vous rappelez en votre enfance avoir reçu, de quelque événement inattendu, une secousse intellectuelle et morale, qui ait changé du tout au tout le cours de vos idées et renouvelé votre âme. Pour moi, ce fut un trait de feu.

— Mais ces gens-là, me dis-je, parlent comme tout le monde! Ils ont beau être rois ou héros, ils pensent, sentent, et disent comme nous. Il n'y a qu'à retrouver, sous le formalisme tragique de leur langage, les passions vraies qu'ils expriment.

Avec quel plaisir je relus Corneille et Racine, dont je savais une bonne moitié par cœur! Comme j'étais heureux d'y faire à chaque instant des découvertes! Je découvrais l'Amérique! Mais qu'importe? L'essentiel n'est point de penser autrement que les autres, c'est de penser par soi-même ce que les autres ont pensé avant vous.

Toute cette histoire m'est remontée, jeune et fraîche, à la mémoire quand j'ai vu Mme Plessy se charger du rôle d'Agrippine. Mme Plessy n'a point été formée par la nature, cela est évident, pour les grands rôles tragiques. Je n'ai pas besoin d'en déduire les raisons, qui sont si claires qu'elles frappent tous les yeux. Il est pourtant loisible à tout comédien hors ligne de s'essayer une fois par hasard, par curiosité d'artiste, dans un rôle en dehors de son emploi. Beaucoup d'acteurs illustres ont donné l'exemple de ces tentatives, et quelque opinion qu'en eût la critique, elle l'a toujours exprimée avec tous les ménagements qu'exigent un nom célèbre, de longs services, une initiative hardie, et la certitude que c'était pour une fois et que l'on n'y reviendrait plus.

Si donc je croyais que Mme Plessy, en s'essayant dans Agrippine, n'eût obéi qu'à une de ces fantaisies passagères, qui poussent un artiste de premier ordre à tenter, à ses risques et périls, une aventure curieuse, je ne me croirais obligé de parler autrement du résultat qu'en l'aspergeant de ces louanges banales, que l'on appelle de l'eau bénite de cour. Mais j'ai tout lieu de supposer que c'est un dessein formé chez l'actrice, approuvé par son directeur, de quitter définitivement l'emploi des grandes coquettes pour passer à celui des mères de tragédie.

Cette transformation semble être du goût du public, qui, le premier soir, a poliment applaudi ; qui, trois jours après, battait des mains de franc cœur. Il est donc nécessaire de dire la vérité ; une vérité que j'ai retrouvée sur les lèvres de tous ceux qui passent pour être connaisseurs.

Je ne dirai pas que Mme Plessy est médiocre. Avec son intelligence, ses dons naturels, sa grande situation, son immense autorité sur le parterre, on ne saurait être médiocre en rien. Elle n'est donc pas médiocrement mauvaise. Elle l'est à un point que l'on ne saurait exprimer et qui serait affligeant pour elle et pour l'art, s'il ne surnageait, dans ce grand naufrage, quelques épaves des plus belles qualités que la nature ait jamais départies à une comédienne.

Mme Plessy, au rebours de ce que je contais tout à l'heure de Mlle Georges, semble s'être imaginé que la tragédie était quelque chose d'absolument particulier et hors nature, qui demandait des gestes spéciaux et des intonations singulières. Elle enfle sa voix, gonfle ses joues, et de cette bouche, large ouverte, il ne sort plus qu'une façon de *ronron* tragique, qui se coupe toujours à hémistiches égaux, et se termine en longs éclats sur la rime.

Plus de nuances dans ce débit empâté et violent ; tout ce qui fait l'honneur et le charme de la diction a péri. A peine osé-je le dire ! Mais Mme Plessy cherche à donner de l'ampleur et de la dignité à la mère de Néron, par les procédés qu'emploient les femmes de sous-préfets, pour jouer la majesté. Elle cambre sa taille, elle renverse la tête en arrière, elle prend des temps, fait des poses, et tend sa main avec l'air de dire :

— Voyez comme je suis superbe ! hein ! suis-je assez impératrice ?

Un autre rôle... Oh ! celui-là m'a positivement mis en colère. C'est celui de Narcisse. L'acteur qui le joue s'est fait une figure de vieux juif allemand ; l'on s'attend, tout le temps qu'il parle, à ce qu'il va fouiller dans sa poche et dire :

— *Foulez-fous une ponne lorgnette ?*

Il fait des yeux en dessous, des mines cafardes, courbe le dos ; et, avec toutes ses ondulations de vieille vipère, on le prendrait pour le dernier des pleutres.

Que Chéry ait ainsi compris le rôle, à son aise ! Mais que M. Perrin le lui ait laissé jouer de la sorte, voilà qui me passe. Mais c'est ne rien connaître à l'histoire romaine, c'est ne rien comprendre à la tragédie de Racine que de représenter Narcisse sous les traits de ce piteux cuistre. Les affranchis sous l'Empire étaient tous d'élégants sceptiques, très riches, très bien élevés, qui méprisaient fort la bassesse humaine, pour l'avoir éprouvée sous toutes ses formes, n'estimaient que le vice élégant, et avaient la main dans toutes les grandes affaires.

Lisez, là-dessus, le beau chapitre de M. Beulé qui a pour titre : *les Césariens*. Personne n'a mieux que lui marqué les traits de cette classe des affranchis, devenus les maîtres des empereurs et de l'Empire. A ce seul nom d'affranchi, l'imagination évoque aisément une figure sournoise, un front bas, des cheveux courts, des oreilles larges, une expression ignoble. Rien n'est plus opposé à la vérité. Il faudrait imaginer, au contraire, un beau visage, toujours souriant, de grands yeux intelligents, profonds, animés par le désir de plaire, une démarche souple et non sans noblesse, des vêtements riches et tous les signes du luxe. La culture de l'esprit, la connaissance approfondie des langues, le sentiment de leur supériorité intellectuelle, un raffinement singulier de corruption, la science de tous les plaisirs développaient encore le type aristocratique, qu'ils avaient emporté de la Grèce ou de l'Ionie. Les plus honnêtes étaient des hommes de lettres et des savants. Les plus vicieux avaient l'audace et les séductions de nos roués politiques modernes.

Narcisse était un roué de grand ton, d'allures sceptiques et de manières exquises. C'est ainsi que Racine l'a peint, car s'il en eût fait le pleutre déplorable que Chéry nous a montré l'autre jour, Néron, qui était homme d'esprit et de goût, l'eût flanqué à la porte.

Et voyez quelle saveur donne tout de suite au rôle cette interprétation nouvelle. Est-elle bien nouvelle? Je n'en sais rien; il n'importe, au reste. Si elle n'est pas conforme à la tradition, c'est la tradition qui a tort. Vous imaginez-vous Narcisse disant d'un ton de papelardise confite, avec des yeux baissés et l'air contrit :

> Mais, Sire, les Romains ne vous sont point connus.
> J'ai cent fois, dans le cours de ma grandeur passée,
> Tenté leur patience et ne l'ai point lassée.

Pour sentir le ridicule de ces mines de vieux marchand de lorgnettes, supposez un chef de République, méditant un coup d'État et s'arrêtant devant l'impopularité qu'il redoute, et son confident le plus intime lui disant à l'oreille :

— Allons donc! prince, les Français ne vous sont pas connus! Fourrez la Chambre à Vincennes, faites-vous sacrer empereur, et, le lendemain, vous aurez sept millions de suffrages. Moi-même, quand j'étais préfet!...

Voilà la note. C'est un sceptique élégant qui parle ; un condottière hardi, vicieux, mais spirituel, qui a passé par les grandes charges, qui sait ce que vaut l'homme et qui l'estime à son juste prix ; et au cinquième acte :

> Britannicus, madame, eut des desseins secrets,
> Qui vous auraient plus tard coûté bien des regrets !...

On sent à ce langage l'homme supérieur, maître de la situation, et qui tout bas se répète la devise des aventuriers d'un coup d'État : courte et bonne! C'est à Febvre et non à Chéry qu'il eût fallu donner ce rôle, en lui faisant apprendre par cœur, au préalable, les trente pages du livre de M. Beulé : le *Sang de Germanicus*.

Mme Sarah Bernhardt continuait ses débuts par le personnage de Junie. On se rappelle qu'elle avait, pour la première fois, joué Mlle de Belle-Isle. Elle avait eu à subir dans cette première tentative bien des critiques, qui n'étaient pas toutes injustes, il s'en faut. Elle a réuni tous les suffrages dans le rôle de la jeune, tendre et douloureuse Junie. Son succès a été éclatant et incontesté. M. Perrin l'a costumée avec un goût merveilleux ; elle a naturellement je ne sais quel charme poétique ; elle dit le vers avec une grâce et une pureté raciniennes ; la victoire est gagnée aujourd'hui. Personne ne s'avisera plus de chicaner l'opportunité de son admission à la Comédie-Française. Elle est de la maison.

23 décembre 1872.

BÉRÉNICE

I

SUJET TRAITÉ PAR CORNEILLE ET RACINE

Il est assez malaisé de comprendre quel attrait ce sujet a toujours eu pour les écrivains dramatiques. Racine et Corneille l'ont traité sous des noms romains; les dramaturges modernes l'ont repris en le transportant au dix-septième siècle. Ceux de l'avenir s'en s'empareront à leur tour; et c'est apparemment Napoléon et Joséphine qui en feront les frais. Il semble pourtant qu'il n'y ait guère de sujet moins propre au drame.

Titus aime Bérénice : que ne l'épouse-t-il ? La raison d'État. On est un héros, si on l'écoute; mais un héros peu intéressant. Un prince qui renonce volontairement à celle qu'il aime et dont il est aimé mérite à coup sûr les louanges de l'histoire; mais il produira toujours au théâtre un effet médiocre. C'est un grand politique et un pauvre amoureux.

Titus pleure tout le long de la pièce; mais que n'essuie-t-il ses larmes ? L'obstacle est en lui seul. Les motifs qui lui forcent la main sont des plus sages; mais il s'y résigne bien facilement, et la sagesse n'a rien de si théâtral. Racine s'est enfermé étroitement dans cette donnée, et en a tiré cinq actes : c'est que Racine n'était pas, à vrai dire, un écrivain dramatique. Sa *Bérénice*, une œuvre charmante d'ailleurs, n'est pas une tragédie ni un drame : c'est une élégie coupée en scènes, d'une grâce molle et d'une sensibilité larmoyante, faite surtout pour plaire aux gens de ce temps-là, qui se plaisaient aux questions de sentiment et lisaient avec transport la *Princesse de Clèves*.

Corneille n'a pu se tenir dans ce sujet ni exécuter cinq actes de variations sur un thème si pauvre. Il faut avouer que ses inventions ne sont point heureuses, et que le drame, qu'il a imaginé à côté de l'action principale, est d'une rare invraisemblance et d'un ennui prodigieux. Et cependant, je l'ai relu avec plaisir, oui, et avec plus de plaisir que la *Bérénice* de Racine. Ce Corneille était vraiment un poète; il parle avec une si admirable langue, il frappe les vers avec tant d'énergie, et les empanache de rimes si fières et si sonores, que c'est une joie de l'entendre :

Titus conte à Paulin, son confident, que tant que son père a vaincu, il s'est livré sans remords à son amour pour Bérénice; écoutez d'abord le tendre et harmonieux Racine :

> J'aimais, je soupirais dans une paix profonde;
> Un autre était chargé de l'empire du monde;
> Maître de mon destin, libre de mes soupirs,
> Je ne rendais qu'à moi, compte de mes désirs.
> Mais à peine le ciel eut rappelé mon père,
> Dès que ma triste main eût fermé sa paupière,
> De mon aimable erreur je fus désabusé,
> Je sentis le fardeau qui m'était imposé,
> Je connus que bientôt, loin d'être à ce que j'aime,
> Il fallait chez Paulin renoncer à moi-même,
> Et que le choix des dieux, contraire à mes amours,
> Livrait à l'univers le reste de mes jours.

Le Titus de Corneille fait la même confidence à Martien : placé entre Domitie, princesse du sang impérial, et Bérénice, il a cru pouvoir, tant que son père a vécu, s'abandonner à un amour que désapprouvait l'empereur, mais qui alors n'avait rien d'indigne, et refuser cette Domitie qu'on lui imposait :

> Sous l'empire d'un père,
> Je murmurai toujours d'un ordre si sévère,
> Et cherchai les moyens de tirer en longueur
> Cet hymen qui vous gêne et m'arrachait le cœur.
> Son trépas a changé toutes choses de face :
> J'ai pris ses sentiments lorsque j'ai pris sa place ;
> Je m'impose à mon tour les lois qu'il m'imposait
> Et me dis après lui tout ce qu'il me disait.
> J'ai des yeux d'empereur et non plus ceux de Tite.
> Je vois en Domitie un tout autre mérite ;
> J'écoute la raison, j'en goûte les conseils
> Et j'aime comme il faut qu'aiment tous nos pareils.
> . . . .
> Mais tout près d'un hymen si souhaité de tous,
> Quand Domitie a droit de s'en croire assurée,
> Que le jour en est pris, la fête préparée !
> Je l'aime, et lui dois trop pour jeter sur son front
> L'éternelle rougeur d'un si mortel affront.
> Rome entière et ma foi l'appellent à l'empire.

9 janvier 1865.

II

LES CARACTÈRES

Bérénice n'est certainement pas, au point de vue dramatique, une œuvre admirable et qu'il faille louer sans restriction ; mais c'est peut-être, de tous les ouvrages de Racine, celui où il a mis le plus de son génie propre; où il a su colorer des nuances les plus fines et les plus tendres l'amour trahi et malheureux.

Marivaux n'a jamais rien écrit de plus fouillé et de plus délicat que ce rôle de Bérénice, et au fond n'est-ce pas plutôt une comédie aimable et triste qu'un drame héroïque ou une tragédie au sens vrai du mot? On raconte, à la Comédie-Française, qu'un des directeurs qui ont précédé M. Perrin, — c'était, je crois, M. Thierry, — eut un jour l'idée de reprendre *Bérénice*. Il voulait donner à Bressant le rôle de Titus et celui d'Antiochus à Delaunay. J'ignore qui eût joué Bérénice, mais j'y aurais vu également sans déplaisir Mlle Favart, qui, à cette époque, jouait avec un grand charme et une voix délicieuse les amoureuses de Racine, ou Mme Arnould-Plessy, dont la diction était si savante, et qui eût encore accentué ce côté comédie que l'on voulait mettre en relief dans l'idylle racinienne. Le projet tomba dans l'eau, je ne sais pourquoi, et c'est dommage.

J'avoue que, pour moi, j'eusse encore poussé plus loin dans ce sens. J'aurais souhaité qu'au lieu d'être habillés à la romaine et de porter des costumes d'une exactitude qui est en contradiction formelle avec l'œuvre du poète, on eût permis à Bressant et à Delaunay de jouer Antiochus et Titus avec l'habit et la perruque Louis XIV. On eût fourré des feuilles de laurier dans la perruque de Titus; ces feuilles de laurier signifiaient par convention, au dix-septième siècle, que l'action se passait à Rome, et que le porte-perruque était un empereur. Mlle Favart ou Mme Arnould-Plessy eût paru dans un costume copié, à peu de chose près, sur ceux que dut porter la Champmeslé au dix-septième siècle. C'est qu'en effet cette jolie étude du cœur humain a été, par le poète, prise sur le vif de la société dans laquelle il a vécu lui-même. C'est à la cour du grand roi que Racine a connu

Bérénice ; c'est là qu'il s'est familiarisé avec ce goût de galanterie romanesque qu'il a exprimé dans ses vers avec une grâce si discrète et si touchante.

Le tort des artistes de l'Odéon, je vais le dire tout de suite : c'est d'avoir joué cette tragédie comme si c'était une tragédie et, qui pis est, comme si c'était une tragédie classique. Albert Lambert, qui était chargé du rôle de Titus, s'est fait applaudir, et très justement, dans quelques passages de son rôle. Me permettra-t-il de lui dire qu'à mon sens il n'a pas été assez simple, il n'a pas été assez humain ? Il s'était imprégné trop fortement de cette idée, qu'il représentait un empereur et un empereur romain. Le Titus de Racine n'est pas Romain le moins du monde, et, pour empereur, il l'est, sans doute, mais à peu près comme les bergers de Florian sont des bergers. Titus n'est qu'un homme très bien élevé, un galant homme, ou plutôt, comme on disait de son temps, au dix-septième siècle, un honnête homme, très amoureux et très fâché d'être obligé de sacrifier sa maîtresse à ce qu'il croit être son devoir.

Bérénice a beau être reine de toutes sortes d'États et porter à son front plusieurs diadèmes, ce n'est, elle aussi, qu'une charmante femme, très distinguée, qui est désolée de perdre son amant et d'autant plus désolée que, comme une grisette du Quartier Latin, elle l'aime pour lui-même, sans s'inquiéter qu'il soit empereur. J'aurais voulu que toute trace de *ronron* tragique disparût du débit d'Albert Lambert ; j'aurais voulu qu'il se défît, pour cette fois au moins, de la convention classique et qu'il jouât le rôle avec une familiarité aisée et noble, sur un ton de haute comédie, ne poussant jamais la douleur jusqu'aux cris, ne cherchant le pathétique que dans la grandeur triste des sentiments exprimés sans emphase.

Mlle Hadamard s'est plus rapprochée de cet idéal que je m'étais formé de la tragédie de Racine ; elle a une diction savante et juste qui revient au naturel à force de travail. Elle a cherché de son mieux à être moins la Bérénice, reine d'une moitié de l'Orient, aux pieds de qui le maître de l'univers voulait mettre l'Empire et son cœur, qu'une femme profondément éprise, coquette par intervalle, parce que toutes les femmes le sont peu ou prou, mais s'oubliant près de celui qu'elle aime, se noyant dans ses pleurs parce qu'elle en est abandonnée, et reprenant ses esprits pour sortir au dernier acte avec dignité de l'impasse douloureuse où l'a acculée le destin.

Peut-être a-t-elle trop réussi. Quand je me sers, pour caractériser ce que je demande aux acteurs de ce drame, du mot de familiarité, je le relève tout de suite par les épithètes de noble, majestueuse, superbe, grandiose. Ce sont des hommes, soit ; mais ce sont des hommes élevés au-dessus de l'humanité ordinaire. Ce sont des amants, à la bonne heure ; mais ces amants, après tout, ne sortent pas, l'un d'un bureau d'assurances, l'autre d'un atelier de blanchisseuse. Il faut de l'ampleur, de la majesté dans les attitudes, dans le geste, dans le débit ; une majesté simple, cela va de soi, mais de la majesté. Je parlais, tout à l'heure, des grisettes du Quartier Latin ; Bérénice ne peut pas se désoler comme une grisette.

A Dieu ne plaise que je fasse cette comparaison pour Mlle Hadamard ; je cherche où je puis des exemples qui donnent plus de force à mon idée et l'enfoncent mieux dans l'esprit des lecteurs ; mais il est certain que l'aristocratique poésie du rôle a échappé à son interprète. Si j'avais à joindre un conseil pratique, un conseil de métier, à ces considérations générales, je dirais à Mlle Hadamard de veiller sur sa voix, qui a été presque constamment dans ce rôle perchée sur les notes aiguës. Il n'y a rien de moins tendre et de moins noble qu'une voix prise dans la tête ; jamais vous ne toucherez profondément qu'avec des notes de poitrine. Mlle Hadamard est capable de les donner, puisqu'au cinquième acte elle a dit en voix de poitrine ces admirables vers qui sont la conclusion de la pièce. Vous savez qu'elle s'adresse à Titus, qui lui a déclaré que tout était rompu :

> Je crois, depuis cinq ans jusqu'à ce dernier jour,
> Vous avoir assuré d'un véritable amour.
> Ce n'est pas tout, je veux, en ce moment funeste,
> Par un dernier effort couronner tout le reste :
> Je vivrai, je suivrai vos ordres absolus.
> Adieu, seigneur, régnez, je ne vous verrai plus.

Puis, se tournant vers Antiochus :

> Prince, après cet adieu, vous jugez bien vous-même
> Que je ne consens pas de quitter ce que j'aime,
> Pour aller loin de Rome écouter d'autres vœux.
> Vivez, et faites-vous un effort généreux.
> Sur Titus et sur moi réglez votre conduite ;
> Je l'aime, je le fuis ; Titus m'aime, il me quitte ;
> Portez loin de mes yeux vos soupirs et vos fers.
> Adieu. Servons tous trois d'exemple à l'univers
> De l'amour la plus tendre et la plus malheureuse
> Dont il puisse garder l'histoire douloureuse.
> Tout est prêt : on m'attend ; ne suivez point mes pas.

Elle a dit tout ce couplet, un des plus merveilleux qui soient tombés de la plume élégante de Racine, avec une grâce noble, avec une douleur tendre, et surtout avec une voix large et profonde qui lui ont gardé toute sa couleur.

Je ne dirai rien d'Antiochus. Qui pourrait s'apercevoir, en le voyant jouer par Brémond à l'Odéon, que c'est un rôle délicieux que celui de cet amant sacrifié à qui Bérénice, avec cette implacable sérénité de la femme qui n'aime point, vient parler sans cesse de sa tendresse pour un autre ? Le pauvre garçon !

Quand on reprend en main la tragédie de Racine et qu'on se la lit à soi-même, on sent tout ce qu'il a dû souffrir en écoutant les confidences de cette coquette, qui compte pour rien un amour qu'elle ne partage pas. A un moment, il est amené par la conversation à lui faire l'éloge de Titus, et il s'aperçoit alors que Bérénice l'écoute avec un peu plus d'attention :

> Je vois que votre cœur m'applaudit en secret;
> Je vois que l'on m'écoute avec moins de regret,
> Et que, trop attentive à ce récit funeste,
> En faveur de Titus vous pardonnez le reste.

Que ces vers sont jolis! Qu'ils sont vrais! A qui n'est-il pas arrivé, causant avec une femme d'un rival préféré, de sentir un dépit secret de voir tout à coup son regard s'allumer? Eh bien! est-ce que, dans ces moments-là, vous lui dites avec emphase en roulant les *r :* « Je vois que vous m'écoutez avec moins de rregrrets? » Elle vous éclaterait de rire au nez : « Quel est cet Olibrius? » Vous avez dans ces cas-là un petit air tendre et vexé, un ton de dépit mêlé d'amour. Pourquoi ne pas transporter ces nuances dans la tragédie? C'est de ces nuances-là qu'est faite la poésie de Racine.

Si vous passez sur tout le rôle une couche de badigeon tragique, il ne reste plus rien qu'une couleur uniforme qui ennuie les yeux et les endort.

Ah! j'ai eu de cruels moments l'autre jour, et je me disais pourtant : « Il faut leur savoir gré, à ces artistes, de leur désintéressement et de leur courage! Ce n'est pas une petite affaire que d'apprendre *Bérénice* et de la mettre en scène. Ils se sont donné tout ce mal, sachant fort bien qu'en cas de grand succès ils ne joueraient la pièce que deux fois, trois fois ou plus, devant un public restreint d'amateurs délicats. C'est pour nous qu'ils ont pris cette peine ; il faut leur en savoir gré, surtout à M¹¹ᵉ Hadamard, cette vaillante qui a tout mis en train. » Je me disais tout cela, et j'avais raison de me le dire, et je rageais tout de même de tout mon cœur derrière mes lunettes bleues. Je me suis réconcilié le lendemain avec eux en lisant moi-même cette divine idylle ; j'y ai alors aperçu une foule de vers simples, tendres et tout d'une venue, comme il en abonde dans Racine, et qui se dissimulent dans le tissu délicat du style, si l'acteur ne les souligne au passage d'une inflexion de voix.

Quelle langue étonnante que celle de ce Racine ! Il n'y en a guère dont le dictionnaire soit plus pauvre ; les mêmes mots reviennent sans cesse à la rime ; mais Racine est comme ces peintres qui, avec deux ou trois couleurs, toujours les mêmes, semblent avoir une palette variée et riche. Il a un art infini de combiner ses mots, d'en tirer des effets de sonorité voilée et tendre ; chez lui, la métaphore est si discrète, qu'il faut un peu d'attention pour la saisir ; mais elle est toujours juste, et, comme elle se fond dans la trame du style, elle l'enrichit et le réchauffe.

26 mai 1884.

BAJAZET

La Comédie-Française a donc repris le *Bajazet* de Racine qui n'avait pas reparu sur l'affiche depuis une vingtaine d'années. Ça n'a été qu'un cri, l'autre soir, dans la salle : « Tiens ! mais Roxane, c'est la princesse Georges ! » Et il s'en était trouvé bien peu parmi nous qui, le soir où la *Princesse Georges* fut représentée pour la première fois au Gymnase, se fussent écriés : « Tiens ! mais la princesse Georges, c'est Roxane ! » Que voulez-vous ? On ne sait plus guère ses classiques. Au Conservatoire même, on les néglige. Le répertoire de Dumas y est mieux connu et plus pratiqué que celui de Racine et de Molière. Les débutantes qui viennent frapper à la porte de l'Odéon ont toutes appris par cœur les grandes scènes de la *Princesse Georges*. Savent-elles, même vaguement, par ouï-dire, qu'il y a dans Racine une tragédie qui s'appelle *Bajazet* ?

La ressemblance entre les deux ouvrages n'avait pas échappé à Dumas. Il la signale lui-même dans une de ses préfaces.

« Si M. de Birac, dit-il, était sorti sur le : « Allez », de Séverine, à la scène V du dernier acte, j'aurais refait un dénouement de Racine, celui de Roxane jalouse, qui, ayant comme mon héroïne préparé la mort de Bajazet s'il franchit le seuil de son appartement, le congédie avec ce seul mot : « Sortez », qui est son arrêt sans qu'il s'en doute.

« Mais, ajoute Dumas, loin de vouloir piller Racine, je voulais, au contraire, si quelqu'un s'avisait de l'analogie, montrer la différence des sentiments entre une maîtresse et une épouse, entre une musulmane et une chrétienne, entre la passion et l'amour. »

Il est possible que Dumas ait voulu montrer tout cela et qu'il l'ait montré en effet. Mais du diable si j'en ai rien vu ! Je viens de relire, et avec un plaisir infini, la *Princesse Georges*, et, si je n'ai pu venir à bout d'y trouver ce que Dumas prétend y avoir mis, j'y ai découvert, en revanche, la relisant à la lumière de l'œuvre classique, des raisons nouvelles d'admirer la prodigieuse adresse de l'auteur. Sa crânerie même n'est le plus souvent, chez lui, qu'une habileté de plus.

Quel est le défaut, le grand, l'irrémédiable défaut de *Bajazet?* Tout le monde l'a senti à la représentation : c'est que Bajazet se trouve entre deux femmes, l'une à qui il doit tout, qui l'aime et qu'il feint d'aimer; l'autre qu'il aime véritablement et dont il est adoré. Il va de l'une à l'autre, les trompant toutes deux, ne sachant où s'arrêter.

Ce personnage d'un homme entre deux femmes (à moins, bien entendu, que ce ne soit un Don Juan) est presque toujours, au théâtre, ou insupportable ou ridicule. M. Edmond Tarbé en a tout dernièrement fait, dans *M. de Moral*, la triste expérience.

Dans la *Princesse Georges*, le sujet est arrangé de sorte que M. de Birac, lui aussi, doit tout le temps de la pièce évoluer entre sa femme, qu'il abuse par de belles paroles, et sa maîtresse avec laquelle il doit fuir le soir même. La situation de M. de Birac est donc aussi fausse et aussi pénible que celle de Bajazet.

Qu'a fait Dumas ? Il a jeté violemment d'un seul côté

tout l'intérêt de la pièce, toute la sympathie du public. La princesse Georges est de la race des Roxane ; elle veut celui qu'elle aime, elle le veut tout entier, ardemment, j'allais presque dire brutalement. C'est une passion exclusive et déchaînée. Que l'héroïne de Dumas soit musulmane ou chrétienne, que le sentiment dont elle est la proie s'appelle passion ou amour, peu importe ! C'est la femme enragée après son homme, voilà tout.

Mais son homme, elle a le droit de l'avoir et de le garder. Elle est sa femme devant Dieu et devant les hommes ; elle est sa vraie femme. Car elle n'a jamais eu, depuis qu'ils sont mariés, une pensée qui ne fût pour lui. Il n'y a pas de raison pour qu'il l'abandonne, car elle est jeune, elle est belle, elle est noble de cœur. Ajoutons même qu'elle est riche, très riche, et que c'est elle qui a apporté la fortune. Elle ne se soucie point, elle qui est fière et chevaleresque, de ce détail vulgaire. Mais Dumas, qui accumule autour d'elle tous les motifs de sympathie, sait bien que ce détail ne sera pas indifférent au public.

C'est donc à elle que l'on s'intéresse et à elle seule. Aussi, Dumas va-t-il ne nous montrer qu'elle, et toujours elle, en pleine lumière, passant par toutes sortes de sentiments, et toujours extrême dans chacun d'eux. Et la maîtresse ? Nous ne la verrons que dans une scène ; elle passera froide, énigmatique et chargée des malédictions de tous. Nous n'aurons pas le spectacle piteux de ce mari se débattant entre deux femmes et ballotté de l'une à l'autre. Ce sera bien, si vous le voulez, le sujet du drame ; mais nous ne l'aurons pas sous les yeux. Mme de Terremonde ne sera plus qu'une sorte de divinité invisible et malfaisante, une personnification mystérieuse de la fatalité ; M. de Birac se laisse invinciblement entraîner par elle, comme M. de Fondette, comme tous les hommes sur qui elle étend la main. Il n'y a pas même de lutte pour lui. Il est roulé et emporté par une puissance supérieure qu'on aperçoit vaguement, dans le lointain.

C'est la princesse Georges qui combat, la vaillante femme! Et tous nos cœurs sont avec elle. Elle s'indigne, elle s'attendrit, elle pleure, elle juge, elle condamne, elle se dément, et nous passons nous-mêmes par tous les sentiments qui l'agitent. Comment Dumas a-t-il pu, rien qu'avec un rôle, emplir ses trois actes? C'est un tour de force. Il excelle à distraire le spectateur à l'aide de conversations qui ont quelque rapport à l'action et aux personnages. Il y prodigue l'esprit, comme il a fait dans *Francillon*, et tandis qu'on écoute, ravi, ces tirades étincelantes, on oublie l'indigence du sujet traité.

Le fait est que, dans la *Princesse Georges*, il n'y a de vrai, de vivant et d'agissant que la princesse, et Dumas l'a voulu ainsi parce qu'il fallait que l'on s'intéressât passionnément à elle, et que l'on oubliât la situation du mari allant de sa femme à sa maîtresse et de sa maîtresse à sa femme. Il nous a, pour ainsi dire, escamoté le déplaisir de cette situation, en nous forçant à tenir les yeux attachés sur la princesse.

Et c'est pour cela qu'il n'a pas poussé les choses jusqu'au bout et tué ce mari indigne. Il a bien senti que nous étions pris d'une sympathie si vive pour cette pauvre princesse que nous serions désolés de ne pas la voir, à la fin, rentrer en possession de son homme. Il le lui a rendu à l'aide d'un dénouement postiche.

On allait sacrifier Iphigénie; la déesse, pour la remettre à son père, envoie sur l'autel une biche que l'on égorge à sa place. Ce pauvre Fondette est la biche que Dumas substitue à la victime désignée; et comme il l'avait sacrifié d'avance, il s'est bien gardé — le malin! — de nous y intéresser le moins du monde. Ce brave garçon est dans la pièce le monsieur qui passe. Il reçoit le coup de fusil, lui qui n'était pour rien dans l'affaire ; moyennant quoi tout le monde est content : la princesse Georges, M. de Birac, le notaire et le public.

Le public ?... le public ?... Il a bien un peu murmuré, le public ! Il y a des jours où il n'aime pas beaucoup qu'on le mette dedans avec tant de désinvolture. C'est grand hasard si, dans *Francillon*, il a accepté qu'on lui eût fait une telle peur durant trois actes pour aboutir à peu de chose. Il s'est presque fâché, lors de la *Princesse Georges*, quand il a entendu le coup de fusil tiré sur Fondette. Ce n'était vraiment pas la peine de s'émouvoir de la sorte ; nous en étions pour notre frayeur, pour nos larmes et pour nos nerfs horriblement tendus. Il y eut déception. Mais Dumas écrivit deux préfaces pour prouver que ce dénouement était d'une logique irréprochable. Personne n'en crut rien, ni lui non plus et nous n'en prîmes pas moins notre parti de ce pauvre Fondette, jouant la biche d'Iphigénie, parce qu'après tout, au théâtre, nous aimons que ça finisse bien.

Racine a eu le tort d'accepter sans dissimulation aucune la situation que lui donnait le sujet et de la traiter loyalement.

Bajazet se trouve entre Roxane et Atalide.

Amurat, en partant pour la guerre, a laissé à Roxane ses pleins pouvoirs. Tout lui obéit au sérail où elle est souveraine absolue. Bajazet y vit enfermé. C'est le frère d'Amurat, et le sultan, qui se défie de lui, a donné ordre qu'au moindre soupçon il fût étranglé. Roxane l'a vu, s'en est éprise et très nettement lui a dit : « Je vous aime ! je puis vous envoyer à la mort, je puis vous donner l'empire, car je n'ai qu'à vous faire proclamer et la révolution est faite. Choisissez : le trône avec moi ou la corde si vous refusez ! »

L'hésitation n'est pas possible. Bajazet est ambitieux, il

est brave, il a d'ailleurs avec lui un des grands généraux du sultan : Acomat, que le maître, par jalousie, écarte de l'armée, et qui en a conçu un vif ressentiment. Il ne peut sortir du sérail que si Roxane lui ouvre les portes, et elle ne lui en donnera les clefs que le jour où il l'aura prise pour épouse. Pourquoi balancerait-il ? C'est que Bajazet, de son côté, est amoureux. Il a, dès l'enfance, entretenu des amours idylliques avec une jeune princesse du sang : Atalide, et cette passion a grandi dans le mystère.

Une circonstance en a encore avivé la flamme. Les lois sévères de l'étiquette du sérail interdisaient à Roxane de voir commodément Bajazet. Elle a communiqué avec lui par l'intermédiaire d'Atalide, qui était chargée de lui rapporter les discours du prince. Les deux amants causaient ensemble de leur amour, et Atalide disait ensuite à Roxane tout ce qu'il fallait pour l'abuser.

Le moment est venu d'agir ; Acomat a reçu des nouvelles de l'armée ; il faut frapper le grand coup, et la pièce commence.

Voyez comme nous n'allons, dans cette tragédie, nous intéresser à personne. Roxane, dès le premier mot, va mettre son amant entre l'une ou l'autre de ces alternatives : la mort ou le trône et sa main. Elle ne sortira plus de là ; quand Bajazet cède, c'est le trône ; s'il fait mine de refuser, c'est la corde. Et cet amour ne nous touche point. Cette Roxane, qui trahit son bienfaiteur et son époux, qui tourne contre lui le pouvoir qu'il lui a confié, que nous voyons, emportée par une rage d'amour, mettre sans cesse le marché à la main de celui qu'elle aime, ne saurait nous inspirer cette sympathie dont nous sommes pris pour la princesse Georges. Roxane est un monstre curieux à étudier pour le psychologue ; mais jamais le public ne se mettra de moitié dans son amour.

Racine ne s'était pas, au reste, trompé sur ce point. Et il avait voulu que l'intérêt se rapportât sur Atalide, la douce, l'aimable Atalide. Elle possédait, celle-là, toutes les délicatesses que le dix-septième siècle exigeait d'une princesse de Clèves. Elle adorait son amant, mais elle était prête à se dévouer pour lui ; elle était jalouse, mais elle faisait noblement taire cette jalousie quand la gloire de Bajazet lui demandait ce sacrifice. Elle avait toutes les incertitudes et toutes les grâces de la femme aimante et faible. Je ne serais pas étonné que, dans l'idée de Racine, Atalide eût été le principal rôle de la tragédie, bien qu'il n'en dût jamais être le plus brillant. Il en était au moins, pour lui et pour le public du temps, le rôle le plus sympathique.

Mais les idées ont bien changé ! Nous ne pouvons plus aujourd'hui écouter sans sourire les déclarations troubadouresques dont Bajazet enguirlande Atalide ; — nous ne comprenons pas qu'il s'attarde, comme un dessus de pendule, à ces amours enrubannés. Comment, voilà un jeune gaillard qui a la mort à fuir, un trône et de la gloire à gagner ; qui est engagé par ses promesses envers Acomat ; sur la tête de qui reposent toutes les espérances de nombreux conjurés, vainqueurs s'il marche à leur tête, étranglés net, s'il les abandonne, et ce grand nigaud s'arrête à des considérations d'amourettes ; il craint de faire de la peine à sa petite cousine qui pousse des soupirs !

— Eh ! mon ami ! va de l'avant, pousse ta pointe et triomphe ! et tu verras bien, ensuite, ce que tu auras à faire des deux femmes qui te resteront sur les bras. Il y en a une qu'il faudra poser par terre. Ce sera là un choix à faire, mais plus tard, après la bataille gagnée.

Qu'arrive-t-il ? C'est que Roxane nous est odieuse avec sa façon péremptoire de poser sans cesse la même question, c'est qu'Atalide nous agace avec ses alternatives d'héroïsme et de découragement geignard ; c'est que Bajazet, entre ces deux femmes, joue le rôle d'un maître sot. Le peuple dirait de lui qu'il a l'air godiche.

Il se laisse, comme une balle inerte, renvoyer sans cesse de l'une à l'autre raquette. Car Racine, au rebours de Dumas, s'est jeté en plein dans la situation. A une scène avec Roxane en succède une autre avec Atalide, qui ne tarde pas à nous faire l'effet d'une intolérable gêneuse. Car, si nous n'aimons guère Roxane, au moins sentons-nous que c'est elle qui est dans le vrai. Elle expose sa tête à ce jeu ; c'est bien le moins qu'elle en retire un petit bénéfice. Ce qu'elle demande est juste, et l'honneur même de Bajazet y est intéressé. Pour Atalide, oui, c'est une bonne fille; nous lui rendons justice ; elle est pleine de nobles sentiments ; mais qu'elle est ennuyeuse avec ses pleurnicheries !

Non, vous n'imaginez pas l'impatience du public au troisième acte, quand on croit tout arrangé, quand Bajazet a donné, pour la seconde ou la troisième fois, sa parole à Roxane et à son ministre Acomat, et que tout à coup, parce qu'il vient d'entendre les gémissements de cette petite pécore d'Atalide, il change d'avis et laisse tout le monde consterné.

Si encore il s'écriait dans un mouvement de passion :

— Ah ! tenez ! tout cela m'ennuie : non, décidément, vous êtes toujours là à me mettre le marché à la main. Eh bien ! j'aime mieux mourir que de vous épouser, et n'en parlons plus !

Ce serait idiot, mais crâne. Ce pleutre n'ose pas même aller au bout de son idée et s'expliquer nettement. Aux paroles enflammées de Roxane qui lui dit : « Mes soldats vous attendent, mettez-vous à leur tête. J'avais juré de vous livrer aux vengeances de votre frère :

L'amour fit le serment, l'amour l'a violé. »

Bajazet trouve moyen de répondre sans dire ni oui ni non :

> Oui, je vous ai promis et vous donne ma foi
> De n'oublier jamais tout ce que je vous doi ;
> J'ai juré que mes soins, ma juste complaisance,
> Vous répondront toujours de ma reconnaissance.
> Si je puis à ce prix mériter vos bienfaits,
> Je vais de vos bontés attendre les effets.

Et, après avoir prononcé d'un air digne ce discours piteux, il se retire. Comment voulez-vous que je m'intéresse à ce majestueux dadais et à sa plaignarde de maîtresse ? J'aime encore mieux Roxane ; celle-là, au moins, elle souffre, elle s'emporte, elle rugit, elle frappe. C'est une maîtresse femme ; pas commode, pas agréable, mais vivante et curieuse.

C'est ce qui fait que, de toutes les tragédies de Racine, *Bajazet* est celle qui a toujours eu le plus de peine à se maintenir à la scène. Toutes les reprises que l'on en a faites ont été plutôt goûtées de quelques amateurs que suivies du grand public. On m'assure même que Mlle Rachel, malgré l'influence de son nom mis sur l'affiche, ne put retenir longtemps la foule à cette pièce. Je sais, pour moi, que la dernière reprise qui en fut tentée par M. Thierry avec Mlle Devoyod et Favart, ne put fournir qu'un petit nombre de représentations.

Le vice du sujet, qui est la fausse situation d'un homme entre deux femmes dont aucune n'intéresse, semble avoir été accentué encore par le médiocre aménagement de l'intrigue. Il n'y a guère de pièce où Racine se soit avec moins d'adresse servi de plus petits moyens. Le grand ressort de l'intrigue, est une lettre surprise dans le corsage d'Atalide, et lue tour à tour par tous les intéressés. C'est un artifice bien mesquin et qui, l'autre soir, a fait sourire. *Bajazet* se termine par une tuerie générale dont Mme de Sévigné disait ne pas saisir trop bien les raisons. Nous sommes comme elle; voilà bien du monde exterminé et pour peu de chose!

Bajazet n'est donc pas, à vrai dire, un chef-d'œuvre. C'est, comme a fort bien dit Laharpe, un ouvrage de second ordre écrit par un homme de premier. Il y a, dans cette tragédie, deux rôles admirables : celui de Roxane et celui d'Acomat.

Roxane, c'est la princesse Georges, oui, sans doute ; mais combien plus variée dans l'expression de sa jalousie et de sa tendresse. On n'apprend pas grand'chose sur le cœur de la femme en lisant la *Princesse Georges*. Que de profondes analyses de la passion dans le rôle de Roxane! Je ne sais rien de plus agité, de plus tumultueux que le monologue où Roxane, détrompée une seconde fois sur les sentiments de Bajazet, examine la situation et interroge son cœur. Elle ne sait que croire :

> Bajazet interdit! Atalide étonnée!

Quel affront pour elle, si cela était vrai ! ainsi donc :

> Tant de jours douloureux, tant d'inquiètes nuits,
> Mes brigues, mes complots, ma trahison fatale,
> N'aurais-je tout tenté que pour une rivale?

Et puis, elle se raccroche à l'espérance : s'ils étaient vraiment d'intelligence, que leur en coûterait-il de feindre un jour de plus?

> N'eût-il pas jusqu'au bout conduit son artifice?

Elle se rassure. Après tout, Atalide n'a rien fait pour lui; Atalide ne l'a pas couronné. Mais comme cette raison lui paraît faible à regarder de près :

> Les bienfaits dans un cœur balancent-ils l'amour?
> Ai-je mieux reconnu les bontés de son frère?

Ce retour sur soi-même est un trait de génie.

Acomat est, de tous les personnages, celui qui peut-être a le plus contribué à nous gâter la pièce de Racine. Il est trop vrai. Ce vieux général, ce profond politique, qui se trouve mêlé à une intrigue d'amour, en fait d'autant mieux sentir la mesquinerie et la vanité, qu'il parle tout le temps en homme d'État. Prince aveugle, s'écrie-t-il, parlant de Bajazet qui vient d'irriter encore une fois Roxane :

> Prince aveugle ! ou plutôt trop aveugle ministre,
> Il te sied bien d'avoir en de si jeunes mains,
> Chargé d'ans et d'honneur, confié tes desseins
> Et laissé d'un vizir la fortune flottante
> Suivre de ces amants la conduite imprudente.

Elle n'était qu'imprudente ! Elle nous paraît inexplicable quand nous la comparons aux fermes et avisés conseils de cet imperturbable diplomate. Cette note juste dans un milieu faux ne fait qu'accuser davantage la fausseté du milieu.

Je m'efforce d'expliquer la froideur avec laquelle le public a accueilli le *Bajazet* de Racine. J'en cherche les raisons dans l'œuvre même, car l'interprétation m'a paru très remarquable.

Je ne vais point, à propos de Mlle Dudlay, qui était chargée du rôle de Roxane, rappeler le souvenir de Mlle Rachel, que je n'ai point vue, encore moins celui de Mlle Clairon, qui nous a laissé des notes sur la façon dont elle a rendu le personnage. Mais j'ai pour système que, si l'on veut renouveler le goût de la tragédie, il faut aller, sous la phraséologie du temps, chercher ce qu'il y a d'éternel dans les sentiments exprimés par les personnages, et lui donner autant que faire se peut, le tour de nos mœurs, de nos manières, de notre langage. C'est une moyenne à trouver entre la tradition et ce qu'on appelle aujourd'hui la modernité.

Roxane est une princesse Georges. Eh bien! il faut que je voie, sur la scène, une princesse Georges qui aura évidemment plus d'ampleur, plus de tenue, plus de dignité, puisque ce sera une princesse Georges racinienne. Mais je demande à retrouver dans Roxane (puisque Racine l'y a mis) le tumulte de ce cœur agité et violent; je veux que l'actrice, en gardant, bien entendu, dans une certaine mesure la grandeur tragique, me rende la fougue débridée de ce tempérament, la farouche énergie de ce langage. Je veux qu'elle se jette furieuse sur un canapé, qu'elle se promène avec agitation, qu'elle ait des soubresauts terribles de gestes et de voix; je veux qu'elle soit beaucoup de notre temps, sans oublier qu'elle date du dix-septième siècle.

C'est cela que j'ai aimé chez Mlle Dudlay, c'est de cela que je lui ai tenu grand compte. Elle a voulu être, dans la mesure de ses forces, la princesse Georges. Quel dommage qu'elle soit toujours si sèche! Elle ne connaît ni les attitudes onduleuses et félines, ni les séductions d'une voix attendrie et mouillée. Quel dommage qu'elle ne soit pas plus femme! Mais elle a eu des moments admirables, et l'ensemble du rôle a été composé avec un soin rare. Elle était merveilleusement costumée.

Je n'aurais qu'une critique à adresser à Mlle Hadamard, et il est bien probable qu'elle tournera cette critique en compliment; car ce que je lui reprocherai d'avoir fait, c'est justement ce qu'elle a voulu faire et ce qu'elle a très bien fait. Elle a essayé de tirer Atalide au premier plan, et il peut bien se faire qu'elle eût eu raison il y a deux siècles.

11.

Mais que voulez-vous? l'intérêt s'est retiré de son rôle. Atalide n'est plus, à cette heure, qu'une de ces jeunes princesses sensibles, douces et faciles aux pleurs, que Racine oppose volontiers (parce qu'au théâtre le constraste est toujours d'un bel effet) à ses farouches héroïnes. Je crois qu'un ton de plainte harmonieuse lui siérait mieux que le déploiement de passion qui lui est prêté par Mlle Hadamard. Atalide est toujours prête au sacrifice; c'est donc une nature résignée; elle doit être avant tout incertaine et touchante par son incertitude même. Mlle Hadamard, qui est l'intelligence même, a voulu faire sortir du rôle tout ce qu'elle croyait y voir enfermé. Elle enlève ainsi au personnage d'Atalide quelque peu de grâce flottante.

Silvain m'a paru comprendre fort bien Acomat. Il peut pousser avec hardiesse plus avant encore dans la voie où il s'est engagé. Il a cherché à faire d'Acomat, non un fétiche de tragédie, mais un vrai homme d'État, parlant de grands intérêts avec la simplicité forte d'un homme d'État. Osmin, son confident, a été fort bien joué par Martel.

C'est Albert Lambert fils qui faisait le rôle ingrat de Bajazet. Il y est beau garçon, et c'est déjà quelque chose. Mais qu'il se défie du *ronron* tragique. C'est, dans la tragédie, le pire des défauts. On ne saurait lui en vouloir s'il n'a pas tiré grand'chose de ce déplorable personnage.

En somme, la représentation a été brillante et fait grand honneur à la Comédie-Française.

11 avril 1887.

MITHRIDATE

I

LA JALOUSIE DE MITHRIDATE

C'est presque un lieu commun, chez les critiques, de regretter que Racine ait fait Mithridate amoureux de Monime. « Eh, quoi! dit-on, voilà un grand roi qui vient d'éprouver une sanglante défaite, qui est menacé de perdre ses États, qui songe à porter la guerre dans l'Italie, qui roule dans sa tête les plus vastes projets ; à quoi le poète nous le montre-t-il occupé? A faire la cour à une femme, à tirer d'elle le secret de l'amour qui la possède pour un autre! le voilà bien ce Racine, rabaissant les plus grands sujets à des intrigues amoureuses ! »

Il me semble que ceux qui parlent ainsi n'ont précisément pas compris le sujet qu'a voulu traiter Racine.

Il a prétendu peindre une forme particulière de l'amour, et laquelle? L'amour d'un vieillard pour une jeune femme. C'est là le fond sérieux de la pièce. Sans doute, ce vieillard est un roi puissant, c'est l'ennemi des Romains, c'est Mithridate. Mais toutes ces circonstances sont accessoires et pourraient aisément être changées en d'autres. Elles relèveront sans doute l'éclat de l'action tragique, elles ajouteront quelques traits aux sentiments exprimés et les teindront de leurs couleurs. Mais elles ne sont pas essentielles au sujet ; elles n'en sont que des ornements, qui font corps avec lui.

Le sujet, le vrai sujet, le seul sujet, c'est celui-ci : un homme de soixante ans qui s'est amouraché d'une jolie fille de vingt : amour sérieux et pris par le poète au sérieux.

C'est une grande difformité dans la nature, a dit La Bruyère, qu'un vieillard amoureux : et comme toute difformité égaie aux dépens de l'homme qui en est la victime, il n'y a guère de sujet que les auteurs comiques aient plus souvent traité, et dont ils aient tiré plus volontiers des effets de rire. La comédie antique est toute pleine de vieillards poussant des soupirs ridicules aux pieds de jeunes tendrons, qui les raillent. La nôtre ne lui doit rien à cet égard : au dix-septième et au dix-huitième siècles, il semble que tout soit permis contre un homme à barbe grise qui a la faiblesse d'aimer encore ; on le berne, on le bafoue, on lui joue des tours pendables ; sa vue n'excite que des risées et des mépris.

Molière est peut-être le seul qui ait jamais, à cette moquerie cruelle, mêlé une note plus émue et plus profonde. Il y a un fond de douleur si vrai dans la plainte d'Arnolphe raillé par Agnès, que, malgré le grotesque de ses soupirs amoureux, malgré le côté de cheveux qu'il s'arrache, on se sent pris de compassion pour le pauvre homme. Et encore ne suis-je pas bien sûr que ce n'est pas nous qui, avec nos idées modernes, mettons de notre grâce dans le rôle d'Arnolphe cette tristesse mêlée de sympathie. Je pencherais à croire que Molière, fidèle aux traditions de la comédie qui hait les vieux, a poussé la cruauté jusqu'au bout, et qu'il a voulu Arnolphe complètement, entièrement ridicule.

Si l'amour chez un vieillard est une difformité, il est

aussi une souffrance. Il peut donc fournir une étude sérieuse et attendrie au poète tragique, tout aussi bien que l'auteur comique l'a pris pour texte de ses railleries. Au reste, c'est une remarque qui a été souvent faite, que tout sujet, quel qu'il soit, porté au théâtre, peut y être regardé soit par le côté triste, soit par le côté gai, et fournir indifféremment matière à un drame sombre ou à une amusante comédie.

Il faut savoir gré à Racine de sa hardiesse : c'en était une, au dix-septième siècle, de traiter un pareil sujet. La littérature moderne nous a familiarisés, nous, avec cette idée du vieillard amoureux sans ridicule. Elle nous a si souvent apitoyés sur son malheur, que nous nous sentons tout disposés à lui prodiguer, au lieu du rire qu'il recueillait autrefois, des consolations tendres. Qui ne se souvient de cette admirable page d'*Hernani*, où le vieux don Ruy Gomez exprime son amour à dona Sol, s'en excuse, et tire des larmes de tous les yeux, en lui peignant ses souffrances. Rien de plus pathétique que ce morceau :

> ... Écoute. On n'est pas maître
> De soi-même, amoureux, comme je suis de toi,
> Et vieux. On est jaloux ; on est méchant ; pourquoi ?
> Parce que l'on est vieux. Parce que, beauté, grâce,
> Jeunesse, dans autrui, tout fait peur, tout menace,
> Parce qu'on est jaloux des autres et honteux
> De soi. Dérision ! que cet amour boiteux
> Qui nous remet au cœur tant d'ivresse et de flamme
> Ait oublié le corps en rajeunissant l'âme !

Ces sentiments qu'analyse avec une émotion si profonde le vieux Ruy Gomez sont précisément ceux que Racine prête à Mithridate et qu'il met en action. A peine Mithridate est-il arrivé à Nymphée, traînant derrière lui le bruit d'une grande bataille perdue et de son empire détruit, qu'il ouvre son cœur à Arbate :

> Voilà par quels malheurs, poussé vers le Bosphore,
> J'y trouve des malheurs qui m'attendaient encore.
> Toujours du même amour tu me vois enflammé.
> Ce cœur nourri de sang et de guerre affamé,
> Malgré le faix des ans et le sort qui m'opprime,
> Traîne partout l'amour qui l'attache à Monime ;
> Et n'a point d'ennemis qui lui soient odieux
> Plus que deux fils ingrats que je trouve en ces lieux.

Là-dessus, on se récrie : « Voilà bien de quoi occuper et troubler un Mithridate ! » Eh, mais ! s'il ne s'en occupe ni ne s'en trouble, il n'y a plus de pièce, puisque la pièce, c'est la peinture des sentiments qui agitent un homme de son âge, amoureux d'une belle fille. Il trouve les deux fils qui ont cru à sa mort, installés juste dans la ville où il avait relégué Monime loin de tous les yeux. Et, tout de suite, il devient jaloux et mauvais : et pourquoi ? comme demande le Ruy Gomez de Victor Hugo :

> Mais parce qu'il est vieux. Parce que beauté, grâce,
> Jeunesse, dans autrui, tout fait peur et menace,
> Parce qu'on est jaloux des autres et honteux
> De soi…..

Il presse de questions Arbate, qui les élude ; l'entrée de Monime, qui survient à l'instant même, le délivre d'un interrogatoire gênant. Voilà Mithridate en présence de Monime ! C'est la scène à faire, n'est-ce pas ? Et voyez comme elle est faite.

Le premier mot d'un mari qui adore sa femme et qui la retrouve après une longue séparation et toutes sortes d'événements funestes, c'est naturellement une invitation à se rendre aux vœux de son amour. Monime lui a répondu comme fait toute honnête femme qui n'aime point :

> Seigneur, vous pouvez tout : ceux par qui je respire
> Vous ont cédé sur moi leur souverain empire

> Et, quand vous userez de ce droit tout-puissant,
> Je ne vous répondrai qu'en vous obéissant.

Avouez qu'il n'y a rien de plus piquant, pour un homme très amoureux, que cette froide obéissance. Mithridate en est vivement touché. Il n'est pas philosophe, lui, comme don Ruy Gomez. Il ne se dit pas du premier coup : « Si elle ne m'aime pas, c'est que j'ai des cheveux blancs » ; non, on ne s'avoue ces sortes de choses qu'à la dernière extrémité. Il va chercher toutes sortes de raisons qui n'en sont pas : « Si elle ne m'aime pas, moi, qui suis Mithridate, c'est apparemment que je viens d'être vaincu. Mais tout vaincu que je suis, je vaux mieux encore que tous ces freluquets. »

> Quand le sort ennemi m'aurait jeté plus bas,
> Vaincu, persécuté, sans secours, sans États,
> Errant de mers en mers, et moins roi que pirate
> Conservant pour tout bien le nom de Mithridate,
> Apprenez que, suivi d'un nom si glorieux,
> Partout de l'univers j'attacherais les yeux, etc...

Mais, bonhomme, elle sait bien que tu t'appelles encore Mithridate. Mais elle sait aussi que tu as soixante ans. Et c'est cela qui la refroidit. Écoute le vieux Ruy Gomez, qui est beaucoup plus sage que toi :

> Pourtant j'ai nom Sylva ; mais ce n'est pas assez.

Hélas ! non, ce n'est point assez. Ce pauvre Mithridate ! il ira tout le long du drame parlant de ses exploits, de sa renommée, tout comme Arnolphe expose à Agnès, pour s'en faire aimer, qu'il la fera monter au rang d'honorable bourgeoise. Cette perspective ne touche aucunement Agnès, non plus que l'idée d'être la femme d'un souverain puissant ne séduit Monime.

Que voulez-vous ? tous les vieillards amoureux disent la

même bêtise; ils se font tous valoir par des avantages extérieurs, qui peuvent éblouir un instant la femme qu'ils aiment, mais qui ne suffisent pas longtemps à cacher leurs rides. Le cœur n'en a pas, dit le proverbe. Que n'en est-il de même du front et des yeux?

Vous vous rappelez la mésaventure de Voltaire. Le malheureux grand homme, un soir à Commercy, entra, sans se faire annoncer, dans la chambre qu'occupait Mme du Châtelet; il la trouve en conversation tendre avec Saint-Lambert. Nous avons par son secrétaire, Longchamp, le récit très fidèle et de la scène de la surprise et de celles qui la suivirent.

— Ce n'est pas ma faute, disait la marquise à Voltaire. Vous êtes Voltaire, mais Saint-Lambert n'a que trente ans.

Voltaire avait commencé par éclater en reproches et en imprécations. Mais c'était un homme d'esprit. Il ne tarda pas à sentir l'impertinence de sa colère. Nous savons toute la série des sentiments par lesquels il passa, avant de se résoudre à tout comprendre, et vous n'ignorez pas que tout comprendre, c'est tout pardonner. Le lendemain, l'auteur des *Saisons* se présenta chez son rival, il commençait à balbutier quelques excuses; mais Voltaire ne lui laissa pas le temps d'en dire davantage.

— Mon enfant, lui dit-il en l'embrassant avec une touchante bonhomie, j'ai tout oublié, et c'est moi qui ai eu tort. Vous êtes dans l'âge heureux où l'on aime, où l'on plaît; jouissez de ces instants trop courts. Un vieillard, un malade, comme je suis, n'est pas fait pour les plaisirs.

Cette philosophie mélancolique n'est pas à l'usage de tout le monde. Il faut avoir beaucoup réfléchi, s'être examiné soi-même et fort longtemps et avec des yeux désintéressés, pour se détacher ainsi de la passion que l'on sent au fond du cœur et prendre le dessus.

Relisez par curiosité les articles et le volume que Sainte-Beuve a consacrés à Chateaubriand. Vous verrez l'illustre écrivain, à mesure qu'il vieillit, devenir plus jaloux et plus tristement jaloux des femmes qui se sont données à lui, les accabler du poids de sa gloire, s'étonner avec dépit quand leur amour se relâche, leur dire en propres termes qu'un quart d'heure de bonheur avec un homme comme lui, Chateaubriand, vaut une vie et une éternité — le mot y est — passé en compagnie d'un autre.

Une des plus jolies et des plus aimables amies de Chateaubriand vieillissant a conté, dans les *Enchantements de Mme Prudence*, la courte liaison qu'elle eut avec le grand artiste. On sent très bien, dans son récit, la progression de son amour; cet enivrement de vanité féminine qui lui monte d'abord l'imagination, la joie orgueilleuse qu'elle éprouve à lui donner le bras, puis le désenchantement d'une passion mal satisfaite, l'étonnement douloureux de Chateaubriand qui voit la femme lui échapper, et qui s'arme en vain de son grand nom pour la retenir.

Car c'est là point commun : tous sans exception croient que la gloire ou la fortune peut tenir lieu de la jeunesse. Tous refont à leur usage le discours de Mithridate. Eh! ne ne l'avons-nous pas vu exprimé en vers admirables dans ces fameuses *Stances à une Marquise*, que notre vieux Corneille, — hélas! il avait passé cinquante ans, quand il les écrivait — composa pour adoucir le cœur d'une inhumaine, et, nous pouvons l'ajouter, qu'il composa inutilement :

> Marquise, si mon visage
> A quelques traits un peu vieux,
> Souvenez-vous qu'à mon âge
> Vous ne vaudrez guère mieux.
>
> Le temps aux plus belles choses
> Se plaît à faire un affront;

> Il saura faner vos roses,
> Comme il a ridé mon front.
>
> . . . .
>
> Cependant j'ai quelques charmes
> Qui sont assez éclatants,
> Pour n'avoir pas trop d'alarmes
> De ces ravages du temps.
>
> . . . .
>
> Pensez-y, belle marquise,
> Quoiqu'un grison fasse effroi,
> Il vaut bien qu'on le courtise
> Quand il est fait comme moi.

Ainsi parlait Corneille ; c'est qu'il faut bien de la philosophie pour dire, avec la résignation mélancolique et douce d'un Voltaire cajolé par une jolie femme :

> Si vous voulez que j'aime encore,
> Rendez-moi l'âge des amours.
> Au crépuscule de mes jours
> Rejoignez, s'il se peut, l'aurore.
>
> Des beaux lieux où le dieu du vin
> Avec l'Amour tient son empire,
> Le Temps, qui me prend par la main,
> M'avertit que je me retire.
>
> De son inflexible rigueur,
> Tirons au moins quelque avantage,
> Qui n'a pas l'esprit de son âge,
> De son âge a tout le malheur.

C'est là le langage de la vraie sagesse. Mais si tous les hommes étaient sages, il n'y aurait point de romans ni de drames ; car les drames et les romans ne sont fondés que sur les passions des hommes.

Mithridate n'est point un sage : si j'ai rappelé à son propos, tous ces noms qui semblent n'avoir rien à faire avec lui, c'est précisément pour montrer que son cas est des plus fréquents, que la passion qu'a voulu peindre Racine est un des accidents les moins rares de l'amour et qu'il peut être marqué de traits assez généraux pour être compris d'un grand public.

Le premier de tous ces traits, c'est la jalousie, une jalousie d'une espèce particulière, qui conduit à la ruse et à la finasserie. Comprendriez-vous Pyrrhus ou Achille se dissimulant derrière une porte pour surprendre le secret d'un amour qu'on lui cache? Cette sorte de jalousie mesquine serait incompatible avec leur caractère et avec leur jeunesse. Mais voilà un vieillard qui veut avoir le cœur net d'un mystère dont il est obsédé. Il a recours à un artifice de vieillard.

Il se rencontre avec Harpagon dans le choix de la ruse. Eh! mais, c'est que tous les deux ont soixante ans. L'un est un usurier et l'autre un grand roi; la différence est grande, la distance énorme; mais tous deux sont des vieillards amoureux, et c'est pour cela qu'ils s'avisent du même stratagème. C'est une malice de vieux jaloux. Et j'en reviens là toujours : Racine n'a pas eu d'autre objet que de peindre toutes les fureurs de l'amour chez un vieillard.

Et alors, remarquons-le, je vous prie, ce même homme, qui disait tout à l'heure à Monime : « Je suis vaincu, mais ça ne fait rien, je m'appelle Mithridate, et vous pouvez m'aimer encore » ; du moment qu'il veut l'amener à croire qu'il a renoncé à elle, il sait fort bien retourner son habit :

> Enfin, j'ouvre les yeux, et je me fais justice,
> C'est faire à vos bontés un triste sacrifice
> Que de vous présenter, madame, avec ma foi
> Tout l'âge et le malheur que je traîne après moi.
> Jusqu'ici la fortune et la victoire même
> Cachaient mes cheveux blancs sous trente diadèmes.
> Mais ce temps-là n'est plus...

Il est dans le vrai, cette fois ; mais, ce qu'il y a d'admirable, c'est qu'il ne croit pas y être. C'est par ruse qu'il parle ainsi, afin de la tromper et de l'amener à se découvrir. Étrange subtilité des complications du cœur humain ! Voilà un homme qui, lorsqu'il est emporté par l'intérêt de sa passion, refuse de comprendre qu'on ne puisse pas l'aimer, qui commande qu'on l'aime, et qui cependant sait si bien les raisons pour lesquelles il ne peut plus être aimé qu'il s'arme de ces raisons mêmes contre la personne qui ne les lui a jamais opposées, qui les lui a seulement laissé soupçonner à travers son silence.

Mithridate a tiré de Monime le secret de sa passion pour Xipharès. Il n'est pas du bois de ceux qui rentrent en eux-mêmes, qui se rendent justice : non, c'est un homme accoutumé à la domination et dont les passions sont violentes. Xipharès le gêne, il s'en débarrassera. Quant à Monime, eh bien ! tout ce qui s'est passé entre elle et lui sera regardé comme non avenu ; elle le suivra à l'autel. Il vient lui enjoindre de le faire et les voilà encore une fois en présence l'un de l'autre.

Et alors nous voyons cet amour de vieillard se marquer d'un nouveau caractère, que n'a point oublié Victor Hugo dans sa merveilleuse analyse. Rappelez-vous ce que dit Ruy Gomez à dona Sol :

> ... Et puis, vois-tu, le monde trouve beau
> Lorsqu'un homme s'éteint, et, lambeau par lambeau
> S'en va, lorsqu'il trébuche au marbre de la tombe,
> Qu'une femme, ange pur, innocente colombe,
> Veille sur lui, l'abrite et daigne encore souffrir
> L'inutile vieillard qui n'est bon qu'à mourir.
> C'est une œuvre sacrée, et qu'à bon droit on loue
> Que ce suprême effort d'un cœur qui se dévoue,
> Qui console un mourant jusqu'à la fin du jour,
> Et, sans aimer peut-être, a des semblants d'amour !

Le vieillard amoureux prend la jeune femme qu'il aime par un des sentiments les plus nobles et les plus délicats qui soient en elle : la pitié tendre pour les faibles, pour les déshérités de la vie.

— Il ne me reste plus que ton amour au monde, ne me le retire pas !

Eh bien ! c'est ce que dit précisément Mithridate, non pas avec cette onctueuse sensibilité du Ruy Gomez de Victor Hugo, mais avec les emportements de violence qui conviennent à un despote irrité.

> Attendiez-vous, pour faire un aveu si funeste,
> Que le sort ennemi m'eût ravi tout le reste
> Et que de toutes parts, me voyant accabler,
> J'eusse en vous le seul bien qui me pût consoler ?

Est-ce qu'au fond, ce n'est pas le même sentiment ? et comprenez-vous alors pourquoi je me suis montré si dur envers Maubant qui joue ce rôle ? Ce n'est pas seulement parce qu'il a perdu le tonnerre de sa voix. C'est un accident fâcheux, mais qui pourrait laisser intact le talent du comédien. C'est qu'en vérité, Maubant ne nous montre rien de cette passion. C'est qu'il est toujours et uniformément solennel et furieux. C'est que toutes ces gradations de sentiments passent inaperçues dans son débit.

Que de tendresse, que de regrets, quelle affection au fond de ces reproches ! Vous rappelez-vous Arnolphe, rappelant tous ses prétendus bienfaits à la pauvre Agnès, qui ne lui répond qu'en le regardant de ses deux grands yeux clairs. Il fait pitié, ce brave homme ! N'avez-vous pas la même compassion de Mithridate :

> Ne vous souvient-il plus, cœur ingrat et sans foi,
> Plus que tous les Romains conjurés contre moi,
> De quel sang glorieux j'ai bien voulu descendre

> Pour vous porter au trône où vous n'osiez prétendre.
> . . . .
>
> Songez de quelle ardeur en Éphèse adorée
> Aux filles de cent rois je vous ai préférée.
> Et négligeant pour vous tant d'heureux alliés,
> Quelle foule d'États je mettais à vos pieds !

Je parlais de pitié plus haut ; mais on peut, à volonté, rire d'un pareil discours. Et que diable cela peut-il faire à Monime que Mithridate ait négligé tant d'heureux alliés ! Monime pourrait répondre comme Agnès :

> Horace avec deux mots en ferait plus que vous.

C'est que Monime, comme Agnès, comme toutes les femmes, suit l'instinct de la nature, qui veut que les jeunes gens se cherchent et s'aiment. C'est qu'elle est, comme dit Arnolphe lui-même, une *indocile bête*, une chatte, parfaitement égoïste, voluptueusement ingrate, qui n'a cure que de ses aises, et que l'odeur du lait chaud attire, beaucoup mieux que les plus beaux raisonnements du monde.

Mithridate, avec son grand nom, avec ses armées, avec son titre de roi et ses trente diadèmes, ne peut rien à cela. Il vient se briser contre un obstacle tranquille et doux, mais par cela même d'autant plus invincible. Et alors, il entre en fureur :

> Ah ! vous ne m'aimez pas, madame l'impudente.

Et il commande, et il menace, le sot, l'imbécile !

> C'est donc votre réponse, et sans plus me complaire
> Vous refusez l'honneur que je voulais vous faire !
> Pensez-y bien ! J'attends pour me déterminer.

L'honneur qu'il voulait lui faire ! Non, c'est à pâmer de

rire. Mais c'est toi qui as envie d'elle ; tu lui proposes de l'épouser : il n'y a pas d'honneur à cela, ou l'honneur est pour toi. Elle te refuse, et elle a raison, car tu es un désagréable sexagénaire et elle aime un beau jeune homme.

Mithridate reste seul, et, selon l'usage de la tragédie antique, Racine exprime, dans un monologue qu'il lui prête, toutes les raisons qu'il a, soit de se venger des deux amants, soit de leur pardonner.

Ses premiers mots, comme cela est naturel, sont de vengeance. Mais aussitôt que la réflexion reprend le dessus, il est impossible qu'un vieillard ne se rende pas compte de sa sottise ou du moins qu'il ne la sente pas obscurément. Il serait absurde de donner à un Mithridate la philosophique résignation de Voltaire, ou la mélancolie attristée de Ruy Gomez ; Racine prête à Mithridate les considérations qui doivent venir à un homme politique, à un chef d'empire.

Cette passion, elle est ridicule ! et il va lui sacrifier quoi ? Son fils !

> Un fils que Rome craint, qui peut venger son père !
> Pourquoi répandre un sang qui m'est si nécessaire ?
> Ah ! dans l'état funeste où ma chute m'a mis,
> Est-ce que mon malheur m'a laissé trop d'amis ?
> Songeons plutôt, songeons à gagner sa tendresse.
> J'ai besoin d'un vengeur et non d'une maîtresse.

Ces réflexions-là, qui ne les a faites, chacun dans la sphère de sa condition ? qui ne s'est dit : « Faut-il que je sois bête ? Où me mènera cette passion pour une femme qui ne peut pas m'aimer ? J'ai besoin de travailler, de me pousser, de gagner de l'argent ; je ferais bien mieux de l'abandonner au hasard de ses caprices. »

> Cédons là. Vains efforts qui ne font que m'instruire
> Des faiblesses d'un cœur qui cherche à se séduire
> Je brûle, je l'adore, et loin de la bannir...!

Et qui aussi ne s'est écrié douloureusement, tout bas, au fond de son cœur, et rougissant de sa sottise : « Ah! si l'on savait comme je suis stupide! »

> Et vous, heureux Romains, quel triomphe pour vous
> Si vous saviez ma honte et qu'un avis fidèle
> De mes lâches combats vous portât la nouvelle!

Et alors, l'inévitable retour sur le passé : « Faut-il que j'aie eu peu de chance pour me laisser ainsi prendre. »

> Ah! qu'il eût mieux valu, plus sage et plus heureux
> Et repoussant les traits d'un amour dangereux,
> Ne pas laisser remplir d'ardeurs empoisonnées
> Un cœur déjà glacé par le froid des années!

Il l'avoue donc, à la fin! Oui, c'est une grande difformité dans la nature qu'un vieillard amoureux! Mais que de chemin il a fait pour arriver à cette conclusion! et que de chemin nous avons fait avec lui! Nous avons passé en revue l'un après l'autre tous les sentiments dont se compose l'amour d'un vieillard pour une jeune fille; il est très vrai que nous les avons vus sous un angle particulier, puisque ce vieillard est Mithridate et qu'il s'adresse à Monime. Mais il n'importe! Nous avons fait le tour de cette passion! Nous en avons saisi tous les ressorts et toutes les manifestations. L'œuvre du poète tragique est accomplie.

Je n'irai point le chicaner ensuite sur son dénouement; sur le démenti que Mithridate se donne à lui-même quand, percé de coups, et sur le point de mourir, il dit à Xipharès qui l'a sauvé de la honte de tomber vivant aux mains de l'ennemi :

> Que ne puis-je payer ce service important
> De tout ce que mon trône eut de plus éclatant!
> Mais vous me tenez lieu d'empire et de couronne.

> Vous seule me restez; souffrez que je vous donne,
> Madame, et tous ces vœux que j'exigeais de vous,
> Mon cœur pour Xipharès vous les demande tous.

Sans doute, ce dénoûment est assez misérable. Mais je l'ai dit fort souvent, et j'en ai, à plusieurs reprises, exposé les raisons : le dénoûment ne compte pas dans les grandes œuvres. Quand une fois l'auteur dramatique a épuisé, sur une passion ou sur un caractère, tout ce qu'il avait à dire, il conclut comme il peut; et c'est un fort petit malheur si la conclusion est indifférente ou mauvaise. Mithridate tuerait son fils et Monime avant de mourir lui-même, en sauriez-vous davantage sur l'amour chez les vieillards? Assurément non ! Eh bien ! alors, qu'est-ce que cela vous fait qu'il pardonne? Il y a des gens qui aiment que les drames et les romans finissent bien. C'est le plus grand nombre. Je n'en veux pas trop à Racine d'avoir pensé à satisfaire les âmes sensibles et naïves.

17 février 1879.

II

MONIME

Quand M. Perrin, en 1879, reprit *Mithridate*, c'était surtout Monime qu'il avait en vue; il comptait que Mme Sarah Bernhardt y obtiendrait, au moins près des lettrés, un succès éclatant.

Mais c'était l'époque où la célèbre artiste, surmenée de travaux divers, tiraillée en tous sens par les devoirs qu'elle se forgeait elle-même, n'avait plus le loisir de s'occuper sérieusement de son théâtre.

— Il me serait indifférent, me disait M. Perrin avec un

chagrin mêlé de dépit, il me serait indifférent d'avoir, pour pensionnaire de la Comédie-Française, une tragédienne qui ferait de la sculpture à ses moments perdus. Ce que je ne puis admettre, ce qui me désole, c'est que j'ai une artiste statuaire, qui fait du théâtre quand il lui reste par hasard un peu de temps.

Mme Sarah Bernhardt n'allait point aux répétitions; elle n'apprenait même pas par cœur les vers du poète. Je la grondais de sa négligence, tout doucement, comme pouvait faire un homme de mon âge s'adressant à une jeune femme :

— Votre rôle de Monime, s'écriait-elle, secouant sa jolie tête blonde, c'est vous qui m'avez fourrée là dedans! Il n'y a pas un effet à faire! Montrez-moi un effet!...

Et je ne pouvais, en effet, lui montrer *un effet!*...

Racine ne s'est pas préoccupé de mettre des effets dans le rôle de Monime.

J'aurais bien pu répondre que l'idéal de l'art dramatique n'était peut-être pas de chercher des effets et de les faire; mais je n'avais garde de m'engager, avec une personne aussi prévenue, dans ces discussions philosophiques.

— Vous serez charmante dans Monime, lui disais-je, le rôle est taillé sur le patron de votre talent. Vous n'avez qu'à vous laisser aller à votre nature; sachez seulement le rôle, vous passerez Rachel.

— J'y serai exécrable! répétait-elle, furieuse. Ce sera de votre faute. Vous êtes insupportable avec votre Racine. Qui est-ce qui écoute Racine, à cette heure? Il n'a écrit qu'un rôle : celui de Phèdre. Mais Monime! c'est la pluie! il n'y a rien, rien, rien, je vous dis qu'il n'y a rien.

Mme Sarah Bernhardt est une artiste si heureusement douée qu'elle est capable de faire tout ce qu'elle veut. Elle s'était promis d'être mauvaise, dans un rôle où elle n'avait qu'à laisser tomber les vers de ses lèvres pour être exquise ; elle le fut, au delà même de ce que nous avions craint. Ce qu'il y a de plaisant, c'est que la même personne qui m'avait prédit son échec, qui me l'avait par avance jeté au visage, se fâcha tout rouge quand je l'eus constaté : avec quels ménagements de phrase ! de quelle plume légère et tendre ! Ah ! ce furent de beaux cris d'indignation et de colère. On était trahie ! on était — je crois que le mot fut dit — on était lâchée.

Nous nous réconciliâmes sur le dos de ce pauvre Racine ; j'avouai ingénument qu'il n'y avait pas plus d'effets dans le rôle de Monime qu'il n'y a d'accidents qui accrochent l'œil dans une Vierge de Raphaël, qu'il n'y a, dans une phrase de Mozart, de surprises pour l'oreille. Elle parut satisfaite de voir ma facilité à céder sur ce point de doctrine, jura qu'elle ne rejouerait plus le rôle, et cette fois-là tint parole.

Et je m'en allais, maugréant à part moi : « Des effets ! des effets ! mais l'effet suprême est parfois de ne pas faire d'effet. Quelle pauvre et misérable façon d'entendre l'art dramatique ! Quand on pense qu'il y a des artistes qui calculent sur une attitude, sur un geste, sur un éclat de voix pour changer le sens d'un vers, secouer un public ignorant ou frivole, et lui arracher des applaudissements de mauvais aloi. Cela s'appelle un effet. »

Eh bien ! non, il n'y a pas d'effet dans Monime. Car Monime, c'est la grâce mesurée et décente. Je ne puis la voir sans me rappeler le joli portrait que Taine a tracé quelque part des héroïnes de Mme de Lafayette :

« D'un bout à l'autre de son livre brille une sérénité charmante ; les personnages semblent glisser au milieu d'un air limpide et lumineux. L'amour, la jalousie atroce, les angoisses suprêmes du corps brisé par la maladie de l'âme, les cris saccadés de la passion, le bruit discordant du monde, tout s'adoucit et s'efface, et le tumulte d'en bas arrive comme une harmonie dans la région pure où nous sommes montés.... Ce sont les nerfs grossiers ou les esprits obtus qui veulent des éclats de voix; un sourire, un tremblement dans l'accent d'une parole, un mot ralenti, un regard glissé suffisent aux autres. Ceux-là devinent ce qu'on ne dit pas et entendent ce qu'on indique. Ils comprennent ou imaginent les transports et les tempêtes cachés sous des phrases régulières et calmes... »

Taine poursuit longuement cette analyse de la manière de Mme de Lafayette; il cite quelques-uns des plus aimables passages de la *Princesse de Clèves*, celui où Mme de Clèves, avec des délicatesses infinies de langage, laisse entendre au duc de Nemours qu'elle ne serait pas éloignée de l'aimer; la page où la malheureuse jeune femme, s'apercevant de son amour, se reproche comme un crime les émotions les plus involontaires et les plus fugitives, et déploie avec une grâce divine des trésors de pudeur et de générosité; il nous les fait admirer et continue en ces termes :

« Ce style et ces sentiments sont si éloignés des nôtres, que nous avons peine à les comprendre aujourd'hui. Ils sont comme des parfums trop fins; nous ne les sentons plus; tant de délicatesse nous semble de la froideur ou de la fadeur. La société transformée a transformé l'âme humaine... »

Oui, cela est vrai, nous ne comprenons plus la *Princesse de Clèves* que par un effort d'érudition classique et de goût littéraire dont les hommes très instruits sont seuls capables. Et voilà pourquoi Mme Sarah Bernhardt se plaignait de ne pas faire d'effets dans Monime. C'est qu'elle comptait pour rien le suffrage discret de trois ou quatre mille lettrés. Dans son appétit de la grosse popularité, elle ne voulait exprimer que les passions farouches et extrêmes, celles qui secouent violemment les nerfs de la génération contemporaine.

Monime est une sœur de la princesse de Clèves. Elle a vécu dans ce siècle mesuré et digne; elle y a appris la décence des mouvements, la noblesse du langage, la grâce des sentiments atténués et polis. C'est comme Bérénice, comme Esther, comme Aricie, une femme du dix-septième siècle, et elle est la plus harmonieuse et la plus charmante de toutes celles que Racine a mises en scène.

Je vois, dans les articles de quelques-uns de mes confrères, qu'on le blâme d'avoir ainsi peint, sous des noms anciens, des figures de son temps; mais c'est là justement son mérite. Tout théâtre représente des mœurs contemporaines. Les héros mythologiques d'Euripide sont avocats et philosophes comme les jeunes Athéniens de son siècle. Quand Shakespeare a voulu peindre César, Brutus, Ajax et Thersite, il en a fait des hommes du seizième siècle. Tous les jeunes gens de Victor Hugo sont des plébéiens révoltés et sombres, fils de René et de Child Harold. Au fond, un artiste ne copie que ce qu'il voit; il ne peut et ne doit copier autre chose. Le lointain et la perspective historique ne lui servent que pour ajouter la poésie à la vérité.

Je trouve dans la notice que M. Bernardin a mise en tête de son édition de *Mithridate* un récit curieux des premières représentations qui furent données de cette gédie à la cour :

« Lorsque Monsieur donna, en 1673, une fête brillante à Saint-Cloud pour Mme de Guise, pour le duc de Montmouth, récemment venu d'Angleterre, pour la princesse de Monaco, pour l'ambassadeur et l'ambassadrice d'Angleterre, la gazette nous dit que l'on entra dans un salon extraordinairement éclairé, et paré d'une merveilleuse profusion de fleurs dans des vases et cuvettes d'argent ; et la compagnie y fut très agréablement divertie de la représentation de *Mithridate* du sieur Racine par la seule troupe royale.

« C'est encore sur la même scène que Monsieur et Madame firent représenter *Mithridate*, lorsqu'ils reçurent, en 1680, la nouvelle Dauphine.

« Après le souper, dit le *Mercure galant*, toute la cour passa chez Madame, où l'hôtel de Bourgogne joua le *Mithridate*, de M. Racine. Le lieu qui devait servir de théâtre était préparé dans l'ancien salon. Des paravents d'une très grande beauté, entre lesquels étaient des guéridons d'argent, portant des girandoles garnies de bougies, faisaient la décoration de ce théâtre. Entre chaque guéridon, on voyait des pots remplis de toutes sortes de fleurs, avec des vases et des cuvettes d'argent.

« Au fond du théâtre, il y avait une manière d'amphithéâtre dressé dans la grande croisée qui regarde Paris.

« Cet amphithéâtre était plein de girandoles garnies de bougies, de vases et d'autres ouvrages d'argent, remplis de fleurs. »

Que dites-vous de ce décor? Le costume était à l'avenant. Étonnez-vous, après cela, que, dans ce milieu où respirait la magnificence du grand siècle, Racine ait jeté des personnages contemporains.

En ce temps de restitutions archéologiques, peut-être serait-il curieux de nous rendre une tragédie de Racine avec les décorations, les costumes et les ajustements de 1670.

Mais je n'y tiens pas trop pour ma part. Qu'y a-t-il de vraiment admirable dans les œuvres des maîtres? C'est ce qu'ils y ont mis de général et d'immuable. Ils ont, en faisant le portrait d'un contemporain, peint l'homme même, et cela seul est durable.

On pourra faire au *Mithridate* de Racine le reproche de ne pas ressembler au roi dont nous a parlé l'histoire. Mais il n'y aura jamais sur la terre un vieillard amoureux qui ne retrouve chez le héros du poète les emportements furieux, les douleurs cuisantes, les horribles angoisses, tous les sentiments en un mot dont il a souffert plus d'une fois. Qu'importe, après cela, que le *Mithridate* qui lui est donné par la tragédie ne remplisse pas exactement l'idée que les érudits se sont faite du roi de Pont tel que l'a dépeint Florus? A-t-il vu Florus? Sait-il seulement ce que c'est que le Pont? S'est-il formé une image exacte des souverains barbares contre qui Rome eut à lutter en ces temps éloignés de lui? Il n'a que vaguement et confusément entendu parler de toutes ces choses. Ce qu'il sait, en revanche, c'est que, lorsqu'on est à la tête de soixante ans et que l'on a le malheur d'aimer une jolie fille sans être aimé d'elle, on est enragé et l'on aurait quelque plaisir à la punir par un bon coup de couteau du crime d'aimer un rival plus jeune.

Et de même la charmante Monime, c'est, si l'on veut, une femme du dix-septième siècle; mais c'est aussi et c'est plutôt une femme de tous les temps. Depuis que le monde est monde, il y a eu des femmes pudiques et fières, qui se sont gardées contre les entreprises des hommes par une réserve hautaine; qui, alors qu'elles aimaient, n'ont laissé échapper le secret de leur cœur qu'à travers des délicatesses infinies de sentiments et de langage; qui ont préféré la mort à un semblant d'outrage.

Xipharès est, comme le disait Voltaire, un courtisan français, tout comme Hippolyte et comme Achille. Mais le respect de la femme aimée, cette crainte de s'ouvrir à elle de sa tendresse, le chevaleresque dévouement à son infortune ou à ses caprices, ce sont là aussi des qualités, qui se retrouvent chez l'homme dans tous les siècles.

Et c'est ce qui fait que les tragédies de Racine sont, quoi qu'on en dise, si intéressantes. Je ne parle que pour moi, qui porte peut-être en cette affaire un peu de parti pris, qui cède trop aisément à un préjugé de mon éducation première. Mais j'ai vu l'autre jour telle femme qui (j'en étais profondément sûr) ne savait pas, avant de venir au théâtre, un mot de la tragédie de Racine, qui ne s'en doutait même pas ; elle s'y est amusée comme à un mélodrame, et elle était même tout étonnée d'y trouver tant de plaisir. A la seconde représentation, le public a paru s'émouvoir tout entier, et il n'a point témoigné par son attitude qu'il crût écouter une de ces œuvres consacrées mais mortes, qui ne doivent plus inspirer qu'un respect mêlé d'ennui.

Il faut rendre cette justice aux jeunes gens à qui M. Perrin avait confié l'interprétation de *Mithridate*. Ils ont cherché à retrouver, sous la phraséologie racinienne, les passions exprimées par le poète, et ils les ont traduites avec autant d'énergie que s'ils eussent eu affaire à un drame moderne. Ils ont très heureusement rompu avec les traditions du *ronron* tragique.

C'est Silvain qui faisait Mithridate. J'ai grand plaisir à le louer. On lui a, parmi tous les éloges qu'il a reçus, adressé beaucoup de critiques. C'est que vraiment, dans ces grands rôles qui ont été retournés en cent façons, on demande trop aux artistes, on veut qu'ils traduisent trop de choses à la fois, et de choses qui sont souvent disparates.

Comme Mithridate est un roi barbare, on veut que l'acteur ait à la fois de la majesté et de la sauvagerie ; comme l'histoire nous apprend qu'il fut rusé et féroce, et que Racine d'ailleurs le peint tel, on exige que le comédien nous fasse sentir la profonde astuce du personnage en même temps que sa farouche violence; comme Mithridate est passionnément amoureux, mais cruellement despote tout ensemble, il faut que l'artiste donne au rôle un tour de mélancolie attristée et qu'il fasse par là-dessus sentir le ton impérieux du souverain oriental à qui nul ne résiste, surtout une simple femme.

Ce sont bien des affaires, et l'on complique ainsi, par cette multiplicité d'exigences, des rôles qui ne sont pas trop commodes à jouer, même quand on les aborde plus simplement. Je crois que, en effet, Silvain n'a pas l'air assez d'un roi et surtout d'un vieux roi. Mais il a joué quelques parties de son rôle avec un emportement extraordinaire, et il a dit avec une énergie peu commune certains vers où on l'attendait, comme celui-ci qui est fameux :

> La haine de cent rois, et la mienne peut-être !

Et cet autre qui a enlevé la salle :

> Et nos derniers regards ont vu fuir les Romains.

A côté de lui, il faut citer Martel. Martel, qui joue le rôle d'Arbate, n'a qu'un récit à faire. Mais vous remarquerez que nombre de confidents, chez Racine, ont ainsi un grand morceau de bravoure à dire, ce qui fait qu'on ne saurait abandonner le personnage à une simple *utilité*. Le récit d'Arbate, au cinquième acte, est un des plus animés et des plus beaux qu'ait jamais écrit Racine. Martel l'a jeté superbement d'une haleine, sans que le soin du détail souffrît en rien de la rapidité du débit.

24 juillet 1882.

IPHIGÉNIE

Cette pièce passe, non pas peut-être pour la plus géniale des tragédies de Racine, mais assurément pour la mieux faite, pour celle qui ménage le mieux, d'un bout à l'autre, l'intérêt et l'émotion. Laissant de côté tout ce qui a été dit à son sujet, — vous le trouverez dans les excellentes éditions qu'on met entre les mains des lycéens, — nous allons étudier, dans *Iphigénie*, le talent de l'homme de théâtre, et je vais vous montrer comment on fait une bonne pièce. Vous pensez bien que Racine n'a pas tant réfléchi que cela, il a été conduit avant tout par l'intuition; mais nous allons démonter les ressorts dont il est probable qu'il s'est servi.

Pour faire une pièce, il faut d'abord, n'est-ce pas? un argument, un thème, un sujet. Une pièce ne peut pas tenir en l'air; il est besoin d'un événement sur lequel elle s'appuie. Prenez toutes les tragédies inspirées de l'antiquité : vous pouvez en enlever le fait, autour duquel la pièce s'est, pour ainsi dire, cristallisée. Presque toujours, c'est un épisode de l'histoire ancienne ou une légende mythologique. Ici, c'est une légende mythologique; elle est très simple. Les Grecs se sont réunis en Aulide pour venger Ménélas à qui Pâris a enlevé sa femme, et ils veulent porter la guerre dans la ville de Pâris, à Troie. Mais ils sont retenus par un prodige extraordinaire : les vents s'obstinent à ne pas souffler. L'oracle, par la bouche de Calchas, a déclaré que les vents ne deviendraient favorables que si l'on sacrifiait Iphigénie. Celle-ci est fille d'Agamemnon ; on la lui demande au nom des intérêts de la Grèce. Il la cède ; elle est égorgée sur l'autel, et immédiatement les vents soufflent. Voilà toute la légende. Il y a là évidemment matière à tragédie, car nous y devinons des conflits de passions, et cela suffit. Les sentiments d'Agamemnon, les colères de sa femme Clytemnestre, la douleur d'Iphigénie sont de nature à former un sujet intéressant et varié.

Racine se dit d'abord : « Il n'est pas possible de traiter ce sujet ; il n'y a pas de dénouement. » Comment voulez-vous, en effet, que cette jeune fille vertueuse, charmante, à qui l'on aura intéressé le public pendant deux heures, soit égorgée à la fin ? Cela n'est pas admissible. Les Grecs, qui avaient senti avant lui le défaut de cette légende sanglante, comme toutes celles de l'époque antéhomérique, s'étaient avisés d'une solution : Euripide, au dernier moment, substituait une biche à son Iphigénie, que Diane venait enlever, et le tout se terminait par une apothéose. Racine, dans sa préface, toute pleine de modestie, explique fort bien que le dénouement d'Euripide n'aurait jamais pu être accepté des Français. Je crois, pour moi, qu'ils l'auraient accepté tout de même. Mais il est possible que, même au dix-septième siècle, la foi dans la mythologie n'ait pas pu aller jusque-là.

Donc, Racine allait renoncer à son sujet, quand une idée lui vint. « Au lieu de ravir en l'air mon Iphigénie et de lui substituer une biche, se dit-il, si je supposais une autre Iphigénie... c'est un nom qui peut avoir été porté par plusieurs personnes ; à cela rien d'extraordinaire. » Et justement, voilà qu'il rencontre, dans Pausanias, historien assez peu connu, un récit d'après lequel Hélène aurait eu, d'un amour de passage, une fille qu'on avait nommée Iphigénie, tout en l'élevant sous un autre nom. Racine s'empare de ce personnage ; c'est lui qui sera substitué à la fille d'Agamemnon, de par l'oracle même ; et nous avons notre dénouement. Il faut, maintenant, l'arranger en drame.

Le premier soin à prendre est de chercher les personnages qui devront concourir à l'action. Dans une pièce moderne, il y a beaucoup d'acteurs secondaires, qui sont là pour déterminer le milieu, comme on dit. Dans une tragédie classique, il n'en est pas ainsi : il faut que tous aient un rôle pour ainsi dire nécessaire. Ici, en voici trois qui s'imposent dès le premier abord : Iphigénie, évidemment, puisqu'elle doit être sacrifiée, puisque c'est autour d'elle que la pièce tourne ; Agamemnon aussi, puisque c'est à lui qu'on doit demander la victime, et qu'il peut la refuser ou l'accorder ; et enfin, Clytemnestre, puisqu'elle est la mère d'Iphigénie. Et maintenant, si vous voulez intéresser un public français, bien qu'il soit disposé assurément à plaindre beaucoup une jeune fille qu'on envoie à la mort, vous réussirez certainement plus encore, en lui faisant voir que cette jeune fille était aimée, qu'elle aimait elle-même, et que toutes ses espérances d'un bonheur très légitime sont moissonnées dans leur fleur. Il faut donc donner un amant, comme on disait alors, un fiancé si vous aimez mieux, à Iphigénie. Où le prendre, sinon dans la légende elle-même ? Or, la légende nous dit que la fille d'Agamemnon fut recherchée d'Achille. Voilà donc un quatrième personnage qui devra, lui aussi, concourir à l'action. Sera-ce tout ?

Pour déterminer Agamemnon à sacrifier sa fille, il nous faut la parole de Calchas. Mais, si l'on vous dit seulement : « Calchas l'a demandée ; » cet ordre, qui vient de la cantonade, ne vous frappera pas assez, il n'entrera pas bien avant dans l'esprit du public. Il faut quelqu'un que vous puissiez voir, et qui vous dise : en regard de ces sentiments qui militent pour sauver la vie à Iphigénie, il y a de grandes idées qui ont beaucoup de force : c'est l'intérêt de la Grèce, la volonté des dieux et c'est l'espoir d'abattre l'orgueil de Troie. D'où nécessité d'un nouveau personnage. Quel sera-t-il? Racine a dû hésiter, et sans doute il a pensé d'abord à Calchas. Il pouvait, dans une scène à effet, lui faire proclamer l'ordre terrible de la divinité. Mais, une fois cette proclamation faite, que restait-il pour le rôle de Calchas? Les dieux ont parlé : il fait savoir ce qu'ils ont dit; que voulez-vous qu'il ajoute de plus? Qu'il le répète deux fois, trois fois? Ce n'est pas cela qui fera des scènes. Et puis, Calchas sera désagréable aux femmes. Elles diront : « Il ne vient là que pour demander cette jeune fille si douce, si charmante; il est abominable, ce vieux prêtre. »

A sa place on pouvait mettre Ménélas. Mais Ménélas joue un rôle fâcheux dans cette affaire. C'est pour ravoir sa femme qu'on fait tout cela. Il aurait assez mauvaise grâce à venir dire à Agamemnon : « Sacrifiez votre fille, pour qu'on me rende ma femme. » Il n'avait qu'à la garder, sa femme! Et puis, dans la situation où est Ménélas, un roi, comme un bourgeois, n'inspire jamais qu'un certain sentiment de gaieté aimable.

Restaient Nestor et Ulysse. Nestor, nous le considérons dans l'idée que nous nous en sommes faite d'après Homère et Fénelon, comme un vieillard, des lèvres duquel coule la sagesse, et qui jamais ne consentira à une cruauté, quelle qu'elle soit. Ulysse, au contraire, nous a toujours été montré comme un politique qui subordonne les sentiments de la nature humaine à des idées plus pratiques. Aussi est-ce lui, en définitive, que Racine a dû choisir pour exprimer ces fortes idées de patriotisme, de vengeance et de gloire, qui détermineront l'âme d'Agamemnon.

Voilà tous nos personnages. Et la fausse Iphigénie? Puisqu'on la sacrifiera, il faut bien que nous la connaissions. Ah! c'est ici la grande originalité, qui fait de cette pièce, au point de vue de la construction, une merveille d'ingéniosité. Il était très facile de nous donner Eriphile comme un personnage de troisième plan : on l'aurait montrée deux ou trois fois, et une dernière fois au dénouement. C'est ainsi que, dans nos comédies, il y a souvent un acteur qui n'est là que pour épouser : sans lui, au dernier acte, il resterait toujours une pauvre femme dont on ne saurait que faire ; on la lui colloque.

Racine a dû d'abord voir les choses ainsi ; mais il s'est dit : « Si je veux que cette jeune fille soit égorgée, il faut que le public, loin d'en être fâché, le désire avec moi ; et il faut pour cela que ce soit une mauvaise fille. Il ne suffit pas que je la présente comme la rivale d'Iphigénie, car cet amour n'a rien d'odieux ; elle a droit de vivre tout comme Iphigénie, et de cette façon j'aurai un personnage sympathique qu'on n'égorgerait pas et un second personnage sympathique qu'on égorgerait : je n'aurais rien gagné à mon invention. Il faut donc absolument que cette fausse Iphigénie ne soit pas aimée du public, de telle sorte qu'il dise à la fin : Ah! comme c'est bien fait! Elle l'a bien mérité. »

Bref, en creusant cette idée, Racine a trouvé un caractère très curieux : celui de la fille, non pas jalouse, — car, connaissant l'amour d'Achille pour Iphigénie, il est naturel qu'elle soit jalouse, et ce sentiment pourrait lui valoir quelque sympathie, mais de la fille envieuse, nourrie de tout ce qu'il y a d'amer, de crispé, de rageur dans l'envie. Vous avez connu de ces femmes, — et même de ces hommes, n'est-ce pas? — qui sont la proie d'un tempérament bi-

lieux et désagréable, toujours prêts à récriminer, à s'écrier :
« Ah! il n'y a qu'à moi que ces choses-là arrivent. Pas de
danger que celle-là soit malheureuse! Mais moi, moi, je
tomberais sur le dos, je me casserais le nez. » Ces personnes-
là non seulement se rongent de leurs propres ennuis, mais le
plaisir que donne généralement le bonheur des autres, elles
le changent en fiel, et ce fiel s'échappe de leurs bouches
dans leurs moindres paroles. Je me les figure maigres, —
elles seraient grasses que cela n'y changerait rien, — mais
je les vois maigres, la bouche pincée, les yeux jaunes, le
teint fiévreux. Telle est Ériphile. En approfondissant ainsi
ce rôle, Racine en a fait un personnage de première importance. Elle n'est pas toujours en scène, il est vrai; mais
c'est un faux mauvais rôle, et les actrices ne s'y trompent
pas. Pour un acteur, un mauvais rôle est celui où il n'a pas
grand'chose à dire : il aime bien mieux ceux où il tient le
crachoir pendant deux heures : tel celui de Phèdre; mais
aussi de pareils personnages ont un grave inconvénient :
c'est qu'ils font à eux seuls toute la pièce. Quand l'actrice
s'appelle la Champmeslé ou Mlle Réjane, cela va bien;
mais, après elles, faute de pareils secours, la pièce risque
d'être longtemps sans pouvoir tenir la scène. J'ai toujours
pensé que c'étaient là des rôles énormes, accablant les épaules de qui les porte. Parlez-moi, au contraire, d'un rôle dont
la responsabilité ne soit pas lourde, dont le public se dise
qu'il y a bien peu à en tirer, et qui pourtant puisse être
d'un très grand effet. Voilà le rôle avantageux! Tout l'honneur en rejaillira sur le comédien. Les actrices qui sont ma-
lignes comme des singes, le savent bien, et ce sont ceux-là
qu'elles demandent. Il y a, d'une part, de faux bons rôles :
tel est celui de Chimène par exemple, qui n'a que deux ou
trois mots admirables à dire et qui est toujours en scène, et
toujours rageuse : pour ces rôles-là, comme on ne peut pas

s'en prendre à l'auteur, à Corneille, on dit que c'est la faute de l'actrice, ce qui est injuste. Mais, d'autre part, il y a de faux mauvais rôles comme celui d'Eriphile; et de ceux-ci, en revanche, l'actrice a tout le profit.

Les caractères des personnages que Racine met en scène sont indiqués par les noms mêmes de ceux qui les portent. Il est évident qu'Agamemnon sera impérieux; Clytemnestre, violente et emportée; Iphigénie, douce, tendre, résignée. Quant à Ulysse, il aura toute la fermeté d'un roi politique. Achille sera un guerrier impétueux, irascible et un peu vantard, si vous voulez. Ce sont là des rôles tout faits; Racine n'a eu à créer que celui d'Eriphile. Il faut maintenant distribuer notre sujet en actes et en scènes. Les jeunes gens d'aujourd'hui s'avisent de ne prendre qu'une situation, sans nous dire ni ce qu'il y avait avant, ni ce qui vient après. Ils font quelquefois ainsi une scène très vive, qui emballe les spectateurs, et ils appellent cela une pièce. Trois mois après, personne n'y songe plus. En effet, ce n'est pas assez de nous donner un quatrième acte sans rien autour, ce n'est pas là un plat de résistance, une œuvre de théâtre. Racine a développé au contraire son *Iphigénie* avec une ingéniosité que Scribe lui-même n'aurait pas surpassée.

1er décembre 1898.

PHÈDRE

I

LES RÔLES DE PHÈDRE ET D'HIPPOLYTE

J'arrive à ce qui a été l'événement de la semaine, à la reprise de *Phèdre* pour la continuation des débuts de Mlle Rousseil et de Mounet-Sully.

Ce serait bien le cas de s'écrier avec Racine :

> Que les temps sont changés !...

Combien de fois n'ai-je pas vu, sous l'administration de M. Thierry, *Phèdre* jouée à la Comédie-Française et jouée tout aussi bien, mieux même à de certains égards, qu'elle ne l'a été l'autre soir. Ce n'était pas alors un événement, il s'en fallait de tout ! La salle était plus d'aux trois quarts vide. Un public fatigué, somnolent, que rien n'arrachait de sa torpeur. C'était Devoyod, en ce temps-là, qui représentait les princesses tragiques. Elle avait bien des défauts, mais elle était belle, de taille imposante, avec l'allure magnifique d'une reine. Le diadème allait bien à cette tête superbe, où étincelaient des yeux profonds et noirs. Elle n'eût pas mieux demandé que de remuer les foules, mais l'heure de la tragédie n'était pas encore arrivée, et les foules s'obstinaient à ne pas venir.

— Quel courage, me disait-elle, quand je hasardais quelques observations sur son jeu, quel courage ne faut-il pas pour lutter contre l'indifférence du public. Est-ce que vous, vous écririez d'aussi bon cœur, si vous saviez que vos articles ne seront lus et goûtés de personne? C'est une cave que la tragédie!

Et le fait est qu'elle s'y débattit durant dix ans dans les ténèbres. Elle en sortit juste le jour où la cave allait s'illuminer. La salle était pleine l'autre soir, et si l'on songe que cette affluence s'est produite en plein mois de septembre, quand toute la bonne compagnie parisienne est encore aux eaux, aux bains de mer ou à la chasse, on se rendra compte de la révolution qui s'est faite en quelques années dans le goût des Français. J'ai également assisté à la seconde représentation, qui a été tout aussi brillante. Je parle du public, bien entendu, et non de l'exécution de la pièce.

Il faut bien avouer que celle-ci a été médiocre.

Phèdre est plutôt une admirable étude du cœur féminin qu'une bonne pièce de théâtre, au vrai sens du mot. Il n'y a qu'un rôle qui absorbe tous les autres. Les péripéties de l'action sont peu nombreuses et peu intéressantes; ou plutôt, il n'y a point d'action. L'auteur fait le tour d'une passion; chacun des côtés qu'il examine l'un après l'autre lui est un nouveau sujet de développement, et la pièce est finie quand l'exploration est terminée. Il suit de là que *Phèdre* ne comporte qu'un rôle, et c'est celui de Phèdre.

C'est peut-être la seule tragédie de Racine qui présente cette particularité fâcheuse.

Andromaque fournit quatre rôles, dont la beauté sans doute est inégale, mais qui ont chacun leur importance; *Britannicus* en compte trois; *Iphigénie* cinq, dont le plus beau est donné à un personnage accessoire : Eriphile; on en trouverait trois au moins dans *Athalie*; deux dans

Bajazet : celui de Roxane, et celui d'Acomat ; deux dans *Mithridate*. Je ne parle pas de *Bérénice*, qui n'est qu'une délicieuse élégie.

Phèdre est seule. Elle occupe le devant de la scène, et tout le temps, présente ou absente, elle dérobe au public la vue des autres personnages qui ne sont guère que des comparses chargés de lui donner la réplique, de mettre en lumière les différents traits par où se caractérise son amour. Le drame est pour ainsi dire absorbé tout en elle. Ce défaut, qui est déjà sensible à la lecture, devient bien plus criant au théâtre, quand l'actrice chargée du personnage de Phèdre n'est pas une artiste de premier ordre.

On ne s'en apercevait guère à l'époque où Mlle Rachel le jouait. Vous savez qu'en ce temps-là on n'allait pas au Théâtre-Français pour entendre l'œuvre du poète, mais pour écouter une virtuose. On était donc enchanté qu'elle s'emparât de la scène tout entière, et qu'elle ne laissât que peu de place aux figurants, que l'on affectait de ne pas écouter. Je n'étais malheureusement pas à Paris quand s'y donnaient les représentations de Mlle Rachel, mais c'est une tradition constante au théâtre, qu'à peine était-elle sortie de scène, le public bâillait ou lorgnait les loges ou étalait sans pudeur le journal du soir.

Les choses ne vont plus ainsi : la salle se montre attentive d'un bout à l'autre de la pièce. Ce n'est pas seulement parce qu'il nous manque une Rachel qui captive toute l'attention et la ramène à soi ; non, c'est que le goût de la tragédie étant revenu, le public se rend à la Comédie-Française pour écouter le drame et s'y intéresser. Il y a donc pour lui un désappointement ins sensible quand toutes les parties n'en sont pas équilibrées, quand les scènes, d'où le personnage principal est retranché, languissent sans intérêt et sans couleur.

Ce défaut était pallié, au temps de Racine, par la Champmeslé; il le sera toutes les fois qu'une grande artiste remettra la main sur ce rôle prodigieux de Phèdre. Il a éclaté en plein, l'autre soir, et il s'est produit un phénomène bien curieux. Le rôle de Phèdre, qui est le premier, en qui tout se ramasse et se résume, a paru reculer au second plan, s'évanouir et se fondre dans une interprétation grise et terne. Les personnages accessoires, en revanche, nous ont fait l'effet de venir à la rampe; ils ont pris une importance énorme, contre l'intention de Racine, qui ne la leur avait pas donnée.

Il y a eu comme un renversement des lumières et des ombres ménagées par le poëte. On a écouté avec un plaisir très vif les scènes où d'autres que Phèdre étaient en jeu; et elles sont peu nombreuses, courtes, et relativement assez médiocres. On s'est ennuyé — *ennuyé* est peut-être un mot un peu vif — on n'a pris qu'un plaisir de curiosité rétrospective aux magnifiques développements de passion qui constituent le personnage de Phèdre.

Mlle Rousseil est une personne très intelligente, et qui a reçu de la nature d'assez beaux dons. Elle possède une voix extrêmement tendre dans les notes hautes; elle a réussi, par un long travail, à la sombrer, et elle en tire des effets très pathétiques. Elle sait son métier et joue avec une conscience rare. Que lui manque-t-il donc pour réussir dans *Phèdre?* Peu de chose, en vérité; mais ce peu de chose est tout. C'est la passion qui fait défaut; la passion vraie et communicative. Mlle Rousseil comprend le rôle, mais elle ne le sent pas et ne le fait pas sentir. Regardez son visage : le masque est d'une impassibilité singulière; cette absence de physionomie reflète un cœur d'où n'a jamais jailli la source des larmes.

Elle est très habile à varier les nuances de son débit;

elle donne aux passages attendus leur accent consacré ; de tout l'ensemble de son jeu il s'échappe une envie de bien faire, qui ne laisse pas d'exciter pour l'artiste une certaine sympathie ; on serait enchanté de se sentir ému ; on s'en veut à soi-même de ne pas l'être. On ne peut en venir à bout. Elle laisse son monde froid. Tout cela est proprement, correctement fait ; point de critique à présenter. Les gestes sont presque tous justes et suffisamment nobles ; les intonations sont irréprochables ; tout est parfait, mais d'une perfection vulgaire et plate.

Les progrès de Mounet-Sully sont si évidents qu'ils ont frappé les yeux, même de ceux qui sont le moins sympathiques à ce jeune artiste. Un de nos confrères, avec qui j'aime souvent à me rencontrer dans ces appréciations, l'a trouvé très mal habillé ; il l'a comparé, faisant allusion à son carquois, à un amour de carnaval. Le public ne m'a pas paru être de cet avis, et je n'en suis pas du tout. Le costume, si je ne me trompe, a été exactement copié d'un tableau, qui est de Guérin, je crois. Hippolyte porte sur lui l'attirail de la chasse antique ; c'est la tradition grecque qui le veut ainsi, et je louerais plutôt Mounet-Sully de s'y être conformé. C'est une réforme que toute la critique demandait depuis longtemps sans l'obtenir. Le jeune artiste, qui est, comme on le sait, fort bien de sa personne, porte très élégamment ce costume riche et sévère.

On n'a pas, en général, approuvé le ton qu'il a donné à la grande scène de la déclaration au second acte. Il l'a, en effet, jouée de toute autre façon que ses devanciers. Il a été très frappé des épithètes dont Racine caractérise l'amour d'Hippolyte, *farouche, sauvage*, et il a cherché à traduire par le geste, le son de voix et l'impétuosité du langage, cette impression que le héros est en effet un hôte des forêts, qui aime pour la première fois, et ne sait former que des *vœux mal exprimés*.

Le malheur est que les vers du poète résistent à cette interprétation du comédien. Il est impossible, au contraire, d'entendre jamais une déclaration plus mesurée, plus noble, plus harmonieuse; le plus poli des courtisans, à Versailles, n'eût pas parlé d'autre façon à la dame de ses pensées.

Je crois que Mounet-Sully fera bien d'en revenir tout bonnement à la manière de ses prédécesseurs qui disaient ces galanteries charmantes de l'air dont on fait un compliment à une belle princesse. Qu'il songe que ce rôle a été primitivement joué en perruque et en chapeau à plumes.

Il a emporté tous les suffrages dans la scène où il se défend, devant son père, contre les accusations de Phèdre. La grande tirade :

D'un mensonge si noir justement irrité

a été dite à merveille, avec beaucoup de douleur et de tendresse; et le fameux vers :

Le jour n'est pas plus pur que le fond de mon cœur,

a soulevé de longs applaudissements. Ce rôle comptera parmi les meilleurs qu'ait joués Mounet-Sully.

A côté de lui M⁽ᵐᵉ⁾ Sarah Bernhardt a ravi tout le public. Et cette fois, il a bien fallu se rendre, et toutes les mauvaises humeurs qu'avait éveillées sa fortune rapide ont dû céder devant l'évidence. Il est certain que jamais on n'a mieux dit les jolis vers du rôle d'Aricie qu'ils ne l'ont été par M⁽ᵐᵉ⁾ Sarah Bernhardt. C'est proprement une musique que sa voix, et la diction est d'une pureté, d'une transparence qu'on ne saurait s'imaginer. Un frémissement de plaisir a passé dans tout l'auditoire quand elle a soupiré de sa voix si tendre et si coquette tout ensemble ces vers si connus :

> Mais de faire fléchir un courage inflexible,
> De porter la douleur dans une âme insensible,
> D'enchaîner un captif de ses fers étonné,
> Contre un joug qui lui plaît vainement mutiné,
> C'est là ce que je veux...

Aricie n'a que deux scènes : l'une au second, l'autre au cinquième acte. J'aime moins Mme Sarah Bernhardt dans cette dernière. Aricie fait une suprême démarche auprès du père de son amant ; elle est au désespoir, elle le prie, elle le supplie, elle sanglote ces vers :

> Cessez ; repentez-vous de vos vœux homicides,
> Craignez, seigneur, craignez que le ciel rigoureux,
> Ne vous haïsse assez pour exaucer vos vœux.
> Souvent, dans sa colère, il reçoit nos victimes ;
> Ses présents sont souvent la peine de nos crimes.

Mme Sarah Bernhardt s'est avisée d'une autre interprétation qui me paraît moins touchante. L'air inspiré, le bras tendu, la voix animée d'un accent prophétique, semblable à la druidesse Velléda menaçant le centurion romain, elle semble lancer à Thésée une malédiction. Cette façon de comprendre le morceau est d'autant moins bonne, que Thésée lui répond tout de suite :

> J'ai vu, j'ai vu couler des larmes véritables ;

ce qui veut probablement dire : celles que vous versez sont fausses et je n'y crois point. Il faut donc qu'Aricie en ait répandu et qu'elle en répande encore. Et le couplet me semble en effet bien plus douloureux, bien plus pathétique quand on le laisse tomber, au milieu des sanglots, sur le ton de la prière et de la plainte. Les réflexions générales par lesquelles il se termine, au lieu d'être de froides maximes, deviennent d'ardents épiphonèmes arrachés à la passion.

Je ne sais pas, dans le théâtre antique ni dans le théâtre moderne, de rôle plus franchement mauvais que celui de Thésée. Il est froid et ridicule, c'est celui d'un sot très solennel, qui parle toujours à contre-temps. Maubant y est tout à fait digne. Et quel casque! quelles jambières! quel ceinturon! Tout cela ruisselle d'or! Mais il faut croire que son casque le gêne; car il ne le garde sur la tête que juste assez de temps pour éblouir la salle.

Martel a fort bien détaillé le récit de Théramène, que j'ai plus d'une fois entendu dire à Beauvallet d'une façon tout à fait supérieure.

22 septembre 1873.

II

Mme SARAH BERNHARDT DANS « PHÈDRE »

Eh bien! non, je ne veux pas attendre huit jours pour vous parler de cette inoubliable représentation, pour vous dire l'émotion profonde de toute une salle charmée et fondant en larmes, pour vous conter l'enthousiasme et les acclamations et les rappels du public.

La représentation de *Phèdre* avait été précédée d'une conférence de notre confrère en critique théâtrale Jules Lemaître, l'auteur des *Rois* que l'on joue en ce moment même avec tant de succès à la Renaissance. Toute la première partie de cette conférence a été exquise; un pur ravissement. Jules Lemaître nous a expliqué pourquoi Racine, après avoir écrit *Phèdre*, avait renoncé pour jamais au théâtre. On croit généralement que c'est par dépit, par mauvaise humeur de poète mécontent d'un échec. Mais ces chagrins-là sont de ceux dont on se console, et puis il n'est pas vrai de dire que *Phèdre* soit tombée. Elle a fort bien tenu contre les efforts de la cabale, elle a eu pour elle l'approbation des grands connaisseurs et l'admiration de Boileau publiquement exprimée.

Non, les raisons qu'a données Lemaître sont d'une psychologie bien plus subtile, bien plus pénétrante et plus raffinée aussi. Racine avait cru faire de sa Phèdre une chrétienne à qui la grâce efficace avait manqué et apporter ainsi un nouveau témoignage aux doctrines de ses maîtres : les solitaires de Port-Royal, qu'il avait eu le tort de contrister par des lettres impertinentes. C'était pour lui une façon de rentrer en grâce auprès du grand Arnaud. *Phèdre* était, en sa pensée, un ouvrage d'édification pieuse.

Mais quand il l'eut achevée et quand il la vit si sensuelle et si troublante, il trembla devant elle : il eut peur de son œuvre. Il se dit qu'un art qui le faisait ainsi dévier de ses intentions premières, qui l'obligeait à semer de mauvaises pensées parmi les hommes, était un art dangereux et funeste; il se résolut à brûler ce qu'il avait adoré; il eut sa nuit d'angoisse, comme le philosophe Jouffroy.

Ce thème, présenté d'une façon aussi sèche, ne vous dit peut-être pas grand'chose. Mais vous ne sauriez croire de quelles grâces exquises le langage de Jules Lemaître l'a paré. Il a enchanté son auditoire. Si je n'insiste pas, c'est que la conférence paraîtra un de ces jours en feuilleton et que vous aurez plus de plaisir à en prendre connaissance dans le texte même que dans une froide analyse.

Mme Sarah Bernhardt avait déjà joué une fois l'an dernier, en traversant Paris, le rôle de Phèdre pour une fête de charité. Le hasard avait fait que justement, cette semaine-là, j'étais absent de Paris, m'étant engagé pour une conférence en province. J'avais, à mon retour, entendu beaucoup parler de cette représentation, je m'étais défié d'un enthousiasme dont l'expression ne laissait pas de me paraître exagéré. Je me souviens de Mme Sarah Bernhardt dans ce rôle à la Comédie-Française, alors qu'elle était déjà dans tout l'éclat de sa jeunesse et de sa gloire. Elle y avait des parties admirables ; elle était loin de le posséder tout entier : elle manquait de voix au quatrième acte; elle était forcée de crier et l'on avait, en l'écoutant, la sensation pénible de l'effort qu'elle faisait ; on craignait que cette voix surmenée ne se brisât dans sa gorge. Je ne pouvais croire qu'elle eût gagné, à courir l'Europe, plus de maîtrise d'elle-même qu'elle n'en avait alors.

La tentative qu'elle faisait à la Renaissance m'inspirait quelques inquiétudes.

Elles ont été vite dissipées. Chose étrange, inouïe, inexplicable, mais qui est vraie cependant : Mme Sarah Bernhardt est plus jeune, plus éclatante et, tranchons le mot, plus belle qu'elle n'a jamais été, d'une beauté artistique qui fait passer dans tout le corps un frisson d'admiration comme à l'aspect d'une belle statue.

Que de fois nous avions entendu, et par combien d'actrices ces plaintes douloureuses de Phèdre :

> N'allons point plus avant! demeurons chez Œnone.
> Je ne me soutiens plus, ma force m'abandonne;

et toute cette confession que lui arrache vers à vers sa nourrice ! Nous ne pensions pas que l'on pût rien nous révéler sur un texte interprété si souvent et de tant de façons. Que vous dirai-je? Les pleurs ont jailli de nos yeux quand nous l'avons vue s'affaisser sur son fauteuil la tête penchée sur sa nourrice avec des gémissements d'enfant qui souffre. Non, vous n'imaginez pas l'infinie variété de ses intonations, l'élégance morbide de ses attitudes et de ses gestes, l'intensité de désespoir qui se dégage de toute sa personne et cette divine poésie dont elle est enveloppée toujours comme d'un brouillard lumineux. C'est d'une beauté achevée. C'est l'idéal dans la perfection.

Je l'ai, pour ma part, moins aimée au second acte, où il me semble qu'elle s'est emballée un instant et où elle a crié. Je crois du reste que la scène de la Renaissance est trop étroite et doit la gêner. Phèdre doit être attirée peu à peu vers Hippolyte, comme par une sorte de magnétisme ou, si vous voulez, d'auto-suggestion irrésistible ; si, dès le premier couplet, elle est presque sur Hippolyte, elle ne peut plus figurer aux yeux le mouvement de l'action par le mouvement du corps.

Nous l'attendions tous au quatrième acte, et j'avoue que le cœur me battait bien fort : quelle joie ! quelle délice ! elle y a été admirable ! Elle a traduit toutes ses violences de passion avec une force merveilleuse et sans qu'il en coûtât jamais rien ni à la pureté de son organe ni à l'eurythmie de ses mouvements.

Et que de trouvailles elle a faites ! Des trouvailles inattendues, d'une vérité, d'une adresse étonnantes ! Il y a un « misérable » que Mlle Rachel a rendu célèbre et qui a été, depuis, l'écueil et le désespoir des tragédiennes. Mme Sarah Bernhardt elle-même le criait sans lui donner l'expression, car elle n'a pas la voie sombrée que le mot exige pour être lancé avec une vibration qui soulève le public. Elle a tourné la difficulté par un artifice dont elle seule était capable. Vous vous rappelez les vers qui précèdent :

> Mes crimes désormais ont comblé la mesure :
> Je respire à la fois l'inceste et l'imposture.
> Mes homicides mains, promptes à me venger,

> Dans le sang innocent brûlent de se plonger,
> Misérable!...

Toutes les actrices, sans excepter Mlle Rachel, disaient ces vers avec une sombre horreur d'elles-mêmes et, arrivant au dernier terme du désespoir, elles s'arrêtaient un instant pour lancer à toute volée le fameux : misérable!

Mme Sarah Bernhardt, par un trait de génie, a changé cette interprétation. Elle a dit ce vers :

> Mes crimes désormais ont comblé la mesure

de l'air et du ton dont un homme enragé contre lui-même et contre les dieux, s'écrierait : « Ah! bien! cette fois, c'est complet! il n'y a pas moyen d'aller au delà! », du ton d'Oreste poussant le cri de résignation rageuse :

> Eh bien! je meurs content! et mon sort est rempli!

Remarquez que cette interprétation, pour être nouvelle, n'est pas moins vraie et juste, et comme elle facilite à l'actrice le « misérable! » qui n'est plus du tout celui de Rachel, mais qui est tout aussi terrible.

Et dire que, sur chacun des vers de ce quatrième acte, il y aurait à faire un commentaire semblable! Elle a eu un « tu le savais » qui a fait tressaillir la salle. Toutes les élèves du Conservatoire vont l'adopter. Oui, mes enfants, vous le redirez toutes; mais ce ne sera plus cela. Étudiez comme Mme Sarah Bernhardt l'a préparé. Comme elle a dit lentement, avec un air de chercher dans sa mémoire :

> Comment se sont-ils vus? Depuis quand? Dans quels lieux?

Oh! les beaux yeux! Comme ils semblaient fouiller dans le passé; et Phèdre se tournant vers la nourrice d'un mouvement lent, et pointant vers elle un doigt accusateur : « Tu le savais? » dit-elle du ton d'une femme qui a mis la main sur une trahison.

Au dernier acte, vous savez que Phèdre vient s'accuser devant Thésée et rendre l'innocence à Hippolyte. Là encore, Mme Sarah Bernhardt a été sublime. Elle a bien compris que Phèdre qui a pris son parti, qui est sûre de mourir, doit parler comme si elle parlait déjà du fond de son tombeau.

Elle fait cette longue confession sur une seule note, d'une voix blanche et sèche, martelant de temps à autre la diction par un procédé qui lui est familier, mais qui est ici d'un effet terrible. Elle exhale son dernier soupir, sans mimique d'aucune sorte, froide, résolue, victime de la fatalité et laisse tomber sa tête charmante sur l'épaule d'une esclave, *velut flos succisus aratro*.

Nous avons tous éprouvé, durant cette représentation, une jouissance d'art à laquelle rien ne saurait se comparer. Pour moi, c'est un des beaux jours de ma vie. Croirez-vous qu'au retour, j'ai passé ma soirée à relire *Phèdre!* Quel chef-d'œuvre que cette *Phèdre!*

21 novembre 1893.

ESTHER

L'œuvre de Racine aurait encore plu, je crois, dépouillée de son plus bel ornement, de la musique de M. Cohen. Mlle Favart s'est montrée dans le rôle d'Esther comédienne consommée, et elle a emporté tous les suffrages. Il est impossible d'imaginer une grâce plus ingénue, plus sérieuse et plus touchante. Je n'ai pas vu Mlle Rachel dans ce personnage : je crois bien qu'elle devait y porter plus de foi ardente et des élans plus passionnés; mais je doute que, avec tout son génie, elle ait mieux rendu l'idéal rêvé par Racine. Mlle Favart représente avec une incomparable chasteté d'attitude et de langage ces jeunes princesses, tendres et fières, comme il en a tant peint : Atalide, Iphigénie, Monime. Esther a, de plus qu'elles toutes, une douceur pénétrante et comme une sorte d'onction : c'est une Lavallière restée pure. La voix si harmonieuse et si riche de Mlle Favart donne un nouveau charme à cette poésie, que j'appellerais une musique délicieuse, si l'on ne s'était servi de ce nom pour les chœurs de M. Cohen.

Maubant dit avec beaucoup de chaleur et d'autorité les deux morceaux qui composent tout son rôle; les autres ont fait de leur mieux, et il ne faut pas leur en vouloir. Gibeau avec sa tête dans les épaules, sa grande barbe noire, ses cheveux crépus et son habit qui tombe tout droit sur ses hanches et l'enferme ainsi que dans une gaine, ressemble comme deux gouttes d'eau à une statue égyptienne qu'on voit au Musée assyrien ; mais le malheur veut que cette statue ait tout à fait l'air d'une gigantesque potiche.

Les costumes sont très exacts et très riches. Maubant porte fort bien, quoique d'une façon un peu théâtrale, celui dont Assuérus a voulu qu'il fût revêtu pour la cérémonie de son triomphe. Chéri a tout à fait grand air sous son habit de courtisan, et sa tournure ainsi que son visage ont je ne sais quoi d'Oriental.

La Comédie-Française s'était mise en frais pour cette représentation ; elle avait commandé trois décors tout neufs, qui ont fait l'admiration des connaisseurs. Le dernier surtout est superbe, et ce cèdre qui se dresse au milieu de la scène et l'emplit de son épais feuillage est d'un aspect très imposant. Je renvoie à la description que Théophile Gautier ne saurait manquer d'en faire demain.

Je suis sûr qu'il a tressailli d'aise en voyant ces merveilleuses toiles. Oserai-je dire que, pour moi, je suis moins touché de cette splendide exactitude des costumes et des décors, et que je la trouverais presque fâcheuse ? A Dieu ne plaise que je cherche au Théâtre-Français une mauvaise chicane, pour le seul plaisir de quereller ! Il a eu raison, sans doute ; il a cédé aux instances de beaucoup de gens d'esprit, qui sont en même temps artistes ; il a donné satisfaction à ce goût du public, qui aime aujourd'hui la vérité vraie dans les accessoires, et on ne l'en saurait blâmer ; car, au théâtre, c'est le goût de la foule qui doit faire loi. Aussi ne sont-ce pas des critiques que j'adresse à l'administration de la Comédie, mais plutôt des observations que je soumets au jugement des lecteurs.

Est-il nécessaire, est-il même séant d'encadrer dans un

décor du plus pur goût assyrien une tragédie où il n'y a rien absolument d'assyrien que les noms des personnages ?

Est-ce que l'œuvre de Racine éveille en vous la moindre idée des mœurs et des paysages de l'Orient ? Vous y sentez au contraire un parfum de cour tout moderne : Assuérus c'est Louis XIV ; Aman, c'est Louvois ; Esther, c'est Mme de Maintenon, succédant à l'altière Vasthi, qui n'est autre que Mme de Montespan.

Ces rapprochements ont été faits mille fois, et j'ai quelque pudeur à rappeler des choses si connues. Mais ne s'ensuit-il pas que le meilleur cadre, pour entourer une œuvre de la sorte, où les noms sont orientaux, tandis que l'action, les sentiments et le style sont du dix-septième siècle, ce serait un décor de fantaisie, qui ne rappellerait au spectateur rien de trop précis ; ou, si l'on tient absolument à l'exactitude historique, un décor dans le goût Louis XIV ?

J'avoue que ces sphinx immobiles allongés sur leurs pattes, me gênent pour entendre les vers de Racine ; j'ai peine à me tirer de ces peintures hiéroglyphiques semées sur les murailles pour revenir aux déclarations galantes du monarque français :

> Je ne trouve qu'en vous je ne sais quelle grâce
> Qui me charme toujours et jamais ne me lasse ;
> De l'aimable vertu, doux et puissants attraits !
> Tout respire en Esther l'innocence et la paix.

Ne sentez-vous pas quel abîme il y a entre *l'aimable vertu* de Lavallière et ces prodigieux palais où revivent, animés par le peintre, tous les souvenirs de l'antique Babylone.

Je ne sais si beaucoup de gens sont comme moi ; mais ce désaccord, trop violent, me fait sentir une sorte de malaise, et n'était le respect qu'on doit à Racine, j'y trou-

verais presque du ridicule. Je me rappelle avoir éprouvé
cette sensation bien plus vive un soir à l'Opéra. On jouait
l'*Enfant prodigue*. Vous souvenez-vous de ce bourgeois et
sceptique Pharaon, qui disait d'un ton si gaillard :

> Sur ces riches tapis
> Mangeons le bœuf Apis.

ou quelque chose d'approchant? Ce sans-gêne n'eût pas
semblé très étrange. M. Scribe en a fait passer bien d'autres.
Mais ce Pharaon était si exactement costumé à l'antique,
la chambre où il chantait si gaiement était si remplie des
souvenirs de la vieille Égypte, que l'on se sentait pris
d'une violente envie de rire. Le contraste était bizarre.

A je ne sais quelle scène, un serviteur venait lui apprendre que les eaux s'étaient changées en sang, et voilà
qu'au milieu de ces sphinx qui le regardaient, accroupis,
de leur œil immobile, devant ces ibis qui se tenaient
debout, une jambe repliée sous leur ventre, dans cette salle
où les chapiteaux, les fûts, les corniches, les panneaux,
étaient couverts de mystérieux hiéroglyphes, en face d'un
paysage brûlé du soleil, où des obélisques et des palmiers
se détachaient de loin en loin sur un sol flamboyant, ce
Pharaon coiffé de la mitre, et serré dans son pagne de soie
et d'or répondait lestement, sur un accompagnement de
trémolo :

> Eh bien ! que veux-tu que j'y fasse?

Qui eût pu tenir son sérieux? Il n'y a rien, certes, de
pareil dans l'œuvre de Racine. A défaut de ce qu'on a si
longtemps appelé la couleur locale, l'auteur d'*Athalie* avait
le sentiment chrétien, et sa poésie en est toute pénétrée,
toute parfumée. Mais enfin on n'y pourrait pas noter un

mot qui sente l'Orient ; pourquoi l'encadrer d'un paysage oriental ?

Il semble qu'il vaudrait mieux mettre le décor en harmonie avec le sentiment général d'une pièce, qu'avec le titre qu'elle porte. Je suppose qu'on reprit au Théâtre-Français le *Démocrite* de Regnard. La scène se passe en Argos, autant qu'il m'en souvient ; mais ce serait le comble du ridicule que de donner aux acteurs des costumes exactement copiés sur ceux de l'antique Grèce. L'Argos de Regnard n'a jamais existé qu'en ce pays merveilleux où fleurit Bléfuscu et verdoie l'île sonnante. Un décor argien serait un vrai contresens.

Je crains que celui d'Esther ne soit pas plus raisonnable ; mais encore un coup, je ne le reproche point à la Comédie-Française, elle a fait pour le mieux ; elle a suivi les conseils de gens plus habiles et plus autorisés que moi. Je donne mon opinion, non comme bonne, mais comme mienne, et je sais qu'elle ne sera que plus tard partagée du public. Il y a des goûts qui, pour être faux, n'en sont pas moins dominants ; on ne doit pas y résister de front, on perdrait son temps à cette lutte : le meilleur est de céder au torrent et d'attendre en faisant ses réserves.

11 juillet 1864.

ATHALIE

I

« ATHALIE » DRAME MODERNE

Tous les ans, je profite des loisirs que procure le mois d'août au feuilleton dramatique, pour entreprendre quelques études sur un des chefs-d'œuvre du vieux répertoire. Les abonnés du *Temps* ont peut-être conservé le souvenir des analyses que j'ai déjà ainsi faites. Elles sont toutes la mise en œuvre d'une méthode de critique qui, sans être absolument nouvelle, a été jusqu'à ce jour fort peu pratique. Elle fournit aisément à des aperçus singuliers qui ont parfois comme un air de paradoxe, mais qui au fond n'en sont pas moins justes.

L'idée générale est fort simple. Je l'ai déjà exposée avec tous les développements; aussi, ne ferai-je ici qu'en rappeler sommairement les grands traits. Toute la théorie est fondée sur ce principe que l'homme en son fonds primordial ne change guère, et que les passions demeurent toujours les mêmes à travers les révolutions des siècles et les changements de civilisation. Si ce point est admis — et comment ne le serait-il pas? — il s'ensuit naturellement que les héros mis sur la scène par les maîtres de notre vieux théâtre sont poussés des mêmes sentiments que nous éprouvons nous-mêmes aujourd'hui, et que les faits au milieu desquels ils s'agitent ont leurs analogues dans le temps où nous vivons.

Eh bien! il s'agit de prendre ces personnages, de les transporter résolument dans notre monde actuel, et de voir comme ils s'y comportent. On les dépouille de tous les accessoires de temps, de lieu, de civilisation et de langage, dont le poète les a cru devoir affubler; on les revêt de l'habit noir, du chapeau rond; on les regarde agir; et l'on s'aperçoit alors que ces grands et merveilleux fantômes, éclos de l'imagination des poètes, et qui nous paraissent si éloignés de nos mœurs, sont les mêmes hommes à qui nous serrons la main, qui tracassent dans toutes les affaires où nous sommes mêlés nous-mêmes.

Il est bien entendu qu'il ne faut pas donner à ce procédé d'études plus d'importance qu'il n'en a réellement. Ce n'est qu'un procédé, mais curieux, mais amusant, mais fécond en trouvailles. Il a des inconvénients; je les connais bien; car on me les a plus d'une fois reprochés, et les auditeurs des conférences où j'use parfois de cette méthode, ne manquent jamais le lendemain de m'envoyer par lettres des critiques qui sont presque toujours les mêmes. La plus sérieuse est que cette façon de traiter un sujet le rapetisse, et qu'à faire de Polyeucte, par exemple, et de Sévère, deux hommes de notre temps, tels que ceux qu'il nous est donné de coudoyer sur le boulevard, on risque de leur ôter, on leur ôte certainement la grandeur majestueuse et la beauté poétique dont les a revêtus Corneille. Mais qu'importe si on le sait par avance! On fait volontairement et pour une heure abstraction de ce côté du poème, afin d'en mieux examiner un autre, qui est moins commun.

On objecte encore que ce procédé de transposition donne lieu à des rapprochements un peu forcés, à des hypothèses qui eussent peut-être bien étonné l'auteur lui-même. Il y a du vrai dans le reproche; mais j'en reviens là; ce n'est qu'un procédé d'analyse, ou, si vous aimez mieux, un outil de dissection. Le tout est d'en faire un bon et judicieux emploi. Ce n'est pas sa faute si l'on s'en sert avec maladresse.

Je voudrais l'appliquer aujourd'hui à la tragédie d'*Athalie*. J'aurais besoin de trois ou quatre feuilletons. Je ne prévois point, durant ce mois d'août, de pièce importante qui doive nous détourner de cette étude.

Prenons *Athalie* en son fond, écartant d'elle les magnifiques accessoires de religion juive et de civilisation antique dont l'a entourée Racine, et sous lesquels le véritable sujet a presque disparu pour nous.

C'est une conspiration et pas autre chose.

Dans toute conspiration, quelle qu'elle soit, et en quelque temps qu'elle se passe, il y a toujours nécessairement quatre personnages : le premier, c'est celui qui occupe le pouvoir et qu'on en veut renverser; le second, c'est celui qu'on veut y mettre, le prétendant; le troisième, c'est le meneur de l'affaire, l'homme qui conspire. Car vous remarquerez que ce ne sont jamais les prétendants qui organisent et mènent les conjurations dont ils profitent. Ils en sont quelquefois, ils ne les conduisent point. Il y a toujours à côté ou derrière eux, en pleine lumière ou dans l'ombre, un homme d'esprit, qui, ne pouvant pas prendre le pouvoir pour lui-même, y pousse une créature, sous le nom de qui il gouvernera. Enfin, comme il n'y a pas de conspiration possible sans le concours de l'armée, sans la complicité avouée ou secrète d'un de ses chefs, le quatrième personnage d'une conspiration est un officier. Il peut arriver que cet officier soit en même temps le meneur de l'intrigue, ce qui réduit le drame à trois protagonistes. Il y en a quatre dans la tragédie de Racine.

Athalie est la reine qu'il s'agit de renverser; Joas, le

prétendant; Joad le chef de la conspiration; Abner, le représentant de l'armée.

C'est encore une loi de toutes les conspirations, que le roi à détrôner soit, pour ceux qui prétendent le jeter à bas, un affreux usurpateur, qui est arrivé au pouvoir par toutes sortes de moyens indignes, qui le détient par une criante injustice, et s'en sert pour le malheur du peuple; qu'en revanche, le prétendant ait pour lui le bon droit, la légitimité et le doigt visible de Dieu. Il est d'ailleurs, cela va sans dire, orné de toutes les vertus.

Ce n'est pas une loi moins assurée que celui qui occupe le pouvoir s'en regarde au contraire comme fort digne et soit tenu pour tel par tous les gens de son parti; et que le prétendant soit traité de brouillon et d'imposteur : quant à ses droits, on les nie tous avec le sourire du mépris ou l'emportement de l'invective.

Entre ces deux situations, c'est une nécessité pour le poète dramatique de prendre parti. Il ne saurait se désintéresser absolument. Un historien peut, dans une certaine mesure, exposer les prétentions rivales des deux factions, sans témoigner de quel côté il penche; il faut que l'écrivain dramatique se décide. Il ne saurait exciter notre curiosité et notre émotion que s'il les ramasse sur un favori, qui est pour lui l'idéal de la raison et de la vertu.

Il est à peu près certain que ce sera toujours sur le prétendant que se porteront plutôt ses préférences. Le public est plus volontiers touché des malheurs d'un jeune aspirant à la couronne qui revendique des droits qu'on lui présente réels. Il désire la chute du tyran, et c'est un bonheur pour lui, au théâtre du moins, quand la victime du sort, triomphant de ses noirs ennemis, s'assied sur le trône de ses ancêtres, reconquis à travers mille périls, par son courage et ses vertus.

C'est donc sur Joas, le prétendant au trône, et sur Joad, l'agent de la conspiration, que Racine appellera la sympathie. Mais comme il est de l'essence des grands poètes de s'élever d'un coup d'aile dans les régions sereines de l'impartialité, nous serions bien étonnés si nous ne trouvions pas, exprimées sous une forme ou sous une autre, dans *Athalie*, les excuses qui militent en faveur de l'usurpateur. Racine le hait et veut que nous le haïssions. Mais, comme à un point de vue de philosophie plus haute, il est incontestable que tout personnage qui a exercé sur ses contemporains un grand pouvoir, entre les mains de qui ils ont remis leurs destinées, avait en lui certaines raisons pour justifier cette confiance, l'œuvre ne serait pas complète, elle manquerait d'équité, si ces raisons n'étaient pas mises dans leur jour.

Vous voyez que, jusqu'à présent, dans ces réflexions, il n'y en a pas une qui ne s'applique à toutes les conspirations et à toutes les œuvres qui les ont mises ou les mettront sur la scène. Nous avons fait abstraction des héros de Racine, des circonstances de temps, de lieux et d'événements où il les a montrés s'agitant ; nous ne nous sommes arrêtés qu'à ces traits généraux qui caractérisent la conspiration en général, et où se reconnaissent les conspirateurs de tous les siècles.

Il est temps d'entrer dans le détail et de prendre chaque personnage l'un après l'autre. Nous commencerons par Athalie.

Je demande pardon à mes lecteurs de ces formes un peu didactiques et sèches de discussion. Mais je tiens moins, en ces sortes d'analyses, à faire œuvre de lettré que de démonstrateur scientifique. Je n'écris point pour les éblouir par une étude plus ou moins brillante sur *Athalie*, mais pour leur apprendre le maniement du procédé afin qu'ils puissent s'en servir eux-mêmes et le transporter à loisir sur d'autres œuvres. C'est une classe que je fais : un souvenir de mon ancien métier de professeur.

De quelle façon Athalie a usurpé le trône, c'est un détail qui ne nous inquiète pas. Elle y est, et il s'agit de l'en déloger, voilà l'important.

A quel moment peut-on entreprendre une conspiration qui ait chance de réussir ? Est-ce quand un règne vient de commencer ? Non, sans doute, surtout quand la personne qui s'est emparée du pouvoir, outre qu'elle a une grande supériorité d'esprit et de talent, s'est servi pour arriver où elle est, de moyens plus violents, et qui ont imprimé la terreur dans l'âme des peuples. C'est Racine lui-même qui a dit, traduisant Tacite :

Toujours la tyrannie eut d'heureuses prémices!

Il y a eu naturellement victoire, suivie d'un grand nombre d'exécutions, les mécontents épouvantés sont rentrés sous terre ; la masse qui ne demande que de l'ordre est enchantée ; le prince, ou celui qui a agi en son nom et qui est un homme de tête sent le besoin de donner à ceux qu'il a conquis, en échange de la liberté, la gloire ou la paix. Tout va bien durant un temps plus ou moins long.

Mais il arrive nécessairement un jour où le principe, en vertu duquel s'est formé le nouveau règne, a épuisé sa force d'action. Le souverain a vieilli ; ses meilleurs conseillers sont morts ; les opposants longtemps muets ont repris courage, et leurs langues se sont déliées. Le gouvernement n'aurait, pour les faire taire, qu'à retrouver un peu de sa première vigueur ; mais il n'ose plus, il commence, soit défaillance du ressort, soit trouble d'esprit, à sentir le besoin des transactions ; sur ce terrain mouvant, il va plus loin qu'il ne veut, il a des retours instantanés de rigueur qui lui font plus de mal encore que ses complaisances ; il marche au hasard, sans système arrêté, poussant dans tous les sens et toujours à l'extrême, effaré, ahuri, en proie aux ambitieux de tous les partis, et sentant déjà gronder en soi la fatalité du dénouement qui est proche.

C'est le moment psychologique des conspirateurs. C'est celui qu'a choisi Racine, et Athalie, à ce point de vue, où je fais exprès de m'enfermer, est une des meilleures peintures qui jamais aient été faites de l'esprit de vertige qui saisit un gouvernement aux abois et le précipite à sa ruine.

Remarquez qu'Athalie a eu de beaux jours, qu'elle le sait, qu'elle en est fière, et qu'elle peut, dans un discours du trône, énumérer avec autant de vérité que de complaisance les services qu'elle a rendus à son peuple, durant sa longue administration :

> Par moi, Jérusalem goûte un calme profond,
> Le Jourdain ne voit plus l'Arabe vagabond,
> Ni l'altier Philistin, par d'éternels ravages,
> Comme au temps de vos rois, dévaster ses rivages ;
> Le Syrien me traite et de reine et de sœur...

Nous connaissons tous, pour l'avoir lu dix fois sous le second empire, ce magnifique exposé des grandeurs d'une monarchie née d'un coup d'État. Il est bien vrai que la façon dont s'est accompli ce coup d'État est une ombre au tableau. Mais le souverain en accepte, tête haute, toute la responsabilité.

> Je ne veux point ici rappeler le passé,
> Ni vous rendre raison du sang que j'ai versé ;
> Ce que j'ai fait, Abner, j'ai cru le devoir faire.
> Je ne prends point pour juge un peuple téméraire :
> Quoi que son insolence ait osé publier,
> Le ciel même a pris soin de me justifier.

Il est difficile de voir une revendication plus hautaine des faits accomplis. Nous en avons connu de pareilles e qui n'en cachaient pas moins sous leurs fières apparences :

> ... Cet esprit d'imprudence et d'erreur
> De la chute des rois, funeste avant-coureur

Les paroles sont altières; mais la conduite est faible et troublée. Le souverain qui sent tout autour de lui bourdonner une opposition invisible, se demande s'il ne serait pas temps de lâcher un peu la main, et d'essayer, à présent que la compression ne lui réussit plus aussi bien, si par hasard, le système opposé n'aurait pas du bon; Athalie a toute sa vie adoré Baal; elle passe devant le temple de l'autre dieu; si elle y entrait, pour voir !

> Dans le temple des juifs, un instinct m'a poussée,
> Et d'apaiser leur Dieu, j'ai conçu la pensée.

Un instinct! c'est bien cela. Ce n'est pas une pensée ferme et arrêtée, une résolution longuement mûrie. C'est le coup de tête d'un vieillard à qui tout échappe sans qu'il sache pourquoi.

Et que va-t-elle faire dans ce temple? Elle n'en sait rien; elle va, obéissant à la voix secrète qui la pousse, la voix d'un songe. Vous entendez souvent dire qu'un songe est une machine un peu ridicule de tragédie. Il y a, en effet, des songes qui ne sont dans une pièce tragique que des morceaux d'ornement. Celui d'*Athalie* sort, au contraire, des entrailles du sujet.

A ce moment climatérique, que j'ai essayé de décrire, le souverain quel qu'il soit, tourmenté de l'avenir, sent, par je ne sais quelle mystérieuse surexcitation du cerveau, revenir en lui les images vengeresses du passé. C'est l'heure où les fantômes de ceux qu'il a assassinés, apparaissent en rêve à

Richard III; c'est l'heure où l'ombre de Baudin se lève du tombeau. En cette ombre échappée de l'histoire se résument tous les embarras de la situation.

Il est clair qu'Athalie a dû se dire bien souvent aux jours de sa prospérité : Si pourtant un héritier des rois légitimes avait échappé !... Elle a bien vite chassé cette idée importune ; mais la vague appréhension dont elle est envahie a ramené, plus vive, plus instante, plus chargée de menaces, cette image funeste. L'idée fixe est devenue de l'hallucination, et ce songe d'Athalie est et restera l'éternelle traduction des craintes et des remords qui assaillent sur le trône un usurpateur sur le point de rendre ses comptes, soit à son peuple, soit à l'histoire.

A peine Joas lui est-il apparu qu'elle a comme l'intuition du danger futur. Elle envoie chercher Mathan. Ce personnage sur lequel nous reviendrons lui donne les conseils d'un politique sans scrupules, chez qui la perspicacité est aiguisée par l'ambition. Athalie a encore assez de bon sens pour comprendre la justesse de ses observations :

> Oui, vous m'ouvrez les yeux;
> Je commence à voir clair dans cet avis des cieux.

Mais elle n'a plus assez de force d'esprit pour suivre des conseils qu'elle trouve excellents :

> Ce n'est plus cette reine éclairée, intrépide,
> Élevée au-dessus de son sexe timide,
> Qui d'abord accablait ses ennemis surpris,
> Et d'un instant perdu connaissait tout le prix.
> Elle flotte, elle hésite; en un mot, elle est femme.

Ce n'est pas que souvent elle ne se révolte contre le sentiment qu'elle a de sa faiblesse, et sa mauvaise humeur éclate en menaces :

> Vos prêtres, je veux bien, Abner, vous l'avouer,
> Des bontés d'Athalie ont lieu de se louer.
> Je sais sur ma conduite, et contre ma puissance
> Jusqu'où de leurs discours, ils portent la licence,
> Ils vivent cependant, et leur temple est debout.
> Mais je sens que bientôt ma douceur est à bout.

Vaines menaces qui ne vont jamais jusqu'à l'action, et ne font pas plus d'effet que les circulaires par où, dans les derniers jours de l'empire, un pouvoir quinteux et faible prétendait brider la presse.

Tout cet orage se résout en un caprice à satisfaire. Elle veut interroger Eliacin. Ce jeune homme, fort mal élevé, lui dit, avec beaucoup d'esprit d'ailleurs, les choses les plus désagréables du monde, et Athalie en est charmée :

> Enfin, Eliacin, vous avez su me plaire.
> Vous n'êtes point, sans doute, un enfant ordinaire.

Eliacin répond par un refus très net à ses avances, et la voilà hors des gonds. Elle s'emporte aux imprécations les plus furieuses ; elle avoue tous ses crimes ; elle en tire vanité ; oui, elle a tué, assassiné, exilé ; elle a fait cela et bien d'autres choses encore et elle le referait encore, si c'était à recommencer.

Elle le referait ? Non pas, et la preuve, c'est qu'elle se retire sans avoir pris aucune mesure, en disant tout simplement :

> Mais nous nous reverrons ; adieu, je sors contente.
> J'ai voulu voir, j'ai vu.

Nous vous reverrons ! C'est le mot du poltron qui ne veut pas se battre. Et le fait est qu'elle ne sait plus à quel projet s'arrêter. Elle parle de raser le temple, elle envoie Mathan en ambassade, puis Abner ; elle demande Eliacin, puis un trésor. Elle ne sait ni ce qu'elle veut, ni ce qu'elle fait, et elle a si bien perdu l'esprit qu'elle tombe dans le piège le plus grossier qui puisse être tendu à un imbécile.

La voilà prise comme dans une souricière. Ah! comme alors, elle recouvre, pour voir toutes ses fautes et les juger, sa netteté d'esprit première. Y a-t-il un souverain tombé qui, repassant toutes les étapes de sa chute définitive, n'ait pu réciter les admirables vers d'Athalie, s'en prenant à un dieu ennemi :

> C'est toi qui, me flattant d'une vengeance aisée,
> M'as vingt fois en un jour à moi-même opposée ;
> Tantôt pour un enfant excitant mes remords...

Le dernier châtiment même ne lui a pas été épargné : elle a vu la merveilleuse facilité avec laquelle s'est achevée la révolution qui la précipitait du trône. Elle se croyait nécessaire au bonheur et à la gloire de ce peuple ; c'est devant elle que se fait le fameux récit :

> Seigneur, le temple est libre et n'a plus d'ennemis :
> L'étranger est en fuite, et le juif est soumis.
> Comme le vent dans l'air dissipe la fumée,
> La voix du Tout-Puissant a chassé cette armée.

Est-ce que nous aussi, nous n'avons pas vu un gouvernement s'évanouir comme la fumée dans l'air ?

11 août 1873.

II

Je poursuis l'étude que j'ai commencée sur *Athalie* et je prie mes lecteurs de se reporter au précédent feuilleton pour bien se rendre compte de la méthode particulière en vertu de laquelle je procède.

Il n'y a pas de conspiration, sans l'aide de l'armée. Un

officier de haut grade est donc un des personnages nécessaires de toute conspiration, que l'on transportera sur la scène. L'armée joue dans le succès final un rôle si prépondérant, que l'officier, à moins d'être un de ces hommes que Richelieu qualifiait spirituellement d'esprits à la suite, tranchons le mot, un homme médiocre, doit en prendre la direction suprême. Mais nous avons vu que ce rôle dominateur, Racine l'a réservé à Joad dans sa tragédie. Il est donc logiquement nécessaire qu'Abner soit ce qu'on appelle, dans notre langue contemporaine, *une loyale épée*.

Abner est un soldat très brave, très honnête, tout plein de bons sentiments et d'emportements chevaleresques, mais il n'est que cela. L'esprit politique lui manque absolument, et toutes les autres sortes d'esprit. Il en aurait pourtant bien besoin, car il se trouve (comme toujours l'armée en pareille circonstance) dans une situation terriblement délicate. Je sais, dit le grand prêtre,

> Qu'Abner a le cœur noble, et qu'il rend à la fois
> Ce qu'il doit à son Dieu, ce qu'il doit à ses rois.

Il en parle bien à son aise, lui, grand prêtre, chef secret de la conspiration future. Tant que le dissentiment n'a pas éclaté entre les deux puissances ennemies, il n'est pas bien difficile de rendre ce qu'on doit à l'une et à l'autre, par l'excellente raison qu'il y en a une des deux qui ne demande rien. Mais au jour de la révolution, Abner aura beau avoir, le cœur noble, il se trouvera placé entre le serment du soldat prêté à ses rois et ses inclinations secrètes qui le portent vers son Dieu. Il faudra choisir. Et selon le choix qu'il aura fait, cette révolution inclinera d'un côté ou de l'autre. C'est lui qui sera, par le fait, maître de l'événement et, chose bizarre, mais certaine! il est et il doit être incapable de le diriger.

Abner n'est qu'un instrument dans la main de politiques plus profonds que lui, qui se joueront de sa bonne foi, qui le feront servir, de la façon qu'ils voudront et sans qu'il s'en doute, à leurs desseins secrets, qui sauront, s'il le faut, en lui parlant sans cesse de son honneur, de sa loyauté, de son courage, l'amener à commettre une action telle, que le pouvoir tombé lui criera en face et non sans quelque raison :

> Lâche Abner ! dans quel piège as-tu conduit mes pas ?

Il est vrai qu'il se récrie avec horreur : « Reine, Dieu m'est témoin ! » Heureusement qu'on lui coupe la parole, car que pourrait-il dire : « J'ai été trompé comme un sot, j'ai donné le premier dans le panneau où je vous ai attirés à ma suite ; ce n'est pas ma faute, je suis un naïf. »

Et il aurait raison. Racine, voulant faire d'Abner un instrument, lui a donné par une invincible logique toutes les qualités d'un instrument ; il l'a peint comme un fier et loyal niais, comme un héroïque imbécile.

Je vous supplie d'écarter pour un instant de votre esprit les préjugés de votre éducation première. Vous avez tous, aux jours de votre enfance, récité d'un ton emphatique :

> Oui, je viens dans son temple adorer l'Éternel,
> Je viens, selon l'usage...

Ramenons, s'il est possible, cette scène aux plus humbles proportions de la vérité. Abner arrive chez le grand prêtre et lui dit : « Je crois bien qu'Athalie a de mauvais desseins sur vous en ce moment ; elle médite quelque chose. »

Vous pensez aisément comme cet avis doit toucher un homme en pleine conspiration qui peut être traversé dans ses projets par un accident imprévu. Il sait qu'Abner, ayant ses grandes entrées à la cour, est en position de bien voir, et tout de suite il lui demande : « Vraiment? Qu'est-ce que c'est? qu'avez-vous remarqué? » Ce que Racine traduit en style de tragédie religieuse :

> D'où vous vient aujourd'hui ce noir pressentiment?

Si Abner était un politique, ou plus simplement un homme d'esprit, un de ceux qui ont des yeux pour voir et des oreilles pour entendre, il entrerait aussitôt dans le détail; il dirait : Athalie a donné cet ordre, pris cette mesure, tel mot lui est échappé dans la conversation; elle s'enferme avec Mathan et ils ont de longues conférences ensemble. Elle m'a dit de passer une revue de mes troupes, que sais-je? Mais Abner, qui n'est qu'une épée, entame tout aussitôt une longue suite de banalités bien ronflantes :

> Pensez-vous être saint et juste impunément?
> Dès longtemps, elle hait, etc., etc.

Eh! bon Dieu! Joad le sait; et de reste, qu'il est saint, qu'il est juste et qu'Athalie le hait. Et je suis sûr que durant tout ce couplet à la Prudhomme, il se dit à part lui : Quelle idée ai-je de vouloir demander des renseignements à ce brave et innocent guerrier? Il est incapable de rien observer. Aussi, ne répondit-il à ce flux de banalités que par un magnifique lieu commun :

> Celui qui met un frein à la fureur des flots...

Et, cependant, il aura besoin de ce vaillant nigaud. Il sonde donc adroitement, à l'heure même, sans trop s'avancer, les dispositions probables où se trouvera sa loyauté au moment où éclatera la conspiration. Abner dévoile, sans y entendre malice, le fond de son âme candide. Il le fait avec d'autant plus d'énergie que ses déclarations ne tirent pas à conséquence. Quand Joad lui dit : Que feriez-vous?

> Si du sang de nos rois quelque goutte échappée?

il s'écrie avec transport :

> O jour heureux pour moi ?
> De quelle ardeur j'irais reconnaître mon roi !

Il est assurément de bonne foi, comme toujours. Mais voilà ! Il sait très bien, ou croit savoir qu'il n'a pas échappé la moindre goutte du sang de ses rois. Il se livre donc, en toute sécurité à des transports qui sont parfaitement platoniques. Joad se garde bien de le prendre au mot et de lui répondre : Cette goutte échappée, la voici, c'est Joas. Il est clair que, soit excès de zèle, soit irrésolution d'un cœur combattu, ce nigaud ferait tout manquer.

Il n'y a même rien de plus curieux que l'obstination de ce silence. Josabeth presse en vain son mari de révéler le grand secret à Abner et de s'assurer de sa complicité. En sa qualité de femme, elle a confiance au militaire; elle dormirait plus tranquille à l'ombre de sa loyale épée. Dès le premier acte, on la voit qui demande à Joad s'il a eu la précaution de prévenir Abner, et Joad répond, sans plus d'explication :

> Abner, quoiqu'on se pût assurer sur sa foi,
> Ne sait pas même encor si nous avons un roi.

Et plus tard, au cinquième acte, quand déjà Athalie en fureur menace de renverser le temple, et qu'Abner se répand en protestations de tendresse pour la race de David :

> Pour le sang de ses rois vous voyez sa tendresse :
> Que ne lui parlez-vous?

dit tout bas Josabeth à son mari, et Joad répond simplement :

> Il n'est pas temps, princesse.

15

Il ne sera temps que lorsque Abner aura rendu innocemment le service qu'on attend de son peu de malice, lorsqu'il sera si bien engagé, qu'il n'y aura plus moyen pour lui de reculer, ni de tergiverser.

Au premier acte, nous avons vu Abner avec le grand prêtre; il est dans l'autre camp, au second, avec la reine. Vous savez qu'Athalie, épouvantée à la vue soudaine de Joas, a mandé son conseiller Mathan; Abner a le plus parfait mépris pour ce renégat, pour ce politique : « Voici votre Mathan... », dit-il à Athalie, d'un air de dédain que l'acteur ne devrait jamais adoucir, car il sort du fond de l'âme honnête du brave soldat.

Les deux hommes sont aux prises, et, de fait, le contraste est merveilleux. Mathan est le type du politique sans scrupule. Les tyrans peuvent vieillir; ils trouvent toujours, tout le long de leur règne, des hommes jeunes, ambitieux, ardents, qui veulent le pouvoir et sauraient l'exercer à l'ombre du prince. Mathan est un de ces ministres de la décadence qui n'ont qu'un tort, celui de n'être pas écoutés; qui donnent d'excellents conseils qu'ils ont le chagrin de ne voir pas suivre; qui signalent l'écueil où l'on tombera, où ils courent malgré eux.

A ceux-là, ne parlez point de probité politique, ni de fidélité aux principes; ils ne savent ce que c'est. Ils ne voient qu'une chose : faire leur chemin. Ils ne croient à rien :

> Ami, peux-tu penser que d'un zèle frivole
> Je me laisse aveugler pour une vaine idole,
> Pour un fragile bois... etc.

Ils auraient tout aussi bien suivi le parti contraire, s'ils y avaient cru le chemin aussi rapide et aussi facile à leur ambition.

> Né ministre du Dieu qu'en ce temple on adore,
> Peut-être que Mathan le servirait encore,
> Si l'amour des grandeurs, etc.

Ils sont résolus, pour parvenir, à toutes les bassesses, à toutes les cruautés ; ils vont, comme disait énergiquement le latin : *per fas et nefas*.

> Près de leurs passions, rien ne me fut sacré ;
> De mesure et de poids, je changeais à leur gré.
> Prêtant à leurs fureurs des couleurs favorables,
> Et prodigue surtout du sang des misérables.

Ils ont le coup d'œil juste et la décision prompte. Ce dont ne s'est pas douté ce pauvre Abner, qui vit pourtant avec Joad ; ce que n'a pas deviné Athalie, en proie à l'esprit de vertige et d'erreur, il l'a vu, lui, clairement, par une intuition de génie politique. Tous les fils de David ont péri assassinés :

> Et qui sait si Joad ne veut pas en leur place
> Substituer l'enfant dont le ciel vous menace,
> Soit son fils, soit quelque autre.

C'est la vérité, et la lumière en est si vive qu'Athalie ne peut s'empêcher elle-même de s'écrier : *Oui, vous m'ouvrez les yeux !*

Cet homme d'État supérieur connaît le maniement des hommes ; il sait exploiter leurs passions et les fait entrer comme un élément dans ses calculs. Comme il n'a fait imposer pour condition à Joad que de livrer Éliacin, son confident lui objecte que le grand prêtre cédera et n'ira pas pour un si mince objet risquer la ruine du temple. Mais Mathan sait mieux son homme :

> Ah ! de tous les mortels, connais le plus superbe !
> Plutôt que dans mes mains par Joad soit livré

> Un enfant qu'à son Dieu, Joad a consacré,
> Tu lui verras subir la mort la plus terrible.

Et quand le hasard le met en présence de Josabeth, avec quelle adresse il use, pour lui arracher son secret, du seul stratagème par où il fût possible de prendre une femme de ce caractère :

> Je sais que, du mensonge, implacable ennemie,
> Josabeth livrerait même sa propre vie,
> S'il fallait que sa vie à sa sincérité
> Coûtât le moindre mot contre la vérité,
> Du sort de cet enfant, on n'a donc nulle trace ?

Les interrogations se suivent, pressantes et précises, ne laissant aucun biais pour s'échapper, et l'astucieux politique, lui qui se moque de tous les dieux possibles, termine en disant :

> Parlez, je vous écoute, et suis prêt à vous croire :
> Au dieu que vous servez, princesse, rendez gloire.

La botte est si bien portée, que Josabeth s'y enferrerait, si Joad n'arrivait pas à son secours.

On n'est pas parfait. Racine a voulu que, par un dernier trait d'observation très profonde, il existât encore, dans cette âme sombre, un coin d'inquiétudes et de remords. On aimerait à penser, en effet, qu'un Richelieu, par exemple, n'a pas toujours été tranquille sur les exécutions qu'il ordonnait, et qu'à de certains moments de retour sur soi-même, il a été assailli de quelques visions sinistres. Mathan en est parfois troublé :

> Du dieu que j'ai quitté l'importune mémoire,
> Jette encor en mon âme un reste de terreur,
> Et c'est ce qui redouble et nourrit ma fureur.
> Heureux si dans son temple, achevant ma vengeance, etc...

Il est bien probable que Racine n'aura donné ce sentiment à son ambitieux, que pour justifier cette admirable fin de scène, où Mathan, étourdi, aveuglé sous le coup des malédictions lancées contre lui par le grand prêtre, se trompe de porte, et ne balbutie que des mots sans suite.

On devine assez ce qu'un tel homme doit penser d'Abner. Il éprouve peut-être un peu de méfiance; car les allures d'Abner ne lui paraissent pas nettes :

> Abner, chez le grand prêtre a devancé le jour,

dit-il à la reine. Il faudra le surveiller. Mais ce qu'il sent avant tout, c'est la compassion indulgente d'un homme d'esprit et d'un homme d'État pour un naïf. Lisez, par curiosité, le dialogue qui s'engage entre les deux hommes, après qu'Athalie leur a conté son fameux songe, et les craintes qu'elle en a conçues. Mathan, lui, est pour les procédés sommaires. On hésite entre deux enfants :

> De tous les deux, madame, il se faut assurer.

Le bon Abner est un peu choqué de cette façon expéditive :

> De quel crime un enfant peut-il être capable?

objecte-t-il.

Notez bien que lorsque Mathan sera tout à l'heure seul avec Athalie, il lui dira fort bien et par le menu de quel crime cet enfant peut et doit être capable. Mais à ce sot d'Abner, il ne daigne parler que le langage qui est entendu de lui. Ah! tu as la bonhomie de croire, toi; tu crois à l'intervention du ciel dans les affaires de ce monde, eh bien! on va t'en donner!

> Le ciel nous le fait voir, un poignard à la main;
> Le ciel est juste et sage et ne fait rien en vain.
> Que cherchez-vous de plus?

Abner n'a rien à chercher de plus. On le paie en sa monnaie. Cependant son honnêteté, sa candeur native se révolte :

> Mais sur la foi d'un songe
> Dans le sang d'un enfant voulez-vous qu'on se plonge?

Vous vous rappelez le terrible dilemme de Mathan. Ah! il ne fait pas de phrases, celui-là. Il va droit au but. Si bien qu'Abner, ce brave, cet excellent, ce loyal Abner s'indigne, et le voilà qui part avec la conviction d'un honnête militaire :

> Eh quoi, Mathan, d'un prêtre est-ce là le langage?
> Moi, nourri dans la guerre aux horreurs du carnage,
> Des vengeances de rois ministre rigoureux,
> C'est moi qui prête ici ma voix au malheureux!
> Et vous qui lui devez des entrailles de père, etc..

Les entrailles de père de Mathan, c'est à pouffer de rire. Et que répond Mathan aux banalités prud'hommesques de cet innocent. Il ne répond rien. Il est trop clair que pendant que l'autre débitait sa tirade, Mathan haussait les épaules de pitié, et qu'il se répétait tout bas : Quel idiot! Dieu puissant! Quel idiot!

Athalie demande à voir les deux enfants; on les lui amène, et Josabeth soupire en songeant aux dangers qui les menacent; et Abner, aussitôt :

> Princesse, assurez-vous, je les prends sous ma garde.

Il les prend sous sa garde! Voilà qui va bien. Mais a-t-il rien prévu de ce qui pouvait arriver. Supposez qu'Athalie fasse sur-le-champ arrêter Joas : a-t-il un plan de conduite? A-t-il en main une force pour résister? Joad, qui est tout prêt, ne dit rien, lui! Pour Abner, il étend sa loyale épée, qui le cas échéant, ne servirait de rien, et il s'écrie :

Princesse, assurez-vous, je les prends sous ma garde.

Et quand l'entretien est fini, lorsque Athalie s'est retirée sans rien décider, il fait blanc de son épée, de son épée loyale :

> Je vous l'avais promis ;
> Je vous rends le dépôt que vous m'aviez commis.

Il s'imagine bonnement que c'est lui qui a suspendu le bras d'Athalie, que c'est lui qui a tout fait, et Joad, qui sait comme on prend le pauvre homme, lui fait ses compliments bien sincères :

> Je reconnais, Abner, ce service important.

Mais comme il a besoin de lui pour le traquenard qu'il médite, il ajoute aussitôt :

> Souvenez-vous de l'heure où Joad vous attend.

Abner arrive en effet à l'heure indiquée. Il arrive, porteur des propositions et des menaces d'Athalie, et quand Joad lui demande ce qu'il faut faire ! dame ! Abner qui, après tout, a le respect de la force, qui voit bien qu'elle est du côté de la reine, qui n'imaginera jamais que de simples lévites puissent tenir devant un bataillon de soldats bien commandés, Abner donne le conseil de céder :

> Dieu vous ordonne-t-il de tenter l'impossible ?

Joad feint de se rendre, il flatte la vanité d'Abner, enchanté d'avoir donné un conseil qui sera suivi, et il le charge de la commission que vous savez. Athalie est prise au piège, et son premier mouvement, le plus naturel, est de se tourner vers Abner :

> Laisse là ton dieu, traître, et venge-moi.

Et Abner, se jetant aux genoux de Joas, s'écrie rayonnant :

> Sur qui? sur Joas, mon maître?

Mon maître ! L'armée a levé la crosse en l'air ! la révolution est faite.

18 août 1873.

III

Quelle est la première idée d'un homme supérieur, qui, sachant bien qu'il ne peut s'emparer du souverain pouvoir et régner en personne, conspire pour mettre sur le trône un prétendant, à qui son origine et ses antécédents, en assurant ses droits, donnent aussi plus de chances de réussir? C'est évidemment de gouverner sous son nom. La réponse est si naturelle, qu'il paraîtra peut-être bizarre que j'y insiste. Je suis pourtant obligé de le faire : car elle est la clé du rôle tout entier de Joas que l'on me paraît avoir fort mal apprécié jusqu'ici.

Le grand prêtre, du jour où il a sauvé Joas du poignard d'Athalie, s'est dit évidemment : Voilà un enfant dont je ferai un roi, et à son ombre, c'est moi qui serai le maître. Est-ce ambition personnelle, ou orgueil théocratique? Il est inutile pour le moment d'examiner la question ; nous y reviendrons quand nous prendrons Joad lui-même à partie. Pour le moment, ce qu'il nous importe de constater, c'est que Joas est et doit rester un instrument docile aux mains du grand prêtre, une façon de Louis XIII impérieusement dominé par un Richelieu.

Le hasard a livré Joas encore à la mamelle à celui-là même qui avait fondé sur son avènement futur l'espoir de sa fortune. Il est trop clair qu'il a dû songer à le pétrir de bonne heure au profit de son ambition. Que ce soit innocemment ou par un dessein machiavélique, il est clair que, comme Fénelon chargé de former l'héritier du grand roi, il a dû le dresser pour être un souverain selon son cœur : le plus honnête, le plus pieux, le plus timoré des souverains, mais aussi le mieux fait pour obéir à un ministre capable. Et ce ministre, quel autre pourrait-ce être que lui ?

Il lui a donc, autant qu'il a été possible, donné une éducation toute ecclésiastique. Il n'a point cherché à éveiller en lui des idées, à échauffer des sentiments personnels, à développer ce que nous appellerions aujourd'hui la personnalité individuelle; au contraire, il n'a songé qu'à meubler sa mémoire d'un catéchisme où il apprendrait, sous forme de maximes, ses devoirs de futur roi chrétien, et se pénétrerait de la grandeur du respect qu'il doit aux représentants de Dieu sur la terre. Je n'ai pas à m'étendre sur la nature et la forme de cette éducation particulière. Ceux qui me lisent sont assez intelligents pour avoir, d'après ce simple aperçu, pressenti ce qu'elle pouvait être.

Le caractère que le poète a dû donner à Joas en découle invinciblement. Joas sera un très gentil enfant, d'un cœur excellent, de mœurs douces, de langage aimable; mais on retrouvera en toute occasion sur ses lèvres les formules de catéchisme dont on a farci son intelligence. Il ne lui manque de ce qui constitue un homme et surtout un roi, qu'un seul point, qui est le vouloir personnel; le ressort lui manque, comment l'aurait-il ? On l'a, chez lui, de parti pris, énervé, usé. On a toujours pensé, voulu, parlé pour lui. La réponse toute faite lui vient naturellement aux lèvres, aussitôt qu'on l'interroge, une réponse au-dessus de son âge; cela va sans dire. Ne vous en étonnez pas. Est-ce que les perroquets ne répètent pas des phrases, au-dessus de leur intelligence. Joas n'est qu'un perroquet de sacristie, destiné plus tard à devenir un perroquet de cour.

Mon ami Hippolyte Taine, dans une étude fort curieuse qu'il a faite de Racine, expose que Joas aujourd'hui nous paraît fort ridicule avec son ton distingué et pédant; mais que c'était l'air de la cour du temps, et que c'est avec ce langage solennel que les enfants de France devaient répondre à leur précepteur.

C'est là une explication de surface. Ce n'est point du tout par un anachronisme ordinaire à la tragédie du dix-septième siècle que Joas est le jeune et aimable sot que Racine nous a montré; c'est que le poète, nous contant une conspiration théocratique, était bien obligé de se conformer, dans la peinture de son caractère, aux règles nécessaires de la logique qui veut que tout prétendant patronné par un prêtre homme d'État ne soit entre ses mains qu'un outil de domination.

Relisez à ce point de vue le célèbre interrogatoire de Joas par Athalie, vous y verrez des raisons nouvelles d'admirer l'art prodigieux de Racine.

Athalie avait affaire à un enfant de dix à douze ans :

> Cet âge est innocent, son ingénuité
> N'altère point encor la simple vérité.

Mais de la bouche de cet enfant vont sortir les enseignements du grand prêtre ou, si vous aimez mieux, la parole divine :

> Daigne mettre, grand Dieu! ta sagesse en sa bouche!

Et aussi, admirez, comme aux interrogations particulières d'Athalie, Joas, tout aussitôt qu'il le peut, répond par là maxime générale, qu'il sait par cœur, ayant appris son catéchisme :

> Mais de vos premiers ans, quelles mains ont pris soin?

demande la reine, et Joas répond avec la naïveté d'un premier communiant :

> Dieu laissa-t-il jamais ses enfants au besoin?
> Aux petits des oiseaux il donne la pâture, etc.

Les formules toutes faites lui montent naturellement aux lèvres :

> Tout profane exercice est banni de son temple...
> Le bonheur des méchants, comme un torrent s'écoule...

Joad, qui entendait l'entretien, caché derrière un rideau, a dû être content de son élève, ce jour-là. Mais on ne saurait penser à tout. Les enfants qu'on élève ainsi pour être des instruments dociles se laissent plus tard manier à toutes les mains, qui peuvent les employer, à leur fantaisie, pour le mal tout comme pour le bien. Un être qui manque de volonté personnelle n'est qu'un pantin dont un homme d'esprit, placé dans la coulisse, tire la ficelle.

L'homme d'esprit qui a formé le pantin, est-il sûr de garder le fil? Tant que Joad sera là, il y a grande apparence qu'il restera le maître. Et encore faudra-t-il, en dépit de l'éducation cléricale donnée au jeune homme, compter à vingt ans avec une nouvelle influence, celle de la femme.

On a vu plus d'une fois, sous l'antique monarchie, des ministres tout-puissants renversés d'un souffle par le caprice d'une maîtresse. Et quand Joad s'en ira, Zacharie, son fils, sera-t-il capable de recueillir l'héritage, de poursuivre, sur le prince devenu plus âgé, l'œuvre de la domination paternelle? Vous savez l'histoire : Zacharie sera lapidé dans le vestibule du temple par l'ordre de ce roi si pieusement élevé. C'est que la ficelle qui fait mouvoir le pantin royal aura changé de mains; la courtisane s'en sera emparée après la mort du grand prêtre.

Ne croyez point que ces réflexions chagrines aient échappé à la perspicacité de Joad. C'est un politique, et qui voit de loin les choses. Aussi cherche-t-il à se garder du mieux qu'il peut contre ces éventualités redoutables. Au moment de la crise, quand il lui faut décidément apprendre à Joas sa naissance et le couronner roi, il sent le besoin de se rassurer lui-même contre ces inquiétudes, et de faire passer à cet enfant un suprême examen. Il sonde une dernière fois l'abîme avant de s'y jeter à corps perdu. Si Joas n'est pas l'enfant soumis qu'il espère, s'il ne doit pas être un roi selon le cœur de Dieu, s'il n'est pas celui dont on a pu dire au premier acte :

> Il faut que sur le trône, un roi soit élevé
> Qui se souvienne un jour qu'au rang de ses ancêtres
> Dieu l'a fait remonter par la main de ses prêtres.

S'il n'est pas en un mot l'homme de son Syllabus, dame! nous ignorons à quel parti il se résoudra, puisque cette alternative ne se réalise point dans la pièce. Mais rien ne nous empêche de croire qu'il ne poussera pas plus avant une conspiration dont ni lui ni son Dieu ne doivent recueillir les fruits.

Mais Joad est content de l'examen ; Joas a très bien récité sa leçon et s'est montré imbu des maximes de la théocratie la plus pure ; il a promis de ne pas imiter

> L'infidèle Joram, l'impie Ochosias

qui se sont méchamment soustraits à l'omnipotence du

clergé. Du moment que le roi jure de rester obéissant, Joad n'a plus de raison de ne pas se prosterner :

> Je vous rends le respect que je dois à mon roi.
> De votre aïeul, David, Joas, rendez-vous digne.

L'enfant du miracle se confond en remerciements, en protestations, et le conspirateur, rappelé à son terrible rôle, lui dit tout de suite :

> Gardez pour d'autres temps votre reconnaissance !

Pour d'autres temps ! Cela s'entend de reste. Que lui importe les effusions d'un bambin qui l'embrasse et pleurniche ! C'est quand Joas sera devenu roi, quand sa reconnaissance pourra être efficace, que Joad viendra en réclamer les effets. Et il le fait jurer encore une fois sur le livre de la loi, le plus sacré, le plus redoutable des serments :

> Et vous, à notre loi, votre règle éternelle,
> Roi, ne jurez-vous pas d'être toujours fidèle ?

Joas jure tout ce qu'on veut, et Joad saisit la solennité du moment pour lui inculquer dans l'esprit ses dernières recommandations. Elles peuvent se résumer en deux mots : une fois sur le trône, tu auras beaucoup de conseillers qui te flatteront pour capter ta confiance : n'écoute que Dieu, c'est-à-dire n'écoute que moi. Et il le fait rejurer pour la troisième fois.

Voilà Joas couronné ; et comme tout de suite l'enfant connaît et pratique ce métier de roi, qui devrait être si nouveau pour lui, les lévites s'empressent autour de cet enfant, pour lequel ils vont se faire tuer :

> Lui, parmi ces transports, affable, sans orgueil,
> A l'un tendant la main, flattant l'autre de l'œil,

> Jurant de se régler sur leurs avis sincères
> Et les appelant tous ses pères ou ses frères.

Vraiment, ces vers ne semblent-ils pas écrits d'hier ? Et voyez d'ailleurs comme ce même Joas a dans toutes ces scènes tumultueuses un rôle effacé. Tout le monde s'agite autour de lui : vous chercheriez en vain un bout de vers qui lui soit attribué par le poète, et il n'y a rien d'éloquent comme ce silence.

Quand tout est fini, quand la conspiration a triomphé, le grand prêtre en revient à son antienne avec Joas, et devant le cadavre d'Athalie immolée :

> Par cette fin terrible et due à ses forfaits
> Apprenez, roi des Juifs, et n'oubliez jamais
> Que les rois dans le ciel ont un juge sévère.

Et le ciel a des ministres qui exécutent ses arrêts. Entends et comprends, jeune homme qui montes sur le trône tu n'es roi que pour être gouverné, maîtrisé par les prêtres : Si tu t'avises de secouer leur joug, on ne te dit que cela, regarde Athalie.

Je terminerai cette étude par le rôle de Joad, mais je ne sais quand, car l'analyse me prendra tout un feuilleton.

25 août 1873.

IV

Nous sommes partis de cette idée qu'*Athalie* est la mise en scène d'une conspiration, et que l'on y devait par conséquent retrouver les éléments nécessaires de toute conspiration, en quelque lieu et en quelque temps qu'elle se passe. Nous avons tour à tour, à ce point de vue, examiné la conduite de l'action et le caractère de chacun des personnages :

nous avons gardé Joad pour le dernier, parce qu'il est le chef, et qu'en analysant les autres rôles, qui dépendent du sien, nous l'avons lui-même étudié sous quelques-uns de ses aspects. Une part de la besogne est déjà faite.

Je vous supplie d'écarter pour un instant tous les souvenirs de l'histoire sainte qu'on vous a enseignée dans votre enfance, tous les préjugés dont vous vous êtes farci l'imagination au collège en apprenant par cœur les beaux vers de cette tragédie sacrée. Joad n'est qu'un chef de conspiration; pas autre chose. Il conspire pour remettre sur le trône un jeune homme sous le nom duquel il sera maître, pour restaurer un régime où il aura sa place, qui est la première. C'est un ambitieux.

Le titre qu'il porte et la situation qu'il occupe donneront nécessairement à son ambition une forme particulière. Il est grand prêtre, il est le visible représentant de Dieu sur la terre. Il n'y a pas de levier plus puissant pour émouvoir les imaginations des hommes et soulever un peuple crédule que celui de la religion, quand on sait en jouer. Il l'emploiera donc sans cesse. Sera-ce chez lui conviction ou politique? L'un et l'autre probablement. Qui peut dire en ces âmes profondes des Cromwell où finit l'illusion, où commence l'hypocrisie? Ils ont foi en eux, sans doute, en la cause qu'ils servent, et cette foi, alors même qu'elle n'eût été pour eux-mêmes à l'origine qu'un masque et qu'une attitude, elle se serait à la longue imposée à leur imagination, en vertu de cette loi qui veut qu'à force de répéter comme vraie une chose que l'on sait fausse, on se la persuade à soi-même plus fortement encore qu'aux autres.

Au reste, la question n'a pas besoin même d'être posée au théâtre; la scène ne peut montrer que des dehors; peu lui importe que le conspirateur théocratique croie plus ou moins, dans le fond de son cœur, au Dieu qu'il sert et dont il se sert. Quel usage en fait-il ? Manœuvre-t-il cette machine mi-partie politique, mi-partie religieuse, de la façon la plus intelligente, la plus propre à faire réussir le projet qu'il médite ? Tout est là.

Il n'y a donc plus à se préoccuper des objections de Voltaire et de tant d'autres, qui ont reproché au grand prêtre sa fourberie et son intolérance, non plus que des louanges un peu banales des commentateurs, qui se sont bornés à admirer la majestueuse grandeur de la Bible traduite en vers magnifiques.

Joad est un ambitieux, et un ambitieux théocratique qui conspire. Nous n'avons plus qu'à chercher en lui les traits caractéristiques qui distinguent tous les hommes de de son espèce.

Son premier souci a été de former en vue de ses desseins futurs l'enfant qu'il doit mettre un jour sur le trône. Il ne peut régner que sous le nom de Joas; il a donc pris soin de lui donner une éducation qui le lui asservisse. J'ai déjà touché ce point en parlant de Joas, mais je n'ai pu alors assez montrer, mon sujet ne m'y portant pas, quelle était à cet égard la préoccupation de ce conspirateur qui avait mis sa vie comme enjeu sur la tête de cet enfant. Tandis que Josabeth voit en lui l'enfant qu'elle a élevé, qu'elle aime, pour qui elle tremble, il n'est pour ce dur et inflexible Joad que l'instrument de sa grandeur future.

Au moment où l'affaire n'est pas engagée à fond, elle propose à son mari de prendre Joas entre ses bras, et de se sauver avec lui, attendant des jours meilleurs. Joad ne daigne même pas répondre à cette ouverture qui est pourtant fort sensée. Il s'agit bien de la vie de Joas! A quoi lui servirait Joas en fuite! Josabeth s'aperçoit que sa proposition n'est pas agréée, et la voilà qui pense à Jéhu, roi d'Israël, et l'implacable ennemi d'Athalie :

> Mais pourquoi de Jéhu refuser le secours!

Oui, pourquoi ? car les raisons qu'elle donne sont excellentes, et si Joad n'avait d'autre intérêt qu'une affection sincère pour le petit Joas, il s'y rendrait tout aussitôt. Mais imaginez un chef de conspirateurs, qui croit toucher à l'heure du succès, et à qui l'on vient dire : Vous devriez remettre à d'autres mains la conduite de l'affaire; vous avez semé, un autre viendra qui fera la récolte à votre place? Vous voyez d'ici son indignation :

> Jéhu, sur qui je vois que votre espoir se fonde,
> Jéhu, qu'avait choisi sa sagesse profonde,
> D'un oubli trop ingrat a payé ses bienfaits.
> Jéhu laisse d'Achab l'affreuse fille en paix.

Quel admirable vers! Il sonne à l'oreille comme un vers de Victor Hugo! Et quel cri de passion en même temps. Compter sur Jéhu qui ne nous a point aidé, qui n'a pas fait sa part de la besogne, et qui, au dernier moment, se sentant nécessaire voudrait réclamer tout le bénéfice. Allons donc !

> Non, non, c'est à Dieu seul qu'il faut nous attacher.

Dieu, il est bien entendu que c'est lui Joad, qui le représente. Quant à Joas, il en arrivera ce qu'il pourra, il sera tué si l'on perd la partie. Eh bien ! le grand malheur ! est-ce que Joad, lui aussi, ne risque rien dans la bagarre?

Leurs destins sont liés, et Joad y revient sans cesse. On voit que c'est pour lui le constant objet de sa préoccupation. Cette frêle et changeante créature sur laquelle il a mis, au hasard, tant et de si grandes espérances lui échappera-t-elle un jour ou restera-t-elle inféodée à son ambition? Tantôt il se rassure :

De nos princes hébreux, il aura le courage.
Et déjà son esprit a devancé son âge.

D'autres fois il est averti par un de ces pressentiments, qui traversent, comme un éclair, l'âme des grands ambitieux et il s'écrie dans un transport d'indignation :

Grand Dieu ! si tu prévois, qu'indigne de sa race,
Il doive de David abandonner la trace ;

S'il cesse d'écouter mes avis, de m'avoir pour premier ministre :

Qu'il soit comme le fruit en naissant, arraché,
Ou qu'un souffle ennemi dans sa force a séché !

Mais ces défaillances sont rares chez cet homme énergique. Un conspirateur n'est généralement pas une âme faible et pusillanime ; il faut du courage, de l'audace, outre un certain esprit d'intrigue, pour se mettre à la tête d'une de ces entreprises hasardeuses. Joad est une âme supérieure.

Ne croyez point qu'il s'en soit remis à Dieu, à ce Dieu dont il parle toujours, du soin de renverser Athalie et de lui substituer l'enfant du miracle. Personne mieux que lui ne connaît et ne pratique la maxime favorite des conspirateurs : Aide-toi, le ciel t'aidera.

Depuis fort longtemps, il a prévu le moment de la crise et s'y est préparé. Il n'a négligé aucun des moyens matériels. Il faut des soldats ; il en a :

Je sais que près de vous en secret assemblé
Par vos soins prévoyants leur nombre est redoublé.

Il faut des armes ; il s'en est muni, sans en rien dire à personne,

Et vous, pour vous armer, suivez-moi dans ces lieux,
Où se garde caché, loin des profanes yeux,

> Ce formidable amas de lances et d'épées,
> Qui du sang philistin jadis furent trempées.

Il a besoin de l'opinion publique, il l'a sondée; il a expédié des émissaires qui la lui ont rapportée, peut-être même après l'avoir faite :

> Autant que de David la race est respectée,
> Autant de Jézabel la fille est détestée,
> Joas les touchera par sa noble pudeur.

Cela ne l'empêche pas (car il est sceptique comme tous les politiques de tous les temps) d'estimer le peuple ce qu'il vaut, de savoir qu'il se tourne toujours du côté du succès, qu'il applaudit toujours au pouvoir établi, et qu'il ne faut faire sur lui aucun fonds, si l'on n'a pas des moyens plus solides, plus efficaces, de gagner la partie. Aussi s'écrie-t-il, avec une méprisante ironie, quand il se voit abandonné de la population, qui déteste Athalie, mais qui en a peur et qui redoute en même temps une révolution :

> Peuple lâche en effet et né pour l'esclavage!
> Hardi contre Dieu seul! Poursuivons notre ouvrage.

Ce dernier hémistiche est-il assez beau ! Ne vous semble-t-il pas entendre un Mazarin ou un cardinal de Retz contemplant avec un dédain sceptique le populaire, dont il a besoin et qui lui échappe, se disant : Bah! nous l'aurons avec nous quand nous serons les maîtres. Poursuivons notre ouvrage.

Joad a besoin encore des chefs des premières familles et des généraux, aussi voyons-nous qu'il s'est attaché les uns et qu'il protège les autres :

> Entrez, généreux chefs des familles sacrées...

dit-il en introduisant les nobles fils de Lévi qui l'aident

dans sa conspiration. Racine nous a fait assister aux menées qu'il ourdit pour pousser doucement et sans qu'ils s'en doutent, dans sa conjuration, ceux qui ont en main la force : les officiers supérieurs.

Il a (selon l'habitude des tragiques du dix-septième siècle) ramassé et résumé toutes ces intrigues qui ont dû se varier à l'infini, dans une seule scène. Je vous ai déjà entretenus, en examinant le rôle d'Abner, de la première scène qui ouvre la tragédie, scène si universellement admirée, et si peu comprise en général. Vous y trouverez ce que Joad a dû répéter cent fois aux généraux d'Athalie, sur lesquels il croyait avoir action, ce qu'ont dû insinuer les conspirateurs de tous les temps aux honnêtes gens, un peu sots, qui disposent de l'armée, et tiennent, sans en avoir conscience, entre leurs mains le sort des révolutions.

Joad se garde bien de s'ouvrir à lui; il a trop peur d'être compromis par une indiscrétion de zèle de ce loyal imbécile. Il l'avertit obscurément que quelque chose se prépare, qu'il ne suffit pas d'exhaler son mécontentement en vaines paroles :

>   Mais ce secret courroux,
> Cette oisive vertu, vous en contentez-vous?
> La foi qui n'agit pas, est-ce une foi sincère?

Ce brave Abner a toutes sortes de bonnes raisons pour ne pas agir. La première (et elle dispense de toutes les autres) est que, pour agir, il faut avoir quelqu'un en faveur de qui l'on agirait.

Et si vous aviez ce quelqu'un? demande le grand prêtre.

>   O jour heureux pour moi!
> De quelle ardeur j'irai reconnaître mon roi!

Voilà qui est assez clair. Aussi Joad n'insiste-t-il pas.

Il a appris ce qu'il lui importait de savoir. Il n'y a pas grand concours à attendre de ce chevalier ingénu avant l'événement; mais une fois l'affaire en train, on ne l'aura pas contre soi. Que faut-il davantage à un conspirateur?

Jamais vous ne prendrez Joad en défaut de négligence. Athalie veut voir et interroger Joas. On craint un péril, et ce brave Abner le prend sous sa protection :

> Princesse, assurez-vous : je les prends sous ma garde.

Vous croyez peut-être que Joad dort sur cette assurance. Il l'estime ce qu'elle vaut, il est donc resté à la porte, écoutant et l'arme au bras :

> J'écoutais tout et plaignais votre peine.
> Ces lévites et moi, prêts à vous secourir,
> Nous étions avec vous résolus de périr.

Quand Josabeth est pressée de trop près par Mathan et qu'elle va évidemment lâcher quelque aveu compromettant, il apparaît tout à coup, et comme il lui serait fort difficile de discuter avec Mathan dont les propositions sont des plus acceptables, il rompt violemment les chiens, s'emporte et le chasse avec une explosion de fureur magnifique. Que la colère soit réelle, je ne le conteste pas; tout ce que je veux faire remarquer, c'est que cet opportun accès de colère le délivre d'explications, où il aurait pu trahir aux yeux d'un diplomate aussi fin une partie de son secret. Les ambitieux politiques, tel qu'est Joad, ne sont malades que lorsqu'ils ont un intérêt quelconque à avoir la fièvre.

A mesure que la tragédie s'avance, le moment de la crise approche. Athalie est aux portes du temple avec son armée, et Joad n'a pas encore imaginé, ou plutôt le hasard, sur lequel comptent toujours les conspirateurs, n'a pas encore offert à Joad de traquenard où il fera plus tard tomber

Athalie. Il en est réduit aux seules forces dont il dispose. Elles ne sont évidemment pas assez considérables, matériellement parlant, pour entrer en lutte avec les troupes organisées de l'ennemi. Il faut donc doubler, tripler, centupler leur ardeur, en tendant leurs nerfs, en surexcitant chez eux le moral.

Comment s'y prendre ?

J'ai lu bien des appréciations de cette fameuse prophétie de Joad. J'ai quelque honte à le dire : mais il ne m'a pas semblé que personne en ait vu, au point de vue dramatique bien entendu, le véritable caractère.

Voilà des gens que l'on va envoyer se faire tuer pour une cause qu'ils ne connaissent point, qui leur est fort indifférente, qui n'apportera, si elle réussit, aucun changement à leur état. Ils sont moins nombreux, moins bien armés que ceux qu'ils attaquent. S'ils perdent la bataille, ils n'ont rien à espérer d'un vainqueur furieux. On les traitera comme des conspirateurs qui ont échoué. Les chefs s'en tireront peut-être encore; pour eux ils sont sûrs de leur affaire : on les égorgera sans pitié. Telle est la situation.

Pourquoi voulez-vous qu'ils marchent, si on ne leur met pas, par un artifice quelconque, le feu au ventre. Tous les conspirateurs, depuis que le monde est monde, arrivés à ce moment critique, ont senti le besoin de frapper un grand coup, d'enflammer les imaginations, d'étourdir, d'éblouir, de surexciter les pauvres diables qu'ils lançaient en avant.

Les uns se servent de moyens matériels : ils font des distributions d'eau-de-vie, ils donnent de l'argent, ils mêlent (dit-on) de la poudre au breuvage des soldats... D'autres croient plus à l'influence du moral; et toutes les histoires vous présenteront partout, à l'heure décisive, un chef de conspiration, un Catilina ou un Jeffier, réunissant ses affiliés et les excitant de sa parole, les échauffant de ses promesses, leur jetant ces grands mots de liberté et de patrie, qui tombent sur une foule comme des brandons enflammés.

Joad est un conspirateur théocratique. C'est donc l'idée de Dieu qui sera pour lui le moyen dont il usera pour remuer ces masses, et ce moyen, il ne l'ignore pas, est le plus puissant de tous.

> Voilà donc quels vengeurs s'arment pour ta querelle.
> Des prêtres, des enfants !...

s'écrie-t-il ; mais si ces prêtres et ces enfants sont bien décidés à se faire tuer gaillardement, ils peuvent l'emporter sur des troupes même aguerries, même disciplinées, mais qui auront moins de confiance en la bonté de leur cause, et c'est ce que Joad exprime aussitôt en ces vers :

> O sagesse éternelle !
> Mais si tu les soutiens, qui peut les ébranler !
> . . . .
> Ils ne s'assurent point sur leurs propres mérites,
> Mais en ton nom par eux invoqué tant de fois...

Etc., etc.
Vous vous récriez là-dessus : mais il est de bonne foi ! — Eh ! sans doute il est de bonne foi ! Cromwell était aussi de bonne foi quand il se jetait à genoux, demeurant en oraison devant toute son armée, implorant le secours du Très-Haut. Tous ces magnifiques charlatans sont de bonne foi. Quand ce serait des imposteurs, l'effet serait le même, et surtout l'effet dramatique.

Il s'agit de fanatiser une foule. Qu'importe que Mahomet croie avoir vu, le matin d'une bataille, l'ange Gabriel lui annoncer la victoire, si ses troupes, elles, sont persuadées qu'il l'a vu.

Dans ces grandes circonstances, l'âme humaine est très

capable de ces hallucinations, surtout chez les hommes d'action, qui ont presque toujours foi en leur étoile. Leur conviction est communicative, elle passe dans l'âme de ceux qui les écoutent, et les pousse aux dévouements héroïques. Il n'en faut pas davantage.

A supposer même que Joad n'eût été qu'un politique sans foi sincère, aurait-il jamais trouvé un artifice plus ingénieux et plus efficace que celui de cette prophétie, jetée en un pareil moment ? Songez donc. Voilà des hommes armés, à qui Dieu lui-même vient révéler que leur cause est bonne et qu'elle sera triomphante. Savez-vous une plus puissante manière d'encourager ?

A plus forte raison, si le chef de la conspiration partage lui-même la conviction qu'il inspire ; si lui-même croit voir le dieu qu'il annonce ; si son être tout entier vibre, et que ce tressaillement agisse sur les affidés qui l'entourent.

On s'accorde à regarder cette prophétie comme un superbe hors-d'œuvre ; mais point du tout, c'est le point culminant de la pièce ; c'est le moment critique. Dans cette scène, Racine a ramassé toutes les surexcitations légitimes ou factices à l'aide desquelles un chef de conspiration ne manque jamais de fanatiser, au dernier moment, ceux qu'il envoie se faire tuer pour la cause qu'il a prise en main.

Joad ne cessera d'appuyer sur cette corde. On propose de cacher l'Arche sainte pour qu'elle ne soit pas souillée par des mains criminelles :

> O crainte ! a dit mon père, indigne, injurieuse,
> L'Arche qui fit tomber tant de superbes tours,
> Et força le Jourdain de rebrousser son cours
> Fuirait donc à l'aspect d'une femme insolente?

Et quand on tremble autour de lui : Songez donc ! s'écrie-t-il :

> ... Songez qu'autour de vous
> L'ange exterminateur est debout avec nous.

Et quand Josabeth lui exprime ses craintes, ses alarmes, et lui dit en pleurant, devant tous les lévites assemblés :

> Dieu ne se souvient plus de David, notre père.

Joad, qui a peur que cette faiblesse ne gagne son armée, se met en colère contre elle et la rabroue vertement :

> Quoi, vous ne craignez pas d'attirer sa colère
> Sur vous et sur ce roi si cher à votre amour?
> Et quand Dieu de vos bras l'arrachant sans retour...

Etc...

C'est que, pour lui, cette idée de Dieu vivant prêt à combattre en sa faveur, est le plus efficace de ses moyens d'action. Il l'emploierait alors même qu'il n'y croirait guère pour son compte. Il n'a point de scrupules.

Il n'en a d'aucune sorte. Le piège abominable où il attire Athalie, en est une sûre preuve. Hésite-t-il un instant à mentir à Abner? à tromper ce pauvre homme? à le rendre complice, à son insu, malgré lui, d'une perfidie sans excuse? Il saute au contraire, avec une joie féroce, sur l'occasion qui lui est offerte. Le succès avant tout.

A-t-il des scrupules, quand il dit aux lévites assemblés :

> Dans l'infidèle sang baignez-vous sans horreur!

Et plus tard, après la défaite d'Athalie :

> Si quelque audacieux embrasse sa querelle
> Qu'à la fureur du glaive on le livre avec elle.

C'est un politique. Il n'y va pas par quatre chemins. Il sait qu'un parti n'est parfaitement écrasé que lorsqu'on a mis à mort les hommes énergiques qui en sont la force; et il dirait volontiers comme ce Mathan, qu'il exècre, mais qui n'a qu'un tort, celui d'appartenir à la faction vaincue :

> Qu'importe qu'au hasard un sang vil soit versé !

La conspiration a réussi : immédiatement, il distribue les places et les honneurs :

> Abner, auprès du roi reprenez votre place.

Soyez grand connétable ! Quant à lui, il est hors rang. Le premier mot dont il salue l'avènement du jeune roi, c'est un conseil par lequel il l'avertit que l'innocence a dans le ciel un vengeur ; et ce vengeur, il n'a pas besoin de le nommer.

Je suis arrivé au bout de cette étude sans l'avoir épuisée. J'engage vivement ceux qu'elle aura intéressés à ne pas se contenter des indications que j'ai données en courant. Une fois en possession du procédé curieux que j'ai mis entre leurs mains, ils peuvent s'en servir comme d'un instrument de dissection très délicat, et pousser l'examen plus avant. Cette analyse leur renouvellera le goût des chefs-d'œuvre classiques, qui s'est émoussé par une trop longue, trop uniforme, et, il faut bien le dire, trop banale admiration.

6 octobre 1873.

VOLTAIRE

LE THÉATRE DE VOLTAIRE

I

L'art dramatique a été la passion de Voltaire, une passion de toute sa vie, et qui n'a pas toujours été très heureuse. On croit généralement que les pièces de Voltaire se sont, il est vrai, démodées, mais qu'elles avaient toutes été accueillies avec enthousiasme à l'époque où elles parurent pour la première fois devant le public. Rien n'est moins juste. Si l'on prend, l'un après l'autre, le titre des œuvres dramatiques de Voltaire, tragédies ou comédies, on voit qu'il a compté autant de chutes que de succès. Après le coup d'éclat d'*Œdipe*, il faut courir jusqu'à *Zaïre* pour trouver une pièce qui ait réussi; et, dans l'intervalle, il a donné *Artémise*, *Marianne*, *Brutus*, les *Originaux*, *Ériphyle*, toutes pièces tombées, ou à peu près.

Je me rappelle en mon enfance avoir vu jouer, au Théâtre-Français ou à l'Odéon, je ne sais plus lequel, cet *Œdipe*, qui était encore, entre 1840 et 1848, représenté de loin en loin. En ce temps-là je ne connaissais pas celui de Sophocle, que nous avons vu, depuis, transporté sur la scène dans l'admirable traduction de Jules Lacroix. Je fus très ému : du diable si je sais de quoi ! Je viens de m'en rafraîchir la mémoire ; cela est très brillant et tout plein de ce que Voltaire appelait lui-même le diable au corps; mais il me semblerait difficile, à cette heure, d'en tirer un grain d'émotion vraie.

C'est égal! si l'on se reporte en l'an 1718, où cette œuvre fut pour la première fois donnée au public de Paris, on conçoit l'engouement des contemporains. Songez que c'était le coup d'essai d'un jeune homme de vingt-deux ans. Et quel jeune homme! Nous avons beau faire à présent, nous ne nous figurons plus Voltaire que vieux, ridé, grimaçant, tel que nous le représentent et le buste et la statue que l'on admire au foyer de la Comédie-Française et que les réductions en plâtre ou en bronze ont rendus populaires. Il nous semble que Voltaire ait toujours eu soixante-quinze ans.

Imaginez-vous Voltaire sortant de chez les jésuites. Il a dix-huit ans, et sa tragédie en poche. Car *Œdipe* est une tragédie de collège. C'est sur les bancs qu'il s'est épris, lui, simple écolier, du sujet traité par Sophocle, et qu'il s'est senti l'envie de l'arranger au goût du jour. Il ne s'agit plus que de la faire jouer; il s'en va, avec la superbe confiance des jeunes gens, la lire aux comédiens, qui la refusent. Il s'y attendait, il ne se décourage point.

Il a pour lui la bonne grâce d'un visage animé de tous les pétillements de l'esprit, des yeux étincelants, ce charmant sourire des lèvres, que la vieillesse devait plisser plus tard, ce feu de conversation, dont nous savons par mille témoignages que la séduction était irrésistible.

En ce temps où l'esprit était une puissance, faites-vous une idée de la curiosité que dut exciter un jeune homme si prodigieusement doué, alerte à se faufiler dans tous les mondes, sachant manier à la fois et la flatterie et le sarcasme, aimable et hardi avec les femmes qu'il adorait toutes, et menant un bruit d'aventures qui amusait cette société frivole.

Les comédiens l'avaient repoussé; il entreprit de leur

forcer la main, en charmant tous ceux dont ils dépendaient. Il se mit à gagner chez les princes et chez les belles dames des protecteurs à son *Œdipe*. Après souper, il lisait sa pièce, recueillant des suffrages, acceptant les critiques, disant qu'il en ferait son profit, exécutant même sur l'heure la correction demandée, et se faisant de ces collaborateurs de rencontre des alliés d'autant plus chauds, qu'en intriguant pour lui ils croyaient travailler pour leur propre compte.

« Je me souviens bien, écrit-il à l'abbé de Chaulieu, des critiques que M. le grand prieur de Vendôme et vous me fîtes dans un certain souper chez M. l'abbé de Bussi. Ce souper-là fit beaucoup de bien à ma tragédie, et je crois qu'il me suffirait, pour faire un bon ouvrage, de boire quatre ou cinq fois avec vous. Socrate donnait ses leçons au lit, et vous, vous les donnez à table; cela fait sans doute que vos leçons sont plus gaies que les siennes. »

Plus tard, bien plus tard, en 1750, il rappelait à la duchesse du Maine une lecture qu'il avait faite de son *Œdipe* au château de Sceaux : « Votre Altesse Sérénissime se souvient que j'eus l'honneur de lire *Œdipe* devant elle. La scène de Sophocle ne fut pas assurément condamnée à ce tribunal; mais vous et M. le cardinal de Polignac, et M. Malézieu, et tout ce qui composait votre cour, vous me blâmâtes universellement et avec beaucoup de raison, d'avoir prononcé le mot d'amour dans un ouvrage où Sophocle avait si bien réussi sans ce malheureux ornement étranger, et ce qui seul devait faire recevoir ma pièce fut précisément le seul défaut que vous condamnâtes. »

Il avait intéressé de même le prince de Conti à son drame, en lui demandant des conseils; il avait eu l'art d'exciter et d'entretenir une curiosité universelle : « On attend, écrivait Brossette à Rousseau, on attend avec une extrême impatience une tragédie d'*Œdipe* par M. Arouet, dont on dit par avance le plus grand bien. Pour moi, j'ai peine à croire qu'une excellente ou même une bonne tragédie puisse être l'œuvre d'un jeune homme. » Et Rousseau répondait à Brossette : « Il y a longtemps que j'entends dire merveille de l'*Œdipe* du petit Arouet. J'ai fort bonne opinion de ce jeune homme, mais je meurs de peur qu'il n'ait affaibli le terrible de ce grand sujet en y mêlant de l'amour. »

Voyez-vous dans notre monde d'aujourd'hui un garçon de vingt ans éveillant des attentes et des sympathies si vives ! Je sais bien que les temps ne sont plus les mêmes et que les mœurs ont changé. Ce n'était pas en 1718 un défaut d'avoir vingt ans, et l'on ne croyait pas encore que la jeunesse commençât à la quarantaine. Notre siècle est celui de la gérontocratie. N'importe ! on peut juger par ces simples citations, que j'emprunte au travail de M. Louis Moland sur les tragédies de Voltaire, de la séduction qu'exerça à son entrée dans la vie cet éblouissant esprit sur la société de son temps.

Les comédiens durent céder ; et ils n'eurent point à s'en repentir. *Œdipe* alla aux nues ; et l'engouement pour l'homme rejaillit en admiration sur l'œuvre. La vogue de cette pièce fut même beaucoup plus longue que l'on ne croit d'ordinaire, car Geoffroy, le critique des *Débats*, écrivait dans un de ses feuilletons en 1804 : « Ce dont on peut être bien persuadé, c'est qu'aujourd'hui *Œdipe* est la tragédie de Voltaire qu'on écoute avec le plus d'intérêt et que l'on applaudit davantage. Mon habitude des spectacles m'a mis à portée de vérifier le fait. J'ai dernièrement assisté à une représentation de *Mérope*, que l'on regarde comme le chef-d'œuvre de Voltaire ; il s'en faut de beaucoup qu'elle ait produit le même effet qu'*Œdipe*. »

Nous en pouvons croire Geoffroy sur parole ; on sait qu'il n'était point des amis de Voltaire ; il lui a fait, durant toute sa vie de critique, une guerre acharnée, où il a témoigné sans cesse de beaucoup de perfidie et de mauvaise foi.

Les contemporains crurent que c'était un grand poëte dramatique qui se révélait. Lamotte, dont les jugements faisaient loi, écrivait dans l'*approbation* mise en tête de la tragédie imprimée : « Le public, à la représentation de cette pièce, s'est promis un digne successeur de Corneille et de Racine; je crois qu'à la lecture, il ne rabattra rien de ses espérances. »

J'imagine que ce qui séduisit les contemporains de Voltaire, ce ne fut pas précisément le génie tragique qu'ils crurent y trouver et qui en était absent; mais bien je ne sais quel souffle nouveau de libre pensée qui l'animait d'un bout à l'autre. On y sentait courir une veine d'esprit agressif, et, si l'on peut user de ce mot en 1718, révolutionnaire. Que de vers, tombant sur ce public du dix-huitième siècle, si amoureux des nouveautés hardies, durent le faire tressaillir!

> Qu'eussé-je été sans lui? rien que le fils d'un roi,
> Rien qu'un prince vulgaire...
>
> . . . .
>
> Un roi pour ses sujets est un dieu qu'on révère;
> Pour Hercule et pour moi c'est un homme ordinaire;
>
> . . . .
>
> J'ai fait des souverains et n'ai pas voulu l'être.
>
> . . . .
>
> Ne nous endormons point sur la foi de leurs prêtres;
> Au pied du sanctuaire il est souvent des traîtres.
>
> . . . .
>
> Les prêtres ne sont pas ce qu'un vain peuple pense,
> Notre crédulité fait toute leur science.

Ces lieux communs ont eu, depuis Voltaire, le temps de se refroidir. Il est bien probable qu'à cette époque ils plaisaient par un tour piquant de nouveauté hardie. On sentait le pamphlétaire sous l'homme de théâtre, et l'on était ravi de voir se produire, sous le couvert de cette forme antique et respectée, les idées de rénovation politique et sociale qui fermentaient dans ce public.

Il ne serait pourtant pas juste de dire que Voltaire n'usa de la scène que comme d'une tribune, où il lui était permis de parler impunément à un grand public des réformes dont il souhaitait le succès; qu'il ne fut et ne voulut être qu'un prédicateur ou, si vous aimez mieux, un pamphlétaire au théâtre.

C'est là de l'exagération pure. Voltaire aima le théâtre pour le théâtre; il l'aima passionnément, comme tout son siècle. Il suffit pour s'en convaincre de parcourir, même d'un doigt distrait, sa vaste correspondance. S'il y a, certes, quelqu'un au monde qui n'ait pas eu de secret pour le public, c'est bien Voltaire. Nous connaissons jour par jour, à l'aide de ses lettres, qui n'étaient qu'une conversation écrite, ses préoccupations, ses désirs, ses regrets, ses colères, ses joies, tous les sentiments par lesquels il passait tour à tour, et qui chez lui étaient toujours extraordinairement vifs.

Si, de dessein formé, il eût écrit des tragédies en vue d'en faire des pamphlets, il ne l'eût pas caché à ses correspondants habituels, Thiériot, ses anges, Cideville, d'Alembert. On ne voit rien de pareil. Il prend son art très au sérieux; quand il les entretient d'innovations, c'est le plus souvent d'innovations dramatiques qu'il parle. Je ne dis pas que ce goût de polémique, qui avait passé dans son sang, ait été toujours écarté de son théâtre; il n'en est pas le point dominant. Expliquer par là, et le succès de Voltaire près de ses contemporains, et le décri où ses tragédies sont justement tombées, c'est ne considérer la question que par un côté accessoire.

Ce qui fait que Voltaire, après tant de victoires éclatantes au théâtre, après avoir été placé par ses contemporains à côté de Corneille et de Racine, a perdu tout son prestige, c'est que le théâtre est un maître jaloux, qui prend toute la vie et toutes les forces d'un homme, et que Voltaire ne lui a donné qu'une partie des siennes. Je l'ai déjà bien souvent répété : il n'y a pas de travail plus absorbant que celui du dramaturge ; car il n'y en a pas qui exige une concentration d'esprit plus intense et plus prolongée.

Nous avons, dans l'Université, un mot pour caractériser ces besognes que l'on fait à bâtons rompus, de bric et de broc, sans y mettre toute sa conscience et tout son cœur : c'est un ouvrage d'entre-classes, disons-nous. Tous les élèves qui ont passé par nos collèges sentent l'énergie de ce mot. Ils savent que, dans l'entre-classes, on n'a pour travailler que des demi-heures rapides coupées de récréations et de repas.

Eh bien ! le grand défaut des tragédies de Voltaire, c'est qu'elles sont des œuvres d'entre-classes. Nous savons au juste comment il travaillait. Quand une idée de tragédie lui avait passé par la cervelle, il en bâtissait le plan, il en écrivait les principales scènes avec une rapidité prodigieuse. Il n'a guère mis qu'une vingtaine de jours à *Zaïre*. Il est vrai qu'ensuite il passait des mois à retoucher, à limer, à polir ; mais c'étaient des corrections de détail.

Le premier travail de condensation puissante avait manqué. Il n'avait pas longtemps porté ses personnages ; il ne les avait pas vus agir ; il n'avait pas creusé, par la réflexion, l'étude de la passion qu'il voulait mettre en scène. Non, une fois la situation première trouvée, comme après tout il avait le don, qu'il savait précisément voir les scènes à faire, comme il les exécutait avec cette furie de mouvement qui était chez lui une qualité de nature, il éblouissait les yeux des contemporains. La postérité ne se contente pas à si bon marché. Une fois le vernis brillant de ce style écaillé, on s'est aperçu que les dessous n'étaient point solides, et il n'est presque plus rien resté de ce théâtre, si bruyant jadis.

Je suis comme Geoffroy ; j'ai vu *Mérope*. C'est pourtant une pièce merveilleusement faite que *Mérope*; elle m'a ennuyé. *Zaïre* est peut-être le seul drame de lui que l'on puisse revoir avec plaisir à la scène, et encore s'il est rendu par des acteurs tels que le hasard en a réuni deux à la Comédie-Française : Mlle Sarah Bernhardt et Mounet-Sully. C'est que le sujet était heureusement choisi; c'était une trouvaille. Voltaire s'appuyait sur un homme de génie : Shakespeare, et il n'avait eu qu'à jeter, sur le fond solide et résistant donné par le grand tragique anglais, le magique coloris de sa versification facile.

Je viens de relire toutes les polémiques qu'ont suscitées, vers 1804 et 1805, les attaques passionnées de Geoffroy contre *Zaïre*. Il paraît que dans son premier article qui, en effet, n'est pas tendre, le célèbre critique avait froissé les susceptibilités du public, dévot en ce temps-là à la gloire de Voltaire. Une foule de vaillants se levèrent pour punir l'audacieux iconoclaste. Les pamphlets et les articles grêlèrent sur Geoffroy, qui répondit de sa bonne encre.

Geoffroy, qui était un homme de goût, malgré son parti pris de dénigrement très visible en cette affaire, a pourtant touché juste dans les critiques qu'il a faites de la pièce. Il a très bien vu que le défaut de *Zaïre*, comme de tout le théâtre de Voltaire, c'était le manque de sincérité de l'auteur.

Entendons-nous; je ne veux pas dire que Voltaire fût de mauvaise foi; non, il travaillait consciencieusement; mais son grand, son premier but n'était pas de faire pour lui-même, par amour de l'art, une œuvre profondément étudiée et belle. Il songeait surtout au public, et ne négligeait aucun moyen de lui plaire, si petit fût-il.

C'est ce que Geoffroy fait ressortir avec la perfide malice d'un ennemi ; écoutez-le parler :

« Dans la combinaison de ses plans, dans l'arrangement de ses pièces, il laisse voir la dextérité et l'artifice du jongleur plutôt que l'art du poëte... Femmes sensibles, que *Zaïre* attendrit jusqu'aux larmes, ne cherchez point à découvrir comment on vous trompe, puisque votre bonheur est d'être trompées. Craignez de regarder Voltaire dans son cabinet, préparant avec un sourire malin les filets où il veut vous prendre, rassemblant autour de lui toutes ses machines dramatiques : ici, les Turcs ; là, les chrétiens ; la croix et les plumes d'un côté ; les turbans et le croissant de l'autre ; tantôt Jésus, tantôt Mahomet ; Paris et la Seine à droite, Jérusalem et le Jourdain à gauche ; mettant tous les sentiments, toutes les passions en salmis ; la religion, l'amour, la galanterie, la nature, la jalousie, la rage pêle-mêle ; espèce de chaos tragique où l'on fait l'amour et le catéchisme, où l'on baptise et l'on tue. Il y en a pour tout le monde ; il y a de quoi satisfaire tous les goûts ; peu de sens et de raison ; beaucoup de tendresse, de fureurs et de déclamations ; beaucoup de combats et d'orages du cœur. En voyant dans les lettres de Voltaire tout l'échafaudage de cette pièce turco-chrétienne, on est vraiment honteux d'être dupe de ce charlatanisme théâtral. »

Charlatanisme est un peu dur. Mais il y a du vrai dans ces observations, et je sais tel, parmi les écrivains dramatiques d'aujourd'hui, à qui elles pourraient s'appliquer. Mais je ne le nommerai pas ; car il est irritable et se fâcherait peut-être d'être comparé simplement à Voltaire.

Où Geoffroy avait tort, c'était dans ce qu'il ne disait pas. Est-il juste de s'obstiner à ne voir, dans un bel ouvrage, que les défauts qui s'y trouvent, ces défauts fussent-ils réels, et d'affecter le silence sur les beautés qu'il renferme ? A ce compte, savez-vous qu'il ne resterait pas grand'chose de *Cinna*, et qu'un bon quart des *Horaces* périrait sous les mains de la critique !

Voltaire, qui était un malin, savait bien, lui, où était le charme de *Zaïre*. Lisez ses préfaces et ses épîtres dédicatoires, qui sont peut-être plus spirituelles que sa pièce, qui sont mieux écrites tout au moins ; car elles le sont en prose. Il a parlé avec un agrément infini de la naïveté de tendresse et de la fureur de passion des deux principaux personnages :

« Si *Zaïre* a eu quelque succès, dit-il, je le dois beaucoup moins à la bonté de mon ouvrage, qu'à la prudence que j'ai eue de parler d'amour le plus tendrement qu'il m'a été possible. J'ai flatté en cela le goût de mon auditoire ; on est assez sûr de réussir quand on parle aux passions des gens plus qu'à leur raison. On veut de l'amour, quelque bon chrétien que l'on soit, et je suis persuadé que bien en prit au grand Corneille de ne s'être pas borné, dans *Polyeucte*, à faire casser les statues de Jupiter par les néophytes ; car telle est la corruption du genre humain, que peut-être

> De Polyeucte la belle âme
> Aurait faiblement attendri,
> Et les vers chrétiens qu'il déclame
> Seraient tombés dans le décri ;
> N'eût été l'amour de sa femme
> Pour ce païen, son favori,
> Qui méritait bien mieux sa flamme
> Que son bon dévot de mari.

Même aventure à peu près est arrivée à *Zaïre*. Tous ceux qui vont au spectacle m'ont assuré que, si elle n'avait été que convertie, elle aurait peu intéressé ; mais elle est amoureuse de la meilleure foi du monde, et voilà ce qui a fait sa fortune. »

Voltaire rappelle encore cette foule de vers d'un naturel délicieux, dont quelques-uns sont restés proverbes. Il les recueille lui-même dans sa préface et les cite :

> Mais Orosmane m'aime et j'ai tout oublié.
> . . . .
> Je veux avec excès vous aimer et vous plaire.
> . . . .
> Je me croirais haï d'être aimé faiblement.
> . . . .
> L'art n'est pas fait pour toi, tu n'en as pas besoin.

Sans oublier le fameux :

> Zaïre, vous pleurez !

Et, pour mieux en faire sentir la grâce, Voltaire raconte une histoire qui n'est peut-être pas vraie, mais qui est bien amusante. On avait traduit sa pièce en anglais dans le pays de Shakespeare ! Et le traducteur, pour l'accommoder au goût de ses compatriotes, avait cru devoir accentuer certaines situations :

« Par exemple, dit Voltaire, lorsque, dans la pièce anglaise, Orosmane vient annoncer à Zaïre qu'il croit ne la plus aimer, Zaïre lui répond en se roulant par terre. Le sultan n'est point ému de la voir dans cette posture ridicule, et, le moment d'après, il est tout étonné que Zaïre pleure.

Il lui dit cet hémistiche :

> Zaïre, vous pleurez !

Il aurait dû lui dire auparavant :

> Zaïre, vous vous roulez par terre.

Aussi ces trois mots : Zaïre, vous pleurez, qui font un grand effet sur notre théâtre, n'en font aucun sur la scène anglaise, parce qu'ils y sont déplacés. »

Il est impossible de faire avec plus de grâce, de malice et de bon goût les honneurs de son esprit. Vous voilà prévenus à cette heure, et si vous n'admirez pas la simplicité et la tendresse de l'hémistiche en question, ce ne sera pas la faute de Voltaire.

3 juin 1878.

ZAÏRE

II

La Comédie-Française vient de reprendre avec un grand éclat *Zaïre*, qui n'avait pas été représentée depuis tantôt une vingtaine d'années. Je sais que pour ma part je ne l'avais jamais vue, non plus que *Tancrède*, ni *Alzire*. M. Thierry ne nous a jamais donné que *Mérope*, qui est un beau drame. Mais l'interprétation était tout à fait insuffisante, et *Mérope* n'obtint pas même un succès d'estime.

Je crois que *Zaïre* excitera une vive curiosité. On a bien raison de dire que l'on ne connaît une pièce de théâtre qu'après l'avoir vue en scène, *aux chandelles*, pour user du mot de nos pères.

Zaïre nous choque fort souvent à la lecture. La trame du style, encore que semée de traits brillants fort nombreux, en est si médiocre! La phraséologie en est si démodée! Tous ces Turcs: Orosmane, Corasmin et Mélidor sont des Turcs de carton! Le sentiment chrétien qui traverse la tragédie et la soutient n'a ni vérité, ni profondeur! Il est tout en superficie.

Évidemment ni Lusignan, ni Nérestan, ni Châtillon, ni Zaïre, ni Fatime n'ont plus de foi que n'en avait l'auteur lui-même, pour qui tout ce déploiement de christianisme n'était qu'une machine poétique. Et quelle versification!

Elle était suffisante au dix-huitième siècle où l'on avait perdu le sens de l'harmonie propre aux vers. Mais nous, dont l'oreille a été formée dès notre jeunesse à la sonorité pleine de l'alexandrin moderne, nous qui jugeons même parfois un peu fade la mélodie de Racine, nous qui aimons la belle période musicale telle que Victor Hugo l'a retrouvée dans Corneille en l'agrandissant encore, nous enfin à qui plaisent les éclatantes images, les mots superbes, relevés encore par la plénitude et la magnificence du son, que pouvons-nous penser de ce malheureux vers de Voltaire, toujours si grêle, si étriqué, si prosaïque! Il y a sans doute des passages charmants, et quelques-uns sont restés célèbres :

> Je me croirais haï d'être aimé faiblement...
> Je veux avec excès vous aimer et vous plaire...
> Une pauvreté noble est tout ce qui me reste...
> Zaïre, vous pleurez, etc.

Peut-être même ne citerait-on pas une tragédie où se rencontrassent un si grand nombre de vers devenus, comme disait Boileau, proverbes en naissant. Ce sont des traits heureux comme en trouve un homme qui a beaucoup d'esprit, et Voltaire n'en manquait point. Mais y en eût-il dix fois davantage, ils ne constituent point un ensemble de style, et surtout ils n'emplissent point l'oreille de cette sonorité majestueuse ou charmante, qui est le privilège et l'honneur de la langue poétique.

Tous ces défauts frappent singulièrement à la lecture. Ils disparaissent presque à la représentation. Là, on est bien plus saisi par les qualités dramatiques, et celles que Voltaire a déployées dans *Zaïre* sont incomparables.

Ne prenez *Zaïre* que comme un drame de d'Ennery. Il n'y en eut jamais de mieux fait, de plus simple, de plus rapide, de plus émouvant. Ce n'est qu'une situation, mais qui frappe sans cesse à coups rapides et pressés au même endroit de l'âme. Je ne m'étonne pas que tout le dix-huitième siècle ait pleuré à cette *Grâce de Dieu* de l'ancien temps. On n'en pouvait sentir les ridicules, puisque la forme adoptée par Voltaire était précisément celle qui était alors à la mode. On était profondément touché des aventures de cette pauvre fille, si cruellement assassinée par un amant jaloux.

Qui de nous, en voyant les *Deux Orphelines*, ne s'est surpris à larmoyer sur le sort de la malheureuse aveugle? On s'en veut bien un peu après d'avoir dépensé tant de sensibilité sur une histoire romanesque, qui n'a pas le sens commun. Mais l'effet est produit. Les *Deux Orphelines* ont eu cent représentations à la Porte Saint-Martin; elles achèvent ces jours-ci la seconde centaine au Châtelet, au milieu d'un concours immense de spectateurs, que n'ont pas rebutés les chaleurs du mois de juillet. Et cependant les *Deux Orphelines* ne comptent guère que deux tableaux intéressants. Songez que *Zaïre* est arrangée de telle sorte, qu'il n'y a pas une scène qui ne soit attachante, que la terreur et la tendresse s'y succèdent tour à tour, sans laisser à l'attention un moment de relâche; que l'on est comme emporté, d'un bout à l'autre, par un grand courant de passion, qui ne s'interrompt jamais.

J'ai parlé de la *Grâce de Dieu* et des *Deux Orphelines*: c'est exprès, et je vous prie de ne point voir là une irrévérence ou une malice. C'est tout simplement que *Zaïre* est et restera le chef-d'œuvre du genre où ces deux productions, fort connues de notre temps, tiennent un rang honorable. Un genre secondaire, si l'on veut, mais qu'importe cette question de préséance si l'œuvre est admirable!

Et voilà à quoi sert la représentation d'un ouvrage, qui

se fait pour le théâtre, par un homme de théâtre. Nous ne savions pas, ou pour mieux dire, je ne savais pas que *Zaïre* fût une pièce si merveilleuse. Quelque habitude que l'on ait, quand on lit un drame, de le voir, par les yeux de l'esprit, s'agiter sur une scène imaginaire, on ne se rend pourtant jamais bien compte de l'effet qu'il produirait derrière la rampe, à plus forte raison si la pièce qu'on lit est une œuvre classique, que l'on aborde avec des préventions de collège. On nous a toujours répété que *Zaïre* est une tragédie, une imitation, une continuation du théâtre de Racine; il nous est bien difficile, quand nous prenons le volume, de nous détacher de cette idée préconçue, et de ne pas y chercher les qualités qui nous séduisent dans Racine. Si nous trouvons que la pièce ne répond pas à l'idée que nous nous sommes faite de la tragédie, nous la rejetons avec humeur.

Au théâtre, la vérité éclate, *Zaïre* n'a de la tragédie que le nom. Elle marque un nouveau genre, le drame romanesque, et, du premier coup, elle en atteint la perfection. Je vous en supplie, ne vous attachez point à la peinture des caractères, ni à l'étude des progrès de la passion; écartez le souvenir d'*Othello*, comme l'a fait Voltaire lui-même, qui n'a jamais soufflé mot de cette source d'inspiration. Ne remarquez point, avec Villemain, combien sont faibles les expressions par où Orosmane trahit au premier acte cette jalousie qui l'emportera au meurtre du dénoûment. Passons ensemble condamnation sur toutes ces défaillances.

Ne considérez que la conduite du drame. Le premier acte est charmant, et le second superbe. Il est vrai que le premier n'a point fait d'effet l'autre soir, mais c'est la faute de Berton, qui est un Nérestan déplorable. On n'est pas plus étriqué sous ce costume, qui serait peut-être élégant, porté par un autre; on n'a pas un air plus piteux en représentant un chevalier français; on ne dit pas plus platement le vers, et de quelle voix, bon Dieu! qui passait tout par le nez, comme il arrive à Berton quand il est ému. Il s'est rattrapé dans la grande scène du troisième acte. Mais c'est lui qui a gravement compromis le premier. Il semble que le rôle eût été plus le fait de Laroche. Mais Laroche était pris par le Sévère de *Polyeucte*.

Le second acte enferme un des plus beaux coups de théâtre qu'on ait jamais mis à la scène. Et il est d'une simplicité merveilleuse. Zaïre est-elle chrétienne, oui ou non? C'est le nœud de la pièce. Car si elle l'est, d'une façon authentique, il faudra bien qu'elle se refuse aux désirs du Soudan. C'était une singulière hardiesse, j'en appelle à tous les hommes de théâtre, que de découvrir ce secret dès le second acte, et de faire tourner les trois autres sur ce pivot. Il fallait être bien sûr de pouvoir les emplir, et cela n'était pas facile. Il n'y avait qu'un tour de force qui pût justifier ce coup d'audace. Mais aussi quel second acte!

Vous avez tous appris par cœur :

> Mon Dieu! j'ai combattu soixante ans pour ta gloire...

Le morceau, en effet, est assez brillant, quoique d'un style peu ferme. Mais ici ce n'est pas la poésie qui intéresse : c'est la situation. Le fameux vers :

> Mon Dieu, qui me la rends, me la rends-tu chrétienne?

est un trait de génie. Le discours du vieillard est étonnant de mise en scène. Toute cette conversion de Zaïre se fait à grand spectacle, comme il convient dans un mélodrame, et le fait est qu'il n'y manque qu'un léger trémolo à l'orchestre quand Zaïre, à qui son père demande si elle veut être chrétienne, répond, la main tendue : *Je le suis*.

17.

Il peut se faire que vous préfériez des beautés qui soient moins extérieures, où se trahisse moins l'envie de séduire l'imagination et les yeux. Je serais bien de votre avis. Mais, est-ce une raison pour ne pas reconnaître et apprécier des mérites moindres, alors qu'ils sont portés en un degré éminent ? Il me semble qu'on doit prendre les œuvres des grands hommes, surtout par leurs beaux côtés, et ne signaler les autres qu'en passant.

A partir de ce moment, le reste de la pièce n'est plus qu'un long duo d'amour et de fureur, coupé de temps à autre par les incidents qu'imagine le poète, mais qui se renoue sans cesse, jusqu'à ce qu'il se termine par le meurtre de Zaïre et le suicide d'Orosmane. La fécondité de Voltaire à varier les nuances de ce dialogue qui est toujours le même, puisque Zaïre doit toujours se refuser, sans jamais dire son secret, cette fécondité inépuisable est une pure merveille.

Je parlais tout à l'heure de hardiesse. Il y en a au quatrième acte une qui est inouïe. Orosmane et Zaïre viennent d'avoir un long entretien, c'est le second, puisqu'il y en a déjà eu un premier au troisième acte. Ils se sont dit assurément tout ce qu'ils avaient à se dire. Ils ont épuisé l'une toutes les protestations de la tendresse la plus naïve en même temps que tous les faux-fuyants dont dispose une femme qui se dérobe, l'autre toutes les colères de l'amour le plus furieux et le plus désappointé.

Ils se sont quittés ; Orosmane reste en scène ; on lui apporte un billet qui accuse Zaïre ; il la rappelle ; elle revient. C'est la même scène qui recommence ; Zaïre ne pourra que protester de nouveau de sa tendresse, de son innocence, et de l'impossibilité où elle est de se rendre ; Orosmane ne pourra que répéter ses interrogations, ses étonnements et ses transports. Je ne sais si l'on trouverait dans un autre ouvrage dramatique l'exemple d'une reprise aussi extraordinaire. On me citera *Bérénice*. Mais justement *Bérénice*, qui est d'ailleurs un chef-d'œuvre de style et de grâce, est mortellement froide à la représentation. A *Zaïre*, au contraire, on a le cœur dans un étau; on ne respire pas.

C'était Mounet-Sully et Mlle Sarah Bernhardt qui étaient chargés de nous rendre *Zaïre*. Il faut d'abord leur savoir gré à tous deux de l'avoir jouée, comme elle a été écrite, en drame. Ils ne se sont pas empêtrés de traditions tragiques, si tant est qu'on les ait jamais appliquées à *Zaïre*, ce dont je doute forte : car Voltaire était bien malin.

C'est lui-même qui avait instruit Le Kain, et Le Kain était d'une turquerie horriblement farouche. Dupuis, le Dupuis du Gymnase et de Saint-Pétersbourg, dont la mère a longtemps joué les jeunes premières aux Français, me rapportait hier une anecdote qu'elle avait entendu conter à Mme Thénard. Un soir, Le Kain, jouant avec une nouvelle actrice qui débutait dans *Zaïre*, lui dit avec un visage et une voix si terrible, le fameux : *Vous m'aimez?* du cinquième acte, que la jeune fille, éperdue, eut un éblouissement, et se sauva de la scène en criant de frayeur.

C'est dans ce sentiment que Mounet-Sully a joué le rôle. Il en a fait un sauvage, un Tartare. Cette interprétation, quoi qu'on en ait pu dire, ne répugne point aux indications de Voltaire lui-même : Eh quoi ! dit un des personnages en parlant d'Orosmane :

> Quoi? ne voyez-vous pas toutes ses cruautés,
> Et l'amour d'un Tartare à travers ses bontés?
> Ce tigre encore farouche au sein de sa tendresse..., etc.

Et Orosmane lui-même ne dit-il pas en expliquant son caractère :

> Excuse les transports de ce cœur offensé ;
> Il est né violent ; il aime ; il est blessé ;
> Je connais mes fureurs...

Mais qu'est-il besoin de ces citations qu'il serait facile de multiplier ? Le simple bon sens ne suffit-il pas à avertir qu'un homme qui en arrive à assassiner sa maîtresse dans les circonstances où l'a placé Voltaire, doit avoir une impétuosité de sentiments et de manières qui explique un acte aussi excessif.

Mounet-Sully a composé toute cette physionomie avec un soin, et on peut le dire cette fois, avec un goût qui lui fait grand honneur. Je lui sais gré même d'avoir donné à cette figure une couleur plus moderne. On aurait cru voir marcher une aquarelle de Regnault. Quelques-uns lui en ont fait reproche. A tort, selon moi. Il n'y a que ce moyen de renouveler les chefs-d'œuvre antiques, c'est d'y infuser, dans une certaine mesure, quelque chose de contemporain.

Chaque siècle a sa façon de voir et de sentir les ouvrages consacrés par une longue admiration ; chaque siècle y découvre des beautés nouvelles, que n'y avait pas soupçonnées l'auteur et qui sont accommodées au goût de la génération présente. C'est à l'acteur à saisir ce côté et à le rendre, sans rompre tout à fait avec la tradition. Affaire de mesure. Si vous retranchiez de l'art du comédien cet esprit de sage innovation, les chefs-d'œuvre finiraient par se figer dans une interprétation qui, d'années en années, deviendrait plus médiocre.

Mounet-Sully nous a donné l'Arabe, tel que nos imaginations formées par Decamps, Fromentin, Regnault nous ont habitués à nous le figurer. Ce n'est peut-être pas l'Arabe de Voltaire. Mais l'Arabe de Voltaire n'était pas le vrai Arabe, l'Arabe en soi. Tout ce qu'on est en droit de demander à Mounet-Sully, c'est qu'adoptant cette interprétation hiératique, il lui imprime un grand cachet d'art.

Eh bien! il était costumé à ravir; toutes ses attitudes étaient superbes de dignité, de grandeur et de grâce. Soit qu'il levât le bras, et laissât, par un mouvement harmonieux, tomber les longs plis de son manteau; soit qu'il s'encadrât dans les tapisseries du fond, d'où se détachait la beauté orientale de son visage; soit même que, dans ses transports de fureur, il s'avançât courbé en deux, avec des allures de bête fauve, il eût pu servir de modèle à un peintre. Et de quel admirable geste, après avoir enfoncé le poignard au sein de Zaïre, il l'a rejetée sur les coussins où elle est allée tomber.

Tout le monde connaît la belle voix de Mounet-Sully. Il en a déployé, avec infiniment de bonheur, et les grâces caressantes et les tonnerres retentissants. Il a eu des trouvailles superbes. Orosmane est furieux contre Zaïre, qu'il commence à croire coupable, c'est à la fin du troisième acte; il prend la résolution, non pas seulement de rompre à tout jamais avec elle, mais avec la galanterie des mœurs occidentales, de reprendre vis-à-vis du sexe la fierté farouche et l'impérieux absolutisme du musulman. Allons, s'écrie-t-il,

> Allons, que le sérail soit fermé pour jamais!
> Que la terreur habite aux portes du palais!
> Que tout ressente ici le frein de l'esclavage.
> Des rois de l'Orient suivons l'antique usage,
> On peut pour son esclave...

Etc., etc.

Mounet-Sully a lancé tout ce couplet, qui est fort long, d'une voix pleine, sonore, irritée, despotique; on eût dit un lion déchaîné; un torrent qui roule à grosses vagues écumantes. L'effet a été immense.

Eh bien ! Mounet-Sully n'eût-il trouvé que cela, je l'aimerais encore mieux que tel ou tel acteur correct, qui est parfait en sa médiocrité. Qu'ai-je à faire du médiocre en art ! Il en faut sans aucun doute, pour boucher les trous, pour maintenir le niveau d'une honnête moyenne. Mais au théâtre, il n'y a que l'exquis et le supérieur qui compte. Un vers de génie contre-pèse et emporte un poème de talent.

Mais il n'est pas vrai de dire que Mounet-Sully n'ait eu que des éclairs. Non, en vérité, l'assertion n'est pas vraie, et l'opposition que je rencontre, en cette affaire, me jette hors des gonds. Dès le premier acte, lorsque, aux objections de Nérestan, il répond si brusquement :

... Je t'ai dit, chrétien, que je la veux !...

il a marqué, avec une grande force, ce ton autoritaire et farouche du despotisme oriental, cette impuissance extraordinaire à maîtriser ses sentiments que donne l'habitude du pouvoir absolu. Et au troisième acte lorsque, entrant subitement, il regarde la porte par où est sorti Nérestan, qu'il croit son rival, il montrait un visage si terrible, des yeux si égarés et si profonds, qu'un frisson a couru dans la salle.

A-t-il gardé toujours la mesure qu'impose le bon goût ? Mon Dieu ! je ne saurais le dire, et je crois bien que non. A moi aussi, quelques excès m'ont déplu, et il est bien probable que l'extrême fatigue du rôle plus encore que la réflexion les feront disparaître.

Je ne conseillerai point à Mounet-Sully de dédaigner les critiques qui lui ont été adressées. Au fond, même des plus excessives, il y a du vrai ; et il fera bien d'en tenir compte. Mais qu'il ne se décourage point. Il a été, dans toute cette création, artiste de premier ordre. L'enthousiasme du public, qui a été très réel, le lui a dit dès le premier soir; les gens de goût, s'il en est beaucoup que certaines défaillances ont choqué, reviendront à leur tour. Ce qui est vraiment bon finit par triompher de toutes les antipathies.

Mlle Sarah Bernhardt en est un exemple. Je ne sais guère de comédienne, qui, en même temps qu'elle excitait chez un petit nombre d'amateurs des admirations plus vives, ait soulevé plus de répugnances et de colères. Il a fallu à M. Perrin, en dépit de ses succès sur l'autre rive, presque de l'audace pour l'engager. Ses premières épreuves, à la Comédie-Française, ont été ou fâcheuses pour le directeur et pour elle, ou tout au moins douteuses.

Nous étions un petit nombre qui combattions en sa faveur, qui ne cessions de répéter : Oui, assurément, elle a bien des défauts; mais ce n'est pas l'absence de défauts qui fait une artiste, c'est le don de grandes qualités, et elle en a d'incomparables. Il suffit qu'on lui donne un rôle qui aille à son visage, à l'ensemble de sa personne et à sa voix.

Zaïre était un de ces rôles. J'y avais pensé dès le premier jour; M. Perrin hésitait; il trouvait la pièce trop mal écrite. Il avait bien raison en cela. Il s'est enfin décidé. L'événement lui a montré qu'il avait eu plus raison encore en surmontant ses honorables scrupules.

Pour Mlle Bernhardt, il n'y a pas à la défendre. La louange a été unanime et le succès incontesté. Tel est le charme pénétrant de cette diction harmonieuse, qu'elle a donné à la déplorable versification de Voltaire l'apparence et le goût de la poésie. On l'écoutait comme on fait d'un morceau de musique dont on n'entend point les paroles, mais qui charme par sa mélodie.

Allez au Théâtre-Français; écoutez cette tirade, qui est

pourtant bien médiocre, que Zaïre débite devant son frère Nérestan :

> Le jour que de Zaïre Orosmane charmé...
> Pardonnez-moi, chrétiens, qui ne l'aurait aimé ?
> Il faisait tout pour moi ; son cœur m'avait choisie ;
> Je voyais sa fierté pour moi seule adoucie.
> C'est lui qui des chrétiens a ranimé l'espoir ;
> C'est à lui que je dois le bonheur de te voir :
> Pardonne ; ton courroux... mon père... ma tendresse...
> Mes serments, mon devoir, mes remords, ma faiblesse,
> Me servent de supplice, et ta sœur en ce jour
> Meurt de son repentir plus que de son amour.

Non, vous n'imaginez pas l'inexprimable tendresse dont la voix de Mlle Sarah Bernhardt a imprégné ce morceau ; elle en a fait une délicieuse cavatine. Et quels admirables retours de dignité offensée, quand Orosmane la presse trop vivement. Quelle grâce et quelle noblesse d'attitude ! C'est un ravissement.

Je ne saurais trop engager les jeunes gens à s'en aller au Théâtre-Français, tandis que l'été en écarte heureusement ce public spécial des mardis et des vendredis, qui a le privilège de glacer tout ce qu'il touche.

Ils verront là un spectacle dont ils seront bien aises de se souvenir plus tard. Car on ne retrouvera pas de longtemps, pour jouer *Zaïre,* deux artistes qui soient si complètement les personnages de Voltaire, qui apportent à leur rôle tant de jeunesse, de flamme et, si j'ose le dire, de génie.

10 décembre 1874.

LES GRECS

ŒDIPE ROI

(DE SOPHOCLE)

La Comédie-Française vient de reprendre avec un grand éclat l'*Œdipe roi* de Sophocle, traduit en vers français par M. Jules Lacroix.

La première représentation en avait été donnée en 1858, sous l'administration de M. Empis; il fut remis à la scène en 1861 par M. Edouard Thierry. C'est alors que je le vis; les deux principaux rôles étaient tenus par Geffroy et par Mme Devoyod. Je n'ai pas gardé souvenir des autres. La pièce fut donnée en ce temps-là, comme elle l'est encore cette fois, au milieu des chaleurs de l'été.

J'imagine que M. Perrin a l'intention de l'offrir cet hiver à ses habitués du mardi et du jeudi. Je suis curieux d'en voir l'effet sur ce public. Ils seront bien étonnés, je suppose, de s'y intéresser, de s'y amuser, comme au drame moderne le plus attachant, le plus pathétique que leur ait jamais donné un de nos auteurs en vogue.

Ah! comme il est vrai que l'on ne doit juger d'une œuvre dramatique qu'en la voyant s'agiter et vivre sur la scène, *aux chandelles*, comme disaient nos pères; au feu de la rampe, comme nous disons aujourd'hui. Les hellénistes, les professeurs, les savants, les maîtres d'esthétique, ont épuisé pour ce chef-d'œuvre toutes les formules de l'admiration; ils en ont relevé, catalogué, commenté toutes les beautés visibles ou secrètes; ils en ont même inventé auxquelles Sophocle ne songeait guère sans doute.

Il n'y en a qu'une qu'ils aient laissé dans l'ombre, et c'est celle qui éclate tout à coup et saute aux yeux quand, au lieu de la lire dans le texte, on la regarde se développer sur les planches d'un théâtre. L'œuvre est précisément faite pour le théâtre; on y est emporté d'un grand mouvement vers un but marqué d'avance, vers un dénouement que l'on aperçoit dans le lointain, sans savoir comment on y arrivera. Et les procédés dont l'auteur a usé, il y a deux mille cinq cents ans, sont justement ceux qu'emploient encore aujourd'hui nos meilleurs dramaturges.

Au sortir de la représentation, je rencontrai sous le péristyle un des hommes qui sont à Paris le plus familiers avec les choses de théâtre, un Parisien dont la voix fait autorité, et il me dit, se servant d'une de ces locutions boulevardières, qui n'ont pas d'équivalent exact dans la langue lettrée : « Est-il étonnant ce Sophocle! Il est encore plus roublard que d'Ennery! »

Eh bien! oui, l'*Œdipe* de Sophocle est machiné avec autant d'habileté et de rouerie que le drame moderne le mieux fait, il est aussi fertile en péripéties pathétiques; une fois qu'il vous a pris, il ne vous lâche pas plus que telle ou telle pièce de l'habile faiseur : les *Deux Orphelines*, par exemple; il vous tord le cœur ou fait couler vos larmes, tout comme un bon mélodrame, sans autre comparaison d'ailleurs. Car, entre nous, il l'emporte par quelques autres petits mérites.

Nos tragédies classiques ont parfois le tort de manquer de mouvement et d'action. Je comprends qu'elles rebutent par leur solennité froide des gens qui n'ont pas reçu une éducation particulière. On ne saurait adresser ce reproche à l'*Œdipe roi*. Je vous assure qu'il est, par la conduite de l'action et par le pathétique des tableaux, infiniment plus près d'un mélodrame de Pixérécourt ou de d'Ennery que d'une tragédie de Racine ou de Corneille.

C'est une pièce admirablement *faite.*

Œdipe roi est la première mise en œuvre qui ait jamais été faite — la première en date et la première aussi comme réussite — d'une donnée théâtrale qui depuis a fourni des centaines de pièces et des milliers de romans. C'est — dans sa généralité — un homme cherchant à découvrir un secret, qui, lorsqu'il l'aura fait enfin lever de l'ombre, se retournera contre lui. Le public sait d'avance le dénouement; il prend un vif intérêt à la recherche qui se poursuit sous ses yeux; et la déconvenue du malheureux excite ou le rire ou les larmes, suivant le ton de l'œuvre. Ainsi, imaginez un magistrat sur la piste d'un crime, s'évertuant à en découvrir l'auteur, et finissant par mettre la main sur son père, ou son fils. Supposez un homme du monde, à qui l'on a conté un roman qui s'est passé dans une ville d'eaux; on lui a dit le nom du monsieur, mais celui de la femme est un mystère. Il grille de savoir le mot de l'énigme; il met tout en œuvre pour le trouver, il y arrive, c'est sa femme.

Vous pouvez varier en mille façons cette donnée, l'une des plus dramatiques qui existent au monde : la plus curieuse encore, la plus poignante, la plus féconde en situations pathétiques, est encore celle qu'a imaginée Sophocle.

Ici, c'est l'assassin lui-même qui, ne sachant pas le meurtre qu'il a commis, en cherche l'auteur contre lequel il profère les imprécations les plus épouvantables; il est traîné de révélations en révélations, et ces révélations, c'est lui-même qui les provoque, jusqu'en face de son crime qu'il est obligé de reconnaître et d'expier.

Et, par une effroyable complication, le même homme qui

est sans le savoir coupable d'un assassinat a, sans le savoir également, épousé sa mère et lui a donné des enfants qui se trouvent être ses frères.

Et, chose inouïe! habileté sans pareille du dramaturge, tandis qu'il court à la découverte de ce fatal secret, tous ceux qui y sont intéressés le devinent par lambeaux avant lui, et le supplient de ne point pousser plus avant ses recherches; mais il est poussé par cette curiosité inexorable dont parlait Sosie :

> La faiblesse humaine est d'avoir
> Des curiosités d'apprendre
> Ce qu'on ne voudrait pas savoir.

Et à mesure qu'un ami, qui a pitié des malheurs qu'il prévoit, se jette entre ce forcené et le secret qu'il cherche et le conjure de s'arrêter, lui, enragé de savoir, l'écarte du bras et passe. Il cède à l'attraction du mystère, et le public le suit, haletant.

Et Sophocle même, avec une hardiesse inconcevable, la hardiesse de l'homme qui a l'instinct du théâtre et qui mesure ce que l'on y peut oser, Sophocle a eu l'audace d'ouvrir son drame par une scène où l'assassin est averti qu'il est lui-même l'auteur du meurtre qu'il cherche. Oui, le devin Tirésias, mandé par Œdipe, pour lui révéler, grâce à sa science prophétique, quel est le meurtrier, lui dit en face : « Le meurtrier, c'est toi ! » Et les choses sont arrangées de façon que tout le public croit aux paroles de Tirésias, qu'Œdipe seul n'y croit point, qu'il ne doit pas y croire; et ce même public qui y croit, lui, sent pourtant fort bien qu'Œdipe n'y peut pas croire.

C'est le comble de l'art.

Et de quel artifice Sophocle s'est-il servi ? Oh ! mon Dieu, c'est bien simple. Mais il fallait le trouver. Il a fait d'Œdipe un homme très fier, très emporté, mais surtout très entêté, très infatué de son mérite, un de ces hommes qui ont sur les yeux, quand il s'agit d'eux-mêmes, des coquilles si épaisses que nulle force humaine ne saurait percer la nuit de cette prévention.

Il est vrai qu'Œdipe a, dans le temps, tué un inconnu dans une querelle. Mais ce n'était pas, à ces époques dépourvues de gendarmes, un événement qui marquât dans la vie qu'une rixe sur un grand chemin, rixe suivie de mort d'homme. Il a oublié cet incident sans importance. En revanche, n'est-ce pas lui qui a deviné l'énigme du Sphinx, qui a sauvé tout un peuple d'une affreuse calamité qui, en reconnaissance, a été promu par lui au titre de roi? Il a occupé le trône, en épousant la veuve de Laïus, et, depuis lors, ce parvenu s'est complu dans sa sagesse, dont il se vante à tout propos, et dans sa gloire qu'il fait sonner haut.

Aussi quand Tirésias, provoqué par une parole hautaine et violente, se tourne vers Œdipe et lui dit : « Le meurtrier, c'est toi », et qu'en phrases obscures il lui annonce des malheurs encore plus terribles, que peut penser Œdipe sinon : « C'est un vieux radoteur que ce devin, ou c'est un traître soudoyé par des gens qui en veulent à ma couronne. »

C'est à cette dernière idée qu'il s'arrête. Justement, il a quelques soupçons sur Créon, le frère de sa femme, son beau-frère par conséquent. C'est ce Créon qui lui a conseillé de faire venir Tirésias. N'aurait-il point de mauvais desseins? Et le voilà qui, lancé sur une fausse piste, cherche querelle à Créon, le menace de mort et le chasse, tandis que le public se dit : « Va, mon bonhomme, frappe sur les autres, tu vas être bientôt frappé à ton tour. »

Et voyez l'art admirable du dramaturge :

Cette scène d'explication entre Œdipe et Créon pourrait, à tout prendre, passer pour un hors-d'œuvre. Sophocle l'a, par un trait de génie, rattachée aux œuvres vives du drame. Au cinquième acte, quand Œdipe, Titan foudroyé, sera obligé lui-même de quitter, maudit et aveugle, cette terre où il régnait, c'est à Créon, à ce Créon insulté, exilé par lui, qu'il devra demander en partant protection pour les filles qu'il laisse à son foyer désert. Il lui adresse sa prière; et dans un mouvement de générosité superbe, d'une grandeur incomparable, il tend la main à son ennemi :

> Ne me refuse pas, Créon, et donne-moi
> Ta main, ta noble main en gage de ta foi.

Et Créon laisse tomber sa main dans celle de l'excommunié. Ah! dame! ces beautés-là, elles passent tout de même la mesure des d'Ennery.

Mais laissons de côté cette merveilleuse trouvaille de sentiment; n'admirez-vous pas, si vous ne regardez, comme je fais en ce moment, que l'économie de la pièce, comme cette dernière scène explique et justifie l'épisode du premier acte?

Attention! nous entrons dans le vif de l'action. Jusque-là le public de la Comédie-Française avait, l'autre soir, écouté avec respect; mais il était trop évident que nombre de spectateurs ne comprenaient pas grand'chose à cette histoire. Laïus, Labdacus, Œdipe, Créon, tous ces noms ne leur rappelaient que des souvenirs vagues; ils n'étaient pas au courant et ne se débrouillaient qu'avec peine dans les aventures que Sophocle, qui s'adressait à un public prévenu, n'avait pas pris la peine de conter.

Je ne saurais trop recommander aux femmes qui iront voir ce spectacle, d'ouvrir le premier dictionnaire de mythologie venu et de lire d'avance les cent lignes où se résume la légende d'Œdipe. Elles s'épargneront l'ennui d'errer incertaines dans les obscurités du premier acte; et surtout elles y gagneront de goûter pleinement la beauté de l'exposition, qui est magnifique et tient de l'opéra autant que de la tragédie.

Au bruit de la querelle entre Œdipe et Créon, Jocaste est accourue ; son mari, tout ému de la querelle, lui fait part des impertinentes accusations du devin.

— Est-ce qu'il faut croire aux prédictions de ces gens-là, répond-elle. Tenez ! moi, par exemple, voilà ce qui m'est arrivé !

Et alors commence cette scène immortelle, la plus belle, la plus terrible, la plus pathétique qui jamais ait été mise au théâtre ; cette scène qui, avant-hier, comme il y a vingt-cinq siècles, a saisi et tordu le cœur de tout un public ; cette scène que les anciens avaient déjà nommée la scène de la double confidence, et qui, sous ce nom, traversera les âges, toujours admirée, toujours applaudie. Ou plutôt non ; on n'applaudissait point, l'autre soir ; c'était une anxiété terrible, une oppression, un cauchemar.

Jocaste conte à son mari comment périt Laïus, son premier époux, tué par des brigands étrangers, dans un carrefour où aboutissaient trois routes. A ce mot de carrefour, jeté par le hasard — le hasard ! c'est une merveille de voir le rôle qu'il joue dans cette tragédie. — Sophocle a voulu que le hasard, qui est presque toujours exclu du drame par la logique pure, eût sur l'action sa grande part d'influence dans *Œdipe roi*. C'est que le hasard en est la logique.

Je vous en supplie : ne croyez pas sur ce mot à un goût de paradoxe. Vous me connaissez bien : j'ai la sainte horreur du paradoxe. Mais dans un sujet, tel que celui que je vous ai défini, est-ce que le hasard n'a pas un rôle marqué, précis ? Un homme (un *Monsieur Lecoq* tragique) cherche le secret d'un crime ; est-ce que ce ne sont pas précisément les circonstances fortuites, se levant à ses yeux, qui l'avertiront de prendre garde, qui lui diront : « Tu prends du mauvais côté », qui lui crieront : « Casse-cou », comme je ne sais à quel *jeu innocent* où il est question de découvrir un objet caché dans quelque coin mystérieux.

Le mot de carrefour a donc éveillé les inquiétudes d'Œdipe; c'est en effet dans un carrefour qu'il a tué jadis cet inconnu. A son tour, il raconte cette histoire. Et les voilà, tous les deux, le mari et la femme, l'un en face de l'autre, jetant un regard effaré sur l'obscure vérité qui se dévoile et cherchant à se rassurer. Avec quelle ardeur ils épiloguent sur les circonstances du meurtre.

Le messager qui autrefois a annoncé à Jocaste la mort de Laïus, lui a dit qu'il avait péri sous les coups de plusieurs assassins.

— J'étais seul, dit Œdipe, reprenant un peu d'espoir.

— Non, il a dit : plusieurs, s'écrie Jocaste, il l'a dit...

Et néanmoins ils rentrent l'un et l'autre dans le palais, agités de sinistres pressentiments.

Et tandis que le public respire à peine, voilà les critiques jurés, les épilogueurs de diphtongues, qui s'écrient en chœur :

— Mais, comment expliquez-vous qu'Œdipe et Jocaste, qui sont mariés depuis douze ans et plus, n'aient pas échangé vingt fois ces confidences?

Moi, mon ami, je ne l'explique pas, et cela m'est parfaitement égal, parce que, au théâtre, je ne songe pas à l'objection. Tout ce que je puis te dire, ô critique pointu, c'est que, s'ils s'étaient expliqués auparavant, ce serait dommage, parce qu'il n'y aurait pas de pièce et que la pièce est admirable.

Cela s'appelle une convention.

Et, de toutes les conventions, il n'y en a pas une qui soit plus universellement admise, parce qu'il n'y en a pas non plus qui jaillisse plus impérieusement de la nécessité des choses.

Cette convention, c'est qu'un fait auquel le public ne fait pas attention n'existe pas pour lui; que tous les faits qu'il a bien voulu admettre comme réels, le soient par cela seul qu'il les a admis, fût-ce sans y prendre garde.

Cette règle s'applique surtout aux faits qui constituent la donnée d'un drame. Il faut pour que l'*Œdipe roi* ait le sens commun, que jamais Œdipe ni Jocaste n'aient causé ensemble de l'événement qui les a faits époux. En ont-ils causé? N'en ont-ils pas causé? Le public n'y était pas; il ne voit qu'une chose, et une chose qui le frappe, une chose qui l'accable d'une telle horreur qu'il en oublie tout le reste : c'est que, sous ses yeux, Œdipe et Jocaste s'expliquent et reculent d'épouvante l'un devant l'autre. Il n'a pas le loisir de songer à ce qui a pu se passer auparavant. Non, il ne songe pas à la possibilité de ces explications précédentes. Elles n'existent donc pas. C'est une loi.

Et les dramaturges qui veulent donner des raisons plausibles du silence gardé si longtemps par les deux époux, vont contre leur dessein qui est de le justifier. Car ils éveillent l'attention du public qui se dit : « Mais au fait! Pourquoi donc ne se sont-ils rien dit? » Sophocle n'entre dans aucune explication. Il se contente de confisquer à son profit l'attention et l'angoisse de son auditoire. Il nous trompe, il nous *met dedans*. C'est le métier, entendez-vous bien, c'est le métier de l'écrivain dramatique.

Un hasard a mis Œdipe sur la voie; un autre va l'y engager plus avant. Un messager arrive de Corinthe pour annoncer à Œdipe que Polybe, le roi de cette contrée, est mort, et que les citoyens l'ont désigné pour lui succéder. Ils le croient en effet fils de Polybe, et lui-même croit que Polybe est son père.

Avec quelle superbe il raille l'oracle qui lui avait prédit qu'il tuerait son père! Mais un doute lui vient : le même oracle a prédit qu'il serait l'époux de sa mère, et la femme de Polybe vit encore.

— C'est là ton inquiétude, lui dit le messager. Je puis t'en délivrer. Tu n'es pas le fils de Polybe.

Quel coup de théâtre! et quelle admirable simplicité de moyens pour y arriver! Comme le récit que va commencer ce berger, récit coupé d'interrogations palpitantes, est plein d'horreur et d'effroi!

Avez-vous remarqué cette coupe étrange, inouïe de la pièce grecque? Elle est d'un homme qui a porté dans l'art du théâtre un goût d'artifice vraiment prodigieux. L'action est tout entière en récits. Ce troisième et ce quatrième actes, les plus émouvants qui se soient jamais produits sur aucune scène, se composent d'une suite de narrations, qui viennent l'une après l'autre frapper au cœur d'Œdipe, et qui ont leur contre-coup dans l'âme des spectateurs. Je ne sais qu'une pièce au monde qui soit construite de la sorte : c'est l'*École des Femmes*. Ce rapprochement vous paraîtra singulier, sans doute. Mais je vous prie de rompre un instant avec vos préjugés d'école et d'examiner les deux œuvres au seul point de vue de la contexture du drame, le seul où je me place aujourd'hui, vous verrez que cette coupe singulière qui, au premier abord, semble en contradiction avec les nécessités de l'action, est commandée en ces deux cas par l'action elle-même; c'est dans le vieux drame grec, comme dans la comédie du maître français, une trouvaille de génie.

Les explications données par le messager suffisent à convaincre Jocaste, dont le bandeau est moins épais. Avec quelle ardeur elle écoute ces récits qui l'éclairent! Si au moins elle pouvait arrêter Œdipe sur la pente fatale! Mais non, cet entêté s'obstine, il veut aller jusqu'au bout. Elle n'a plus, elle, qu'à se sauver de la honte dans la mort !

Ah ! que sa sortie est d'un effet merveilleux ! Comme tous les sentiments intérieurs de chaque personnage, dans cette pièce unique, incomparable, sont traduits aux yeux par des mouvements et des jeux de scène qui en doublent l'émotion !

Œdipe n'a plus qu'un berger à interroger, à mettre en présence du messager de Corinthe. Pour tout le public, hélas ! cette confrontation est inutile. La vérité, l'affreuse vérité a déjà éclaté à tous les yeux. Mais ceux d'Œdipe ont plus de peine à se dessiller. Il se cramponne à ses illusions, bien que l'orage gronde au fond de son cœur.

Il arrive, le berger ; et le voilà aux prises avec le brave homme venu de Corinthe. Sophocle fait causer ces deux pauvres gens dans un langage simple et approprié à leur condition. Et la vulgarité même de leurs propos rend ce qu'ils disent plus terrible, car de chacun des mots prononcés par eux se lève, cruelle, effroyable, la vérité que redoute Œdipe.

Il la voit venir, il en a peur, et comme l'oiseau fasciné par le serpent, il court au-devant d'elle.

— Hélas ! s'écrie à un moment le malheureux berger, qui a deviné le secret et qui est pressé de questions, me voilà auprès de la chose terrible à dire.

— Et moi, reprend Œdipe, auprès de la chose terrible à entendre ; et cependant il faut que je l'entende.

(Je traduis mot à mot.)

Voyez pourtant comme un même passage peut être dit et bien dit de façons différentes. Geffroy qui avait vu surtout dans Œdipe le roi fier, audacieux, en lutte avec la Destinée, s'écriait d'une voix stridente, avec un air de défi :

— Pourtant, je l'entendrai !

Moi, j'avais cru en ce temps-là qu'il eût mieux valu dire, d'une voix basse, profonde, presque humiliée, en homme qui sent déjà sur sa nuque l'impression du dernier coup de massue :

— Pourtant, je l'entendrai !

Nous avions eu, sur ce point de détail, une assez longue discussion avec Geffroy. Mounet-Sully a trouvé une troisième interprétation, qui pourrait bien être la bonne. Il crie avec la rage désespérée d'un homme qui se dit : « Le Destin m'accable ! mais je ne reculerai pas d'une semelle : pourtant, je l'entendrai. » Il met dans la phrase l'intonation de Satan, sous la foudre que Jéhovah balance au-dessus de sa tête.

Tout est fini, Œdipe sait et qui fut son père et de qui il est l'époux. La pièce pourrait être terminée là. Mais Sophocle a voulu après des émotions si terribles, après des angoisses si sèches, ouvrir la source des larmes ; il a écrit un cinquième acte, et

D'Œdipe tout sanglant fait parler les douleurs.

Mounet-Sully reparaît les yeux crevés, et le sang à flot coulant sur son visage. Et, quelqu'un me disait : « Eh mais ! c'est le dénouement de *Nana*. Les naturalistes ne l'ont pas inventé ! »

Soit, je veux bien. C'est le dénouement de *Nana*. Mais fichtre ! il y a une différence. C'est que toute l'émotion que doit soulever la vue de Nana est dans ses pustules. Les yeux crevés d'Œdipe ne sont qu'un accident, ou, si vous aimez mieux, un accessoire. Le poète, sans s'arrêter à ce détail, a mis sur les lèvres de son héros toute la gamme des sentiments douloureux qu'excite une si prodigieuse infortune ;

dans un langage d'une vérité et d'une poésie sans égales, il a épanché les plaintes de ce malheureux sur lui-même et sur ses enfants qu'il tient embrassés.

A la lecture, elle est un peu longue, cette scène de lamentations.

Au théâtre, on n'a pas le temps de la trouver telle : on pleure de toute son âme et de tous ses yeux. C'est qu'après avoir eu le cœur si longtemps serré comme dans un étau, on éprouve comme un soulagement à sentir en soi jaillir la source des larmes. Sophocle, qui semble avoir été le plus malin des dramaturges, comme il est le plus parfait des écrivains dramatiques, a cherché là un effet de contraste dont l'effet est immanquable sur le public.

La pièce se dénoue, comme elle s'est ouverte, par un spectacle qui agit puissamment sur l'imagination du public.

Œdipe, après avoir exalté ses plaintes, est obligé de fuir cette terre, d'où ses propres malédictions l'ont chassé ; il s'en va donc à pas lents et remonte le théâtre.

M. Thierry avait imaginé une mise en scène superbe. Il avait dressé un *praticable*, qui représentait une montagne et s'élevait au fond du théâtre. Œdipe, un bâton à la main, montait d'un pas pesant, par une route en lacet, jusqu'au haut, et avant de disparaître de l'autre côté du mont, il demeurait un instant le regard perdu sur cette terre, qu'il avait souillée et qu'il aimait toujours.

La manie de M. Perrin est de prendre en tout juste le contre-pied de ses prédécesseurs. L'Œdipe, de M. Thierry, montait pour s'en aller ; il s'est donc arrangé pour que son Œdipe descendît. L'un marchait seul, foudroyé, maudit, soutenu de son seul bâton ; l'autre est accompagné d'un guide sur lequel il s'appuie. Je ne sais, mais il me semble que la sortie de Geoffroy était d'un effet plus grandiose et plus mélancolique.

Nous ne saurions faire trop de compliments à Mounet-Sully. Ce n'est pas trop dire que de reconnaître qu'il a été, d'un bout à l'autre de ce long rôle, vraiment admirable de costume, d'attitude, de tenue et de diction. Il n'a pas essayé de rendre dans Œdipe ce qu'y avait surtout vu Geffroy qui, lui aussi, avait été de premier ordre dans le rôle, un prince orgueilleux, bravant la destinée et répondant par un défi hautain aux foudres de Jupiter.

Geffroy avait été conduit à mettre en saillie ce côté du rôle par sa taille imposante, par l'éclat de sa voix, qui avait des sonorités de cuivre. Mounet-Sully a plutôt considéré dans Œdipe le misérable traîné par le destin aux extrémités les plus cruelles, se débattant contre la force inéluctable qui le pousse, mais emporté malgré lui, et rugissant de colère ou de douleur.

Et comme il est beau, ce Mounet-Sully, superbement campé sur ses jambes, dans un costume harmonieux ; la voix chaude et vibrante, effrayante dans les cris de rage, tendre et pleine de sanglots dans les heures d'attendrissement !

Au dernier acte, quand il tient ses enfants serrés contre sa poitrine, il a fait fondre la salle en larmes. Nous le supplions de s'en tenir à cette interprétation première, de n'y rien changer ; de ne pas courir après le mieux qui est l'ennemi du bien. Déjà, à la première représentation, il a forcé quelques effets, traîné avec trop d'éclat sur certaines syllabes ; qu'il se méfie de son penchant à l'exubérance.

C'est M{::e} Lerou qui a joué, à côté de lui, le rôle de Jocaste. M{::e} Lerou a malheureusement la voix faible, et elle est mal servie par son visage et sa tournure. Mais elle est bien intelligente. Elle a écouté toute la scène de la confidence avec une angoisse mêlée de terreur qui a fait frissonner le public. Elle a, quand Jocaste enfin convaincue se sauve pour s'aller pendre, exécuté sa sortie avec une adresse rare. Elle n'a point déparé un bel ensemble, si elle n'y a rien ajouté.

C'est Silvain qui est chargé de conter, au dernier acte, l'admirable récit de la mort de Jocaste; il l'a fait d'une voix si émue, si douloureuse, d'un ton si pathétique, avec un art de diction si consommé, que le public a éclaté en longs applaudissements.

— Ce Silvain a de la chance, me disait un des familiers du théâtre, il n'a jamais que des bouts de rôle; mais, dans ce bout de rôle, il se trouve toujours une douzaine de vers superbes.

— Et il les dit bien, ajoutai-je. On a tort de dire que ces chances-là n'arrivent qu'aux gens de talent; mais il est vrai qu'il n'y a que les gens de talent qui sachent en profiter.

Le fait est que ce récit est une merveille de poésie; et c'est là que M. Lacroix s'est le mieux rapproché de l'original. M. Jules Lacroix, qui est un amateur passionné de la beauté grecque, m'en voudrait sans doute si je lui disais qu'il a complètement réussi dans une œuvre de traduction, devant laquelle avait reculé Racine lui-même.

Ce style de Sophocle, comment en donner une idée aux profanes? Tenez! Il vous est arrivé, un matin à la campagne, d'ouvrir votre fenêtre sur un beau paysage. Vous prenez plaisir à baigner vos yeux dans la lumière du soleil qui enveloppe la plaine et les coteaux. Cette lumière transparente, qui revêt les objets, les laisse voir tels qu'ils sont, elle ne fait qu'en rendre les lignes plus nettes, les couleurs plus vives; et l'on sent comme une joie paisible et fraîche à les regarder au travers. Eh bien! la poésie de Sophocle, c'est quelque chose de pareil. Elle enveloppe les idées ou les faits d'une lumière toujours égale, si pure, si limpide, qu'ils apparaissent au travers nets, précis, colorés, et qu'il y a je ne sais quel rafraîchissement pour l'esprit à les regarder. Ce style est d'une sérénité exquise.

Ah! Shakespeare est plus facile que Sophocle à traduire en vers français. M. Jules Lacroix, qui nous a donné un *Macbeth* et un *Roi Lear*, en sait quelque chose. Il faut remercier M. Jules Lacroix d'avoir entrepris un travail si épineux et d'y avoir réussi dans la mesure où il était possible d'y réussir. Il a bien mérité des lettres grecques et de la Comédie-Française.

15 août 1881.

ANTIGONE

(DE SOPHOCLE)

―――

Il ne s'agit point aujourd'hui de démontrer qu'après *Œdipe roi*, à côté de qui il ne faut rien mettre dans aucune littérature, *Antigone* est le plus pur chef-d'œuvre de Sophocle. Voilà deux mille ans et plus que l'on a tout dit sur cette pièce et j'ai encore dans la mémoire une étude de Paul de Saint-Victor qui était toute vibrante d'admiration. Ce qui vous intéressera davantage, sans doute, c'est de savoir la façon dont l'œuvre antique a été chez nous, cette fois, mise à la scène et les sensations par lesquelles nous avons passé en la voyant, acte par acte, se dérouler sous nos yeux. Ces sensations ont été de diverse nature, mais toutes très puissantes, et elles se sont, au dénouement, fondues dans une horreur tragique vraiment sublime et dont nous avons tous été pénétrés et comme accablés.

Le rideau se lève : derrière ce rideau nous en voyons un autre qui va s'abaisser comme c'était la coutume dans le théâtre grec. Quand ce second rideau a disparu dans les dessous, nous avons devant les yeux, à partir de la rampe, un vaste espace de scène vide, où se dresse un petit autel, l'autel de Bacchus : c'est là que se tiendra le chœur antique. Derrière et en retrait une seconde scène, un guignol (pardon de cette comparaison impie, mais c'est pour vous faire bien comprendre la disposition des lieux), exhaussé de deux mètres environ, auquel on accède de chaque côté par de larges escaliers latéraux. Ce guignol, puisque j'ai dit le mot, c'est le palais de Créon avec une porte au fond, celle par où, selon l'usage antique, passait le roi, les personnages de sa famille et de sa suite pour entrer sur la scène. Le décor n'est fermé ni à gauche, ni à droite. Du côté gauche viendront, selon la convention du théâtre athénien, les gens du dehors, les messagers de la campagne. La droite est réservée à ceux qui arrivent de la ville : ce palais peint par Jambon reproduit trait pour trait une planche de l'*Histoire de l'art dans l'antiquité* par MM. Georges Perrot et Chipiez.

C'est une restitution du théâtre antique. Claretie, qui a le goût de ces études archéologiques, y a mis tous ses soins ; tout le monde en a paru enchanté dans la salle. J'avoue que moi, qui suis avant tout homme de théâtre, je suis pris d'inquiétude. Quoi ! je vais avoir tout le temps de la pièce, au premier plan, le chœur, une quinzaine de vieux à barbe grise, qui ne sont pas régalants et dont je ne me soucie point, moi qui ne suis pas Grec, et le drame s'en va se jouer là-bas, là-bas, sur ce lointain guignol ; il me semble que j'ai retourné ma lorgnette et que je regarde par le gros bout.

Ah ! çà comment les acteurs vont-ils s'y prendre pour être entendus ? Dans cette restitution on a oublié les masques à bouche d'airain dont les artistes grecs se couvraient le visage et qui ajoutaient à la sonorité de leur voix. Il faudra que celles de M*mes* Bartet et Barretta passent par-dessus ce vaste steppe, où évoluent les quinze vieilles barbes pour arriver jusqu'à nous... Elles ne nous tiendront pas sous leur regard ; le magnétisme qui se dégage de leur personne aura le temps de s'évaporer en route.

Attendons ! nous verrons bien.

Antigone paraît, une aiguière sur l'épaule. C'est Mlle Bartet : elle appelle Ismène, sa sœur, qui la suit jusque vers le milieu de la scène. Oh! diantre! je ne m'étais pas trompé; il n'arrive jusqu'à nos oreilles que quelques bribes de ce dialogue. Heureusement que tous ou à peu près nous en avons été imprégnés au collège et nous en saisissons encore assez pour suivre l'exposition. Créon, devenu par la mort d'Étéocle et de Polynice, qui se sont entre-tués, roi de Thèbes, vient de promulguer un édit par lequel défense est faite sous peine de mort de rendre à Polynice, les honneurs de la sépulture. Vous savez que, dans les idées antiques, c'était le plus cruel supplice que l'on pût infliger à un homme. Antigone a résolu de braver l'ordre du tyran et de verser sur le corps de son frère l'eau lustrale et la poussière prescrite par les rites funèbres. Elle engage sa sœur à l'accompagner; la douce Ismène admire son courage; mais elle a peur. Antigone a pitié de cette faiblesse et, rechargeant son urne sur l'épaule, elle descend lentement les degrés qui mènent vers la campagne où gît le cadavre de Polynice.

Si l'on n'a pas entendu tout ce que disaient les deux sœurs, on les a fort bien vues, et il n'y a eu qu'un cri dans la salle sur la grâce exquise de Mlle Bartet, sur l'harmonieuse correction de ses mouvements; le mot a jailli à la fois de toutes les lèvres : « C'est un Tanagra. » Et moi je me disais tout bas, oh! bien bas bien bas : « Oui, elle est d'une élégance vraiment divine; oui, elle est un enchantement pour les yeux, et sa voix, un faible souffle, est pour l'oreille une caresse mélodieuse. » Personne ne l'admire et ne la goûte plus que moi; mais, il n'y a pas à dire, c'est le contraire du rôle.

Ce n'est pourtant pas ma faute et je n'y puis rien. Mais comment voulez-vous que je ne le dise pas? C'est le contraire du rôle. Antigone est une fille farouche, rude de sentiment et de langage, qui, une fois qu'elle a vu le devoir, y court avec emportement, sans admettre même la possibilité d'une transaction. C'est une cousine de cette Électre qui appelait sa mère chienne et elle est plus parente de ces héroïnes de Corneille que de celles de Racine. Est-ce que Mlle Bartet va me faire de cette Antigone une Iphigénie modeste, douce et poétiquement résignée! Ah! mon Dieu, mon Dieu! Mais le contraste, que va devenir le contraste? Car, enfin, si Sophocle a mis la craintive et gentille Ismène à côté d'Antigone, c'est que ce grand poète est avant tout un homme de théâtre et qu'il a voulu obtenir un effet de contraste. Eh bien! le contraste n'existe plus! détruit, anéanti, perdu, le contraste de Sophocle! Le rôle de Mme Barretta, qui est pourtant délicieux en son ingénuité, s'efface et s'évanouit. Qu'est-ce que tout cela va devenir?

Dès qu'Antigone s'est éloignée et qu'Ismène est rentrée au palais, le chœur prend la parole; je veux dire qu'il se met à chanter. Il y avait des chœurs aussi dans l'*Œdipe roi*. En transportant la pièce sur la scène française, on les avait gardés, en grande partie du moins, mais on les avait fait réciter par deux artistes, l'un chargé de la strophe, l'autre de l'antistrophe. On avait ainsi deux avantages : le premier, qui était de conséquence, c'est qu'on entendait les paroles ; et le second, plus important encore, c'est que l'action du drame n'était suspendue qu'un instant et reprenait aussitôt.

Les auteurs avec cette manie de restitution intégrale, avec le goût de vaine archéologie, qui est une des turlutaines de notre temps, ont voulu que leurs strophes fussent chantées, et chantées sur une musique qui fût la plus grecque possible. Ils ont prié M. Saint-Saëns de composer cette musique. Il paraît qu'elle est fort belle, à ce que disent les initiés. Je vous avouerai qu'à part une invocation à Eros, l'unique solo de cette partition, qui est un morceau divin, d'une grâce lumineuse et tendre, tout ce plain-chant, ne m'a pas beaucoup amusé. J'enrageais qu'on n'entendît pas un mot, un seul mot, de ces vers d'une poésie étincelante :

> Œil du jour, flamboyant aurore,
> O le plus éclatant soleil
> Que Thèbes ait vu rire encore !
> Splendeur d'un matin sans pareil,
> Tu parais dorant l'eau limpide
> Et tu fais s'enfuir plus rapide
> L'Argien au bouclier blanc,
> Qui, moins superbe que naguère,
> Quand il vint nous criant la guerre,
> Presse en vain son cheval tremblant.
> Hautain hier, aujourd'hui misérable,
> Enfin il part et nous ne verrons plus
> Devant nos murs son armée innombrable
> Se hérisser de casques chevelus.

Voyons ! est-ce que ce n'est pas un meurtre que de si beaux vers, que des vers si pittoresques sombrent sans qu'on en saisisse un mot dans un plain-chant indistinct, que ces quinze vieilles barbes poussent toujours à l'unisson bien que n'allant pas toujours ensemble ? Et ces chœurs sont si longs ! Ils interrompent si fâcheusement l'action ! Comme on gagnerait du temps, mais ce qui vaut mieux encore, comme l'intérêt serait plus pressé et plus vif, si l'on ne gardait de la musique que la délicieuse invocation à Éros, si l'on chargeait deux ou trois artistes, sachant dire, de réciter tout le reste avec quelques accords plaqués sur la déclamation.

La porte royale s'ouvre au fond du palais. Créon s'avance : c'est Mounet-Sully. Ah ! qu'il est beau, lui, je ne sais par quelle illusion d'optique, notre imagination sans doute y a quelque part, l'éloignement le grandit. Sur cette scène exhaussée, il paraît superbe, majestueux et terrible, il lance d'une voix retentissante ce long couplet, où il rappelle les termes de son édit :

> Oui, j'entends que son corps sans terre sur ses os
> Serve à rassasier les chiens et les oiseaux.
>   C'est dit...

C'est dit ! Ce mot tombe avec le bruit sec du couteau de la guillotine sur la nuque du condamné. Il passe un frisson dans la salle. Et voilà que de gauche, c'est-à-dire de la campagne, arrive un messager qui vient conter à Créon comment, en l'absence du gardien, au point du jour, la poussière sacrée a été répandue sur le corps de Polynice... par qui ? Le messager n'en sait rien. Mais il tremble pour sa vie, comme l'esclave qui vient annoncer à Cléopâtre la nouvelle d'Antoine infidèle. Car les rois, en leurs premiers mouvements de colère, sont redoutables. Le messager, c'est Féraudy, qui a rendu avec infiniment de tact et d'esprit ce qu'il y a dans ce récit de familiarité naïve, et de quel ton de joyeux soulagement, quand le roi furieux entre dans le palais sans l'avoir envoyé à la mort, il s'écrie :

> J'en suis quitte, toujours, moi, pour une menace.
> Ah ! je dois aux dieux bons un fier remerciement.
> Me voilà sain et sauf, du moins pour le moment.

Nous voici au troisième acte. Le messager revient, on a surpris Antigone en train de remettre sur le cadavre la poussière que les soldats en avaient balayée ; il traîne la coupable aux pieds de Créon, à qui il compte le nouveau méfait de la jeune et farouche virago, et c'est alors que s'engage, entre le tyran et la vierge, cet immortel dialogue, qui depuis tant de siècles fait l'admiration des lettres et des gens de théâtre, Antigone réclamant au nom de l'éternelle Justice contre la loi des hommes :

> Ton édit est d'un homme : a-t-il un tel mérite
> Qu'il soit supérieur à la loi non écrite?
> Loi des dieux! qui s'impose au mortel le plus fier!
> Car ce n'est pas la loi d'aujourd'hui ni d'hier,
> Qu'un instant abolit, comme un instant la fonde,
> Mais l'éternelle loi, plus vieille que le monde.

Ce couplet, que MM. Vacquerie et Meurice ont si éloquemment traduit à travers les siècles, Platon l'a refait dans la mort de Socrate et après Cicéron et tout le monde. Mais jamais ni poète, ni philosophe, ni prosateur n'ont atteint à ce degré de sérénité dans l'expression d'une vérité éternelle.

Cette hautaine et magnifique revendication de l'équité divine sur la justice humaine des dieux d'en haut sur ceux d'en bas, gagnerait à passer par le clairon retentissant d'une voix indignée et sombre. Mlle Bartet l'enveloppe d'une douceur têtue et fière. Et cependant, je commence à me réconcilier avec son jeu. Créon et Antigone, après s'être répondu l'un à l'autre par grandes tirades, en viennent, selon la mode antique, à échanger vers à vers comme des escrimeurs qui s'envoient du tic au tac leurs coups de fleuret, des arguments et des outrages. « Tu as voulu, lui dit Créon, défier ma loi. » Et Antigone répond :

> J'ai voulu simplement ensevelir mon frère.

Non, vous n'imaginez pas avec quel accent d'héroïsme simple et de tendresse contenue Mlle Bartet, sans élever la voix, sans forcer la note, a dit ce vers charmant. Que ne lui pardonnerait-on pas, pour une si merveilleuse trouvaille!

Le roi a envoyé chercher Ismène et l'interrogeant :

> Parle, as-tu pris aussi part à la trahison?
> Ta sœur convient du crime et s'en targue et s'en loue.
> Mais, toi, plus timide, toi, tu vas nier.

Quelle admirable scène que celle qui suit! Timide, oui, sans doute Ismène l'est; mais elle est tendre, elle aime sa sœur, elle s'échauffe à son héroïsme. Elle avoue. En vain Antigone, soit compassion pour cette sœur, soit mépris de la faiblesse qu'elle a montrée le matin, soit orgueil personnel, repousse cette solidarité de sacrifice et réclame le châtiment pour elle seule, qui, seule, a été coupable. Ismène, soulevée par la situation au-dessus d'elle-même, se cramponne à son dévouement : « Tu peux, dit-elle au roi,

> Tu peux nous envoyer, Créon, où bon te semble.
> Dans la vie ou la mort : mais laisse-nous ensemble. »

Mlle Bartet comprend-elle combien la scène ferait plus d'effet si, au lieu d'être en cet endroit Iphigénie, Alice, Atalide ou Bérénice, elle était ce que Sophocle a voulu qu'elle fût : Émilie ou Camille, tirant à elle, par la vertu d'une énergie supérieure et farouche, cette pauvre petite Ismène, si tendre, si douce, ce gentil bébé.

Le quatrième acte s'ouvre. Créon voit venir à lui son fils Hémon. Hémon doit épouser Antigone et il en est éperdument épris. Antigone l'aime-t-elle ? Nous n'en savons rien et tout me porte à croire que non. Elle n'en a pas encore dit un mot. C'est Ismène, la charmante Ismène, qui, plaidant la cause de sa sœur, a dit au roi :

> Quoi! l'enfant de ta sœur, fiancée à ton fils.

Il est vrai que, dans la traduction de MM. Vacquerie et Meurice, à la dure réponse de Créon :

> Mes fils ne sont point faits pour des filles sans âme.

Antigone réplique :

> L'entends-tu, cher Hémon, qui me nommait ta femme?

Mais le vers n'est pas dans le texte original. Il y a simplement dans Sophocle :

« Cher Hémon, comme ton père fait peu de cas de toi. »

Et la réplique a été mise par lui, non dans la bouche d'Antigone, mais dans celle d'Ismène. Sophocle n'a prêté à l'intransigeante Antigone ni un sentiment ni un mot attendri pour Hémon. C'est une héroïne de Corneille. Elle doit l'épouser, elle lui donnera des enfants, elle lui sera fidèle, elle sera la femme du devoir comme elle a été la fille du devoir en soignant Œdipe, aveugle; comme elle a été la sœur du devoir en rendant à son frère les derniers honneurs. Ce n'est pas une tendre.

Entre Créon et son fils Hémon la discussion est animée et douloureuse. C'est Leitner qui faisait Hémon. Le jeune tragédien a été vraiment digne du maître à qui il donnait la réplique. Nous avons là un très beau et très émouvant spectacle. Ces deux voix, superbes l'une et l'autre, passaient par-dessus le large *proscenium* et nous frappaient en plein cœur, détachant chaque syllabe avec une force merveilleuse. Est-ce que je vais me réconcilier aussi avec le guignol? Le fait est que les deux hommes, juchés sur cette plate-forme, ont une tournure grandiose, et que la tragédie reculée dans ce lointain prend des proportions colossales.

Hémon n'obtient rien de son père qui s'obstine en son farouche et implacable entêtement. Mounet-Sully, avec sa haute stature, ses gestes rares, son masque immuable, donne à merveille la sensation d'une brute puissante butée à l'idée fixe.

Hémon le quitte, désespéré et furieux, et crie en se sauvant :

> Moi ce spectacle affreux, bon pour tes chers élus,
> Je ne le verrai pas; tu ne me verras plus!

Antigone est donc condamnée. Créon a craint, s'il répandait son sang, que ce sang ne criât contre Thèbes et contre lui : elle sera enfermée dans une grotte, et y restera murée jusqu'à ce que la mort la vienne prendre ; nous la voyons qui vient exhaler ses plaintes... je me sers du mot exhaler parce que je songe à Mlle Bartet. J'avais rêvé une autre Antigone, révoltée, enragée contre l'iniquité dont elle est victime, appelant le peuple à son secours, cherchant à le mutiner contre la puissance royale, furieuse contre la lâcheté de tous et ne se résignant au martyre que les lèvres serrées d'où s'échappent les gémissements d'une âme endolorie, vaincue, mais fière. C'est ainsi que j'avais compris le rôle, et je crois que c'est ainsi que tous les lettrés l'ont compris depuis deux mille ans.

Et cependant, je n'en veux pas à Mlle Bartet ; c'est que la perfection idéale, même dans le faux, est encore une délicieuse et rare volupté. Oh ! qu'elle a été touchante dans ses adieux à la vie, dans ses regrets de mourir avant d'avoir connu les joies de l'hymen ; avec quelle élégante eurythmie de gestes elle a imploré le chœur qui lui a répondu par des dénégations ; un beau morceau de musique, celui-là et très en situation ! Et quand une fois elle eût vu que tout était inutile, de quel geste pudique, noble et résigné elle ramène son voile sur son visage et d'un pas mesuré et digne s'en va vers la mort !

Toute la salle a éclaté en longs applaudissements. Il va sans dire que j'y ai mêlé les miens ; car j'étais ravi ; à quoi bon protester plus longtemps ? cela était exquis dans son genre. Mlle Bartet ne pouvait pas, avec ses moyens, jouer le rôle autrement qu'elle ne l'a joué, et personne, que je sache, à Paris, sauf Mme Sarah Bernhardt, n'aurait excité dans nos âmes une émotion plus profonde.

Créon triomphe ; car il a condamné Antigone et le peuple,

(le chœur) loin de se rebeller, a courbé la tête. Mais voici que les dieux entrent en scène. Leur envoyé, c'est le divin Tirésias. Il avertit Créon qui se rit de ses conseils et de ses menaces, il fulmine contre lui de sombres et obscures prophéties :

> Déjà, je vois autour de toi les Erinnyes
> S'assembler, méditant les mornes agonies,
> Ces deuils qu'on ne plaint pas, qui sont des châtiments
> Et dans tout le palais de longs gémissements.

C'est Paul Mounet qui joue ce rôle. Avec sa barbe blanche, avec sa prestance altière, il a une belle allure de prophète. La voix est superbe ; je le supplie de veiller à son articulation qui n'est pas toujours d'une netteté parfaite.

Créon se raidit dans son orgueil ; cependant, il est entamé ; il sent au-dessus de lui une fatalité qui plane, toute prête à l'accabler. Mounet-Sully a eu un mouvement admirable lorsque, jetant son sceptre, il a crié :

> Eh bien ! hommes ici présents, libres, esclaves,
> Je rends au mort la tombe ! et maintenant, vous tous,
> Courez à la montagne et j'y cours avec vous.

Je m'étais pourtant juré de ne pas parler de Sophocle même. Mais je ne peux me tenir. Quel beau revirement ! Comme il est en scène, ce Sophocle ! Il savait le théâtre comme d'Ennery, et puis il avait par-dessus quelques petites choses dont d'Ennery est obligé de se passer.

Nous sommes au dernier acte, le plus pathétique, le plus terrible, le plus magnifique de tous. Un messager arrive, porteur de grandes nouvelles. Il demande à voir la reine Eurydice, femme de Créon. Les portes du palais s'ouvrent, Eurydice paraît. C'est Mme Lerou, superbement drapée dont l'entrée en scène est merveilleusement tragique. L'envoyé lui conte ce qui s'est passé. Le récit est dans Sophocle un modèle de narration dramatique, et il a été traduit avec une fidélité, d'un pittoresque admirable ; il a été dit par Silvain avec une incomparable maëstria. Au moment où le roi a écarté la pierre du sépulcre dans lequel Antigone avait été ensevelie vivante, il a vu la jeune vierge :

> Pendue à sa ceinture où son col blanc s'enlace.

Et à côté d'elle Hémon, une épée à la main, Hémon, transporté de fureur, a voulu d'abord se jeter sur son père, puis a tourné son arme sur lui-même et s'est frappé. Eurydice, à ces tristes nouvelles, rentre précipitamment dans le palais et voici que Créon arrive de gauche portant le cadavre de son fils.

Un grand frisson d'admiration a couru dans la salle. Mounet-Sully, semblable à un dieu foudroyé, gravissait, triste et superbe en son affaissement, les marches de l'escalier qui accède à la scène, et tirait après lui, d'un mouvement lent et rythmique, le cadavre, dont les pieds étaient soutenus par des serviteurs montant derrière lui. C'était un tableau d'une grandeur et d'un pathétique singulièrement pittoresque, et je reconnais qu'on ne l'aurait pas eu sans cette disposition d'un double théâtre, qui a forcé l'acteur à s'élever, lentement, degré à degré, chargé de son funèbre fardeau sur la scène que j'appelais tout à l'heure un guignol.

Créon pose le corps à terre ; il soulève cette tête pâle qui ballotte dans ses bras ; il se répand en lamentations et en cris de douleur ; il ploie sous cet amas inouï de malheurs qui le frappent coup sur coup ; il reconnaît enfin que les dieux l'ont justement puni. Mais il n'est pas au bout.

Un envoyé sort du palais et apprend à Créon qu'un nouveau deuil l'attend à sa maison :

> Quel autre deuil veux-tu désormais qui m'importe?

s'écrie-t-il. Le messager lui apprend alors que sa femme est morte :

> Tes yeux peuvent la voir, sans même qu'on l'apporte
> Pâle, sanglante, aux pieds de Pallas...

La porte du fond s'ouvre et l'on aperçoit le corps d'Eurydice étendu sur les marches de l'autel, ses femmes pleurant autour d'elle. Mounet-Sully se dresse avec un grand cri, laissant tomber sur le sol la tête qu'il soutenait de ses mains, et, d'un geste magnifique, lève les bras au ciel, comme pour le prendre à témoin. On ne respirait pas dans la salle, nous étions tous accablés, oppressés d'une religieuse horreur.

— Morte, s'écrie-t-il, morte! et comment?
— Comme son fils, répond l'envoyé.

> Elle a pris une épée et se l'est mise au cœur.

C'est le comble, c'est la fin. Oh! que Mounet-Sully a été beau et tragique lorsque, les bras tendus, le visage égaré, il a cherché la porte par où rentrer dans le palais. De quel accent désespéré et sombre il a dit ces vers qui terminent le drame :

> Fuyons donc, mais par quelle porte?
> Je suis environné du sort;
> Ici, la mort; et là la mort?
> La mort! la mort! partout la mort!

J'en avais la gorge sèche; nous étouffions et c'était comme un grand besoin de pleurer; car des larmes nous auraient soulagés de cette oppression. Mais on ne pouvait pas. Je ne crois pas que jamais on avait sur aucun théâtre porté la sensation de l'horreur à ce degré d'intensité.

Des applaudissements furieux ont éclaté de toutes parts quand le rideau est tombé. On a rappelé avec transport tous les artistes qui avaient contribué à cette belle représentation, et surtout Mounet-Sully, le plus grand de tous. J'ai, chemin faisant, rendu justice à chacun d'eux. Il faut joindre encore aux noms que j'ai cités celui de Dupont-Vernon qui, en sa qualité de chorège, a prêté au peuple sa voix forte et sa diction étudiée.

27 novembre 1893.

ALCESTE

(D'EURIPIDE)

L'Odéon a donné cette semaine la première représentation de l'*Alceste* de M. Alfred Gassier. L'affiche porte : *Alceste*, drame lyrique en cinq actes et en vers, d'après Euripide. Le fait est que l'*Alceste* de M. Alfred Gassier n'est ni une traduction, ni même une adaptation du grec ; c'est une pièce que l'auteur a composée de son cru en s'inspirant de l'idée première d'Euripide et en transportant dans son ouvrage quelques fragments de scène de l'original. J'ai lu dans plusieurs journaux cette note qui semble avoir un caractère officiel : « M. Alfred Gassier a suivi pas à pas le texte grec... C'est une plaisanterie. L'*Alceste* de M. Alfred Gassier ne ressemble guère plus à celui d'Euripide que l'*Œdipe* de Voltaire au chef-d'œuvre de Sophocle. Et encore Voltaire a-t-il plus gardé du modèle que n'a fait M. Alfred Gassier. »

Je voudrais d'abord m'expliquer sur un point qui a disparu tout entier, ou peu s'en faut, de l'imitation de M. Alfred Gassier.

Vous vous rappelez que les poëtes grecs présentaient à la fois au concours quatre pièces, trois tragédies qui formaient une trilogie, puis une quatrième qui était un drame satirique, où la note comique devait dominer. Nous savons, par les récits des exégètes, qu'*Alceste* fut à l'origine la quatrième pièce jouée à la suite d'une trilogie, et c'est pour cette raison sans doute qu'Euripide y mélangea si largement l'élément comique.

Pour cette raison et pour d'autres, Euripide fut en son temps un très hardi novateur. C'est lui qui inventa le mélodrame, tel que nous l'avons pratiqué en ces cinquante dernières années ; il fut un d'Ennery avec du style. Dans *Alceste*, il a osé bien plus ; il a essayé le drame que nous cherchons aujourd'hui, relevé de plaisanteries macabres, tout plein d'une ironie féroce et cherchant le comique dans l'exagération énorme de fantoches étalant en pleine poésie les vulgarités de la nature.

Je me souviens qu'il y a deux ou trois mois, rencontrant M. Auguste Vacquerie, nous nous mîmes à causer du théâtre grec et de cette *Alceste* dont on annonçait l'apparition à l'Odéon, et comme j'exprimais quelques doutes sur ces chances de succès :

— *Alceste*, me dit-il, c'est le chef-d'œuvre du théâtre grec. Il n'y a pas, dans toute l'antiquité, de pièce plus originale...

— Oui, lui dis-je en souriant, c'est que vous y retrouvez le porc aux choux de *Tragaldabas*.

Quand la tragédie grecque s'ouvre, Alceste va mourir. Admète, son mari, était très malade ; la mort l'allait prendre ; Apollon, qui avait gardé les troupeaux chez Admète, a obtenu de Jupiter que son ami reviendrait à la vie si quelque autre victime s'offrait à sa place. Personne ne s'est présenté qu'Alceste. Quand le rideau se lève, le sacrifice est fait. Admète l'accepte, il est tout gaillard ; Alceste se sent, au contraire, défaillir.

Que résulte-t-il de cette donnée ?

C'est que si Alceste est une belle âme, son mari est un

pleutre, ou, si vous aimez mieux, un fier égoïste. Eh bien! Euripide accepte hardiment toutes les conséquences de cette double donnée. De l'une, il tire des scènes d'un pathétique admirable; de l'autre, des incidents d'un comique irrésistible, d'un comique que je ne saurais même comparer qu'à celui des familiers du Chat-Noir.

Le rôle d'Alceste est délicieux, divin ; c'est ce rôle qui avait séduit Racine. Racine eut un instant l'idée d'écrire une *Alceste;* il y renonça très sagement; l'idéal qu'il se faisait de la tragédie ne s'accommodait point du caractère d'Admète; il n'aurait pu se tirer de la difficulté, ni la tourner. Dans ce rôle d'Alceste, il y a deux morceaux qui sont d'une tendresse où Sophocle lui-même n'a jamais atteint. Au temps où l'on faisait encore du grec, nous avons tous traduit en version le récit de l'esclave qui conte les tristes apprêts de la mort d'Alceste. Il ferait pleurer des pierres. L'autre passage n'est pas moins célèbre : c'est celui où Alceste, au moment de mourir, embrasse ses enfants, les recommande à leur père et lui fait jurer de ne leur jamais donner de marâtre; à cette prière si pathétique succède un de ces dialogues en vers alternés, familiers à la tragédie grecque, où s'échangent de vrais cris de douleur! Ah! que la scène est belle!

Admète, tout égoïste qu'il est, ne se sent pas moins touché et fait sa partie dans ce duo de tendresse. Il est certain d'ailleurs qu'il souffre, car il aimait sa femme. Il a sans doute accepté qu'elle mourût à sa place, mais il aurait préféré la garder, s'il avait pu le faire, en conservant la vie. Il commande donc des funérailles magnifiques, mais il est de très mauvaise humeur. Son père, le vieux Phérès, vient aux obsèques, les mains chargées de présents funèbres; il tâche de consoler son fils comme il peut, et alors commence entre eux une scène impayable, une scène d'un goût tout nouveau, une scène qui a dû provoquer chez les Grecs cette même sorte de rire qu'excitent chez nous les outrances à froid de nos poëtes macabres.

— Comment, lui dit Admète, tu viens faire semblant de te désoler sur son tombeau, mais pourquoi l'as-tu laissé mourir? Tu n'avais qu'à t'offrir à sa place, tu n'es qu'un vieux lâche! (Le mot y est en toutes lettres.) Tu aurais fait une belle action en mourant pour ton fils, d'autant plus qu'en tous cas, court était le temps qui te restait à vivre. Tu as eu tout ce qui fait le bonheur; tu as passé ta jeunesse dans la royauté; tu avais en moi un fils, héritier de ce palais; tu n'avais donc pas à craindre, en mourant sans enfants, de laisser à des étrangers une maison déserte à piller. Tu ne diras pas non plus que c'est parce que je n'honore pas ta vieillesse que tu m'as laissé périr, moi qui me montrais si respectueux envers toi, et voilà comme tu m'en as récompensé!

Le vieux n'est pas en reste.

— Moi, dit-il, mais je ne dois pas mourir pour toi; car je n'ai pas reçu cette loi de mon père, que les pères mourussent pour leurs enfants, et ce n'est pas conforme aux usages de la Grèce... Quel tort t'ai-je fait? Ne meurs pas pour moi plus que je ne mourrai pour toi! Tu aimes à voir la lumière du jour; crois-tu que ton père n'aime pas à la voir? Aux enfers, le temps est long, et si la vie est courte, elle est agréable... Tu parles de ma lâcheté, mais tu es le plus lâche de tous, car c'est pour toi, joli jeune homme, que ta femme est morte. Tu reproches à tes amis de n'avoir pas voulu mourir à ta place; c'était à toi de mourir. Si tu aimes la vie, tous les autres l'aiment aussi...

Et les voilà, qui, après s'être lancé à la tête ces tirades d'un comique irrésistible, continuent vers à vers la dispute, et j'imagine qu'à chacune de ces répliques d'une ironie froide tous les Parisiens d'Athènes devaient partir de rire.

— Tu t'es conduit on ne peut plus mal avec moi, crie Admète.

— C'est en mourant à ta place, répond l'autre, que je me serais conduit comme un sot.

— Eh bien! répond Admète, on ne fera pas ton éloge quand tu mourras.

— Ça m'est égal, riposte le vieux, on peut dire de moi, quand je serai mort, tout le mal qu'on voudra.

Et il ajoute, goguenardant :

— Épouse plusieurs femmes, afin d'en avoir plusieurs qui meurent pour toi.

Voyons! ne reconnaissez-vous pas, dans ce dialogue, le procédé de la blague d'atelier contemporaine? Aussi, après des scènes de ce genre, n'est-on plus étonné de voir arriver Hercule, que le hasard amène chez Admète, et qui, recevant chez lui l'hospitalité, se met gaiement à manger et à boire et prodigue les énormes bouffonneries qui étaient traditionnelles quand on jetait sur la scène ce joyeux sacripant, qui, dans les drames satiriques, faisait le rôle que remplit chez nous, dans le théâtre enfantin, le goinfre et querelleur Polichinelle.

Il emplit la maison en deuil des éclats de sa joie que chauffe le vin, quand il apprend pourquoi l'on pleure. Il est grossier d'allures, mais il est bon, comme tous les forts; il ira, il arrachera à la mort sa proie et ramènera sa femme à Admète. Aussitôt dit, aussitôt fait.

Et nous le voyons, tout de suite après, qui revient tenant par la main une femme long voilée, qu'il présente à Admète. C'est une bonne grosse farce qu'il lui a fait.

— Je te la donne, lui dit-il, pour te consoler de ton chagrin... Allons, prends-lui la main... Je t'assure que tu en seras content...

Admète refuse, car il est tout entier à la douleur. Hercule insiste joyeusement. Il rit dans sa barbe de héros.

Il lève enfin un coin du voile. Tableau.

— Allons, c'est bon, dit-il, amusez-vous. Moi, je m'en vais accomplir un nouveau travail.

Je ne veux point suivre scène à scène la pièce de M. Gassier et montrer par où elle diffère de celle d'Euripide.

Il suffira de dire que toute la première moitié du nouveau drame, non seulement n'est pas traduite du grec, mais qu'elle est justement le contre-pied de l'original. Plus tard, de la scène d'Admète et de Phérès, il ne reste presque rien : à peine une vague indication.

Il n'y a guère que les scènes d'Hercule qui soient assez exactement reproduites et donnent une idée telle quelle de l'œuvre antique.

Mais, ce qui est fâcheux dans l'ouvrage de M. Alfred Gassier, c'est moins encore la façon dont le drame est conduit — elle peut se défendre après tout et elle ne choque point ceux qui n'ont pas présent à la mémoire le texte d'Euripide — que le style dont l'ouvrage est écrit. Oncques n'entendit vers plus pénibles et plus rocailleux ; la langue est d'une impropriété rare, et parfois même il est impossible de savoir ce que l'auteur a voulu dire au juste. Tenez, un exemple : Admète vient se répandre en invectives contre ses sujets, dont aucun n'a voulu mourir à sa place, et se tournant vers son père (c'est tout ce qui reste de l'amusante scène d'Euripide) :

> Tu te rends à ce deuil, sans que nul t'y convie,
> Tel qu'Alceste a prié. Ton amour de la vie,
> Immodéré vieillard, a causé cette mort.
> Va-t'en, puisque tu peux traîner un tel remord.

— C'est ton père, s'écrie le chœur.
Et Phérès reprend :

> ... Il convient que ce fils m'injurie
> Quand il n'épargne pas l'outrage à sa patrie.
> Toi que nous étions fiers de voir, si grand, surgir,
> Ta faiblesse te noie et tu nous fais rougir.
> M'en aller, j'y consens, pour fuir ta dissemblance.

Qu'est-ce que cela peut bien signifier : *pour fuir la dissemblance?* Et quel style : *la faiblesse le noie; ton amour de la vie immodéré; voir quelqu'un si grand surgir.*

M. Alexandre Georges a enveloppé ce drame d'une musique qui a paru plus soignée et plus élégante que vraiment inspirée et originale.

6 avril 1891.

SHAKESPEARE

LE ROI LEAR

L'Odéon a donné cette semaine le *Roi Lear*, traduit, ou plutôt imité de Shakespeare, par M. Jules Lacroix, qui avait déjà transporté sur notre scène, avec une si heureuse audace, et le *Macbeth* de ce même Shakespeare, et l'*Œdipe roi*, de Sophocle.

Je vois que déjà les fanatiques du grand poëte anglais prennent à partie M. Jules Lacroix de ce qu'il a beaucoup modifié le drame shakespearien, coupant d'un côté, arrangeant de l'autre. Je viens de lire dans le *Nain jaune* la spirituelle philippique de M. Barbey d'Aurévilly, qui secoue d'importance ce pauvre M. Jules Lacroix, qu'il a d'ailleurs le tort de prendre pour le bibliophile Jacob, son frère.

M. Barbey d'Aurévilly me semble raisonner comme ces enragés de la politique, qui repoussent toute liberté nouvelle, parce qu'on ne leur donne pas d'un même coup la liberté tout entière. *Sit ut est*, s'écrie-t-il superbement, *aut non sit*. Voilà qui est bien, mais n'est-ce pas, sous prétexte d'admiration, condamner Shakespeare à l'isolement, que de vouloir ainsi l'imposer tout entier, d'un seul bloc ? A supposer même que tout soit également sublime dans Shakespeare, il s'agirait de savoir si le public est en état de comprendre et de goûter ces beautés un peu exotiques. Et s'il est vrai qu'à cet égard, son éducation ne soit pas faite en-

core, on ne peut, ce me semble, le familiariser avec les étran
getés de ce génie d'outre-mer, qu'en les accommodant avec
mesure au goût français. Ce sont les traductions infidèles
de Letourneur qui ont rendu possible la version littérale de
François Hugo; Ducis a préparé les esprits à souffrir les
imitations plus prochaines de M. Jules Lacroix, et peut-
être M. Jules Lacroix conquiert-il en ce moment à un
successeur inconnu le droit de porter sur la scène Shakespeare tout entier.

J'en doute, à vrai dire. Je ne crois pas que les modifica-
tions de M. Jules Lacroix aient toujours été très heureuses,
et j'aurais, sur ce point, quelques réserves à faire. Mais je
n'imagine pas qu'on puisse jamais, sur une scène française,
représenter la pièce telle qu'elle a été écrite, et c'est déjà
un prodige d'en avoir fait accepter une moitié si considérable.

Il est de mode aujourd'hui d'adorer Shakespeare comme
une sorte de majestueux fétiche, et Victor Hugo a donné
le ton en disant qu'il *admirait tout comme une brute*. Il faut
pourtant bien convenir que, parmi ses pièces, un très grand
nombre ne sont supportables qu'à la lecture, et que même,
parmi celles qui peuvent être le plus aisément transportées
sur la scène, bien des parties nous étonnent et nous choquent.

J'avoue que le *Roi Lear* me semble être une de celles
qui étaient le moins faites pour être représentées. C'est un
horrible cauchemar que ce drame, où le génie sombre de la
race anglo-saxonne s'est complu à entasser toutes les infirmi-
tés et tous les vices de la nature humaine. Des meurtres,
des adultères, des empoisonnements, des trahisons, la folie,
réelle chez les uns, simulée chez les autres, un implacable
destin frappant à l'aveugle les bons et les mauvais, et jetant
au même tombeau que ses affreuses sœurs, cette douce et

poétique Cordélia ; partout du sang et des larmes, sans aucun relâche ; c'est une nuit d'orage, où l'obscurité n'est coupée que de sinistres éclairs. Cette lecture pèse sur la poitrine, et l'on en sort navré.

Il peut se faire que ces émotions ne soient pas trop fortes pour ces hommes robustes et tristes qui vivent dans les brouillards de l'Angleterre. Ils ont les nerfs plus solides et les imaginations plus sombres que nous. Pour nous, cette effroyable accumulation d'horreurs, ce ciel toujours chargé de noirs nuages, sans éclaircie qui l'égaie d'un rayon de soleil, ces coups répétés d'une fortune acharnée contre l'humanité qui souffre et se plaint ; non, c'en est trop. Le livre tombe des mains ; on a le cœur serré comme dans un étau, et il semble que la chair même frémisse de terreur. Que serait-ce donc, me disais-je, à la représentation ?

Que je sais gré à M. Jules Lacroix de m'avoir retranché cet abominable Edmond, si froidement, si résolument hypocrite, adultère et parricide ! Que je le remercie de m'avoir délivré de cet Edgar, maudit par son père, comme s'il n'y avait pas déjà trop de malédictions dans ce drame infernal, et qui simule, près d'un fou véritable, une folie inutile ! Il reste bien assez d'horreurs, plus encore que je n'en puis supporter. Les gens du peuple disent, pour exprimer l'accablement d'une terreur morne, qu'ils ont comme une chape de plomb sur les épaules ; jamais expression ne fut plus justement appliquée : on sentait, l'autre soir, à l'Odéon, peser lourdement sur le public cette chape d'ennui.

Admirable tant qu'on voudra, cela fait sombre et froid. On sort d'un tel spectacle irrité contre l'homme et contre la nature : on respire avec délice l'air frais du dehors, et l'on est tout étonné qu'il brille encore des étoiles au firmament. *Othello* ni *Macbeth*, *Hamlet* même n'accablent point ainsi l'imagination. Mais on s'éveille du *Roi Lear*, comme d'un songe affreux, tout trempé de sueur, la gorge sèche et criant. N'importe! allez là, si vous aimez les émotions violentes; allez-y encore si vous ne les aimez pas! Car, outre qu'il est bon de se familiariser avec le spectacle des douleurs de l'homme et des injustices du sort, cette affreuse nuit du drame est traversée de scènes superbes, qui luisent comme des coups d'épée dans l'ombre.

La première, celle qui ouvre la pièce, est d'une beauté souveraine. Le roi Lear a réuni ses trois filles, dont deux sont déjà mariées, et dont l'autre va l'être sous peu au roi de France. Il veut leur partager son royaume, et désire avantager celle qui fera profession de le chérir le plus. Il leur demande donc à chacune comment il est aimé d'elles. Les deux aînées se répandent en protestations de tendresse hypocrites, en belles phrases et en grands mots, elles reçoivent tout aussitôt la récompense de leurs flatteries.

Quand ce vient au tour de la cadette, elle éprouve une certaine pudeur fière à étaler une affection qui est vraie; elle rougit d'exprimer des sentiments qui pourraient sembler suspects, du moment qu'ils attendent un prix; elle dit seulement qu'elle aime son père, mais qu'elle aimera son mari mieux encore, ainsi que le veulent et la nature et la religion. Sur cette réponse, le vieillard s'emporte, la déshérite et la maudit.

A ne regarder dans la scène de Shakespeare que cette vérité exacte dont on fait tant de cas aujourd'hui, elle est parfaitement ridicule : jamais, depuis que le monde est monde, les choses ne se sont passées ainsi. Où a-t-on vu qu'un père s'en allât de but en blanc demander à ses filles comment elles l'aiment, et juger de leur affection aux transports de discours si apprêtés, qu'il pût, si faible d'esprit qu'on le suppose, se laisser prendre à de si grossières flatteries, et s'emporter ensuite si violemment contre un langage simple et naïf?

Non, la scène n'est pas vraie, d'une vérité réelle et bourgeoise, mais elle l'est d'une vérité bien supérieure, d'une vérité idéale. Prenez cette idée générale que les hommes sont disposés à croire aux protestations de tendresse, et qu'ils ne savent jamais démêler l'amour sincère qui se cache; qu'ils réservent toutes leurs faveurs à l'hypocrisie qui les adule, et repoussent du pied l'affection vraie, mais fière, quand elle se tait par pudeur, ou qu'elle ne montre point, si elle parle, de petites complaisances pour leurs petites vanités : jamais cette observation n'a été traduite aux yeux d'une façon plus saisissante.

Vous pouvez détacher la scène de Shakespeare des événements qui la soutiennent et qui en sont le prétexte, et vous l'appliquerez ensuite à toutes les situations analogues. Le fait ici n'est plus rien : exact ou forcé, réel ou faux, il n'importe. C'est l'idée qui est vraie, et qui brille de sa beauté nue. Notre Molière a, lui aussi, de ces scènes, que j'appellerais volontiers des scènes types; fausses et absurdes, si l'on ne considère que les faits qui les constituent, mais d'une vérité supérieure, parce que l'idée s'en dégage avec une clarté si merveilleuse, que tous les hommes les emportent dans leur imagination et les voient se dresser devant leurs yeux, toutes les fois que, dans la vie ordinaire, se présente un cas qui les puisse rappeler.

Je n'en sais guère de plus hardie et de plus superbe que celle de Shakespeare. Je la connaissais bien pour l'avoir lue; mais l'effet en est bien autre à la représentation. Là, tout prend une intensité de vie extraordinaire et un puissant relief. Un Parisien — ces Parisiens ont toujours trop d'esprit — me disait hier : Ce qu'il y a de mieux dans le *Roi Lear*, c'est encore le père Goriot!... Trouvez-moi donc une scène pareille dans tout Balzac. Vous y voyez, en cent lignes de dialogue, et la faiblesse d'un père imbécile et vain, et l'hypocrisie de ses deux filles, et la tendresse franche et pudique de l'autre, et tous les malheurs qui vont suivre : ce n'est pas seulement ce que disent les personnages qui vous frappe, mais chacun de leurs mots éveille en vous un monde de sentiments et de pensées, que vous voyez se mouvoir vaguement derrière l'expression dont ils se servent ; le roman de Balzac tient tout entier dans le raccourci d'une demi-scène, et bien plus pur, bien plus noble, bien plus idéal ! Cela est en vérité merveilleux, et jamais drame ne s'est ouvert d'une façon plus simple, plus grande et plus saisissante à la fois. Songez au temps que demande la moindre exposition de pièce, et considérez qu'ici vous entrez au vif du sujet, sans préparation d'aucune sorte ; que du même coup vous comprenez et l'action qui s'engage, et les caractères qui vont la soutenir, et l'idée générale que l'auteur met en œuvre, et vous serez ravis d'admiration.

Ce premier acte a été un triomphe éclatant. Tous les cœurs battaient d'aise. Le second a commencé de rembrunir les visages. Le roi Lear qui avait déjà maudit sa fille Cordélia, maudit sa fille Gonerille, puis son autre fille Regane. Il ne les maudit pas d'un mot ; non, il épuise, avec un effroyable acharnement, tout le vocabulaire des malédictions connues. Ce torrent d'imprécations naturel sans doute chez un vieillard très violent et faible d'esprit, finit par lasser la patience du public, qui n'y prête plus la même attention.

Je ne crois pas que le spectacle de la folie soit jamais fait pour plaire à un public assemblé. Shakespeare en a donné, dans le *Roi Lear*, une étude complète. On voit la raison du vieux roi chanceler peu à peu, avant de tomber dans la nuit noire de l'aliénation mentale. Une fois là, ce ne sont plus que hurlements, imprécations farouches, jusqu'à ce qu'il arrive à l'imbécillité tranquille et idiote, où il se rasseoit doucement.

Quelques points lumineux se détachent sur ce fond sombre. Rien de plus touchant que le roi Lear, pressant à deux mains sa tête, d'où il sent que la raison s'échappe, et s'écriant : « Oh! non, pas fou! je ne veux pas devenir fou! » Rien de plus terrible que la scène où il se trouve, par une nuit d'orage, face à face avec un autre fou, dans une lande déserte, et se met à divaguer avec lui.

Cette situation est peut-être la plus étrange et la plus effroyablement dramatique qu'on ait mise au théâtre. Le roi, chassé par ses filles, fuit éperdu sous la tempête, dans la campagne, suivi de son fou, qui gambade autour de lui, comme un singe familier, et nargue le tonnerre de ses propos insensés. Tous deux font rencontre d'un mendiant, qui court à demi nu le pays, et que l'on connaît sous le nom du *pauvre Tom*. Ce malheureux est fou, et tient au vieillard qui l'interroge des discours extravagants. Rien de plus contagieux que la folie : le roi entre peu à peu dans les raisonnements du fou avec qui il cause ; tous deux s'entendent fort bien ; la scène est d'un effet poignant, et, quand à un éclat de rire du mendiant le vieillard répond en écho par le même éclat de rire, toute la salle a tressailli d'effroi.

Mais ce ne sont là que des moments : le spectacle continu de cette folie, qui va toujours s'aggravant, finit par énerver le public. Si vous avez jamais visité Bicêtre ou la maison du docteur Blanche, vous pouvez vous figurer une idée de l'oppression dont ce drame vous accable. On n'a plus assez de liberté d'esprit pour admirer l'art avec lequel Shakespeare a étudié et rendu la folie. Son fou n'est pas un fou de théâtre, qui ne témoigne son dérangement d'esprit que par des phrases entrecoupées et des paroles sans suite. Il raisonne au contraire avec une terrible logique, ramenant tout à son idée fixe. Il s'arrête tout à coup au milieu d'une divagation, et regardant le chapeau dont est coiffé son interlocuteur :

« Voilà un bon chapeau, dit-il, ce serait un stratagème ingénieux que de ferrer un escadron de cavalerie avec du feutre. J'en ferai l'essai, et quand j'aurai ainsi surpris mes gendres, alors tue, tue, tue, tue. »

Le rôle du roi Lear est plein de traits pareils ; d'une observation profonde, et qui font frissonner. Mais l'effet s'en use à la scène par la répétition. L'émotion trop tendue se brise, et l'âme tombe dans une sorte d'alanguissement, qui est proche cousin de l'ennui. Peut être une seconde audition (je n'ai pu encore en faire l'épreuve) laisse-t-elle l'esprit plus libre de goûter les beautés sombres de cette œuvre, mais je serais bien étonné si vous n'éprouviez pas à la première cette sensation pénible qu'apporte un brouillard lourd et gris, qui ne laisse voir, à travers ses déchirures, que des lambeaux de ciel rougeâtre.

Le dernier acte, lui-même, qui est si pathétique, où Cordélia soigne son vieux père comme elle ferait d'un bébé ; où le père ensuite apporte dans ses bras le cadavre de Cordélia morte, et répand ses lamentations sur le corps de celle qui fut sa fille, ces scènes de tendresse mouillée ou de douleur plaintive, ne suffisent point à détendre l'âme, trop longtemps et trop cruellement serrée. On a le cœur plein d'une colère sèche ; c'est une souffrance que de pareils spectacles. Il est bien entendu que je traduis mon impression personnelle ; mais il me semble que je l'ai vue partagée par une bonne moitié du public. On admire, mais avec étonnement et chagrin.

Et pourtant je serais bien fâché de n'avoir pas vu le *Roi Lear*. J'y retournerai, et je vous engage à y aller aussi. C'est qu'il y a toujours dans une pièce de Shakespeare, même alors qu'elle ne plaît point, un monde d'idées à découvrir, une étude sérieuse et attachante à faire. Remercions donc M. Jules Lacroix de nous l'avoir rendue possible, en transportant au théâtre les belles scènes du *Roi Lear*.

14 avril 1863.

HAMLET

I

Hamlet! voyez-vous, c'est plus fort que moi; je ne peux pas venir à bout de m'y plaire. Je dis ingénument la chose comme elle est, au risque de me faire conspuer. A la lecture, ça va bien. Je ne suis pas assez dépourvu de toute intelligence et de tout goût littéraire pour ne pas sentir, même à travers la traduction, l'extrême mérite de certains morceaux, pour ne pas être transporté par la grandeur triste de quelques scènes. Mais au théâtre je ne suis plus que public. Eh bien...

Il va sans dire que je ne parle que de moi, que ce sont mes impressions que je conte; je n'ai pas l'impertinence de croire que je suis ici la voix de tout le monde. Mais enfin, ce qu'on me demande ici c'est mon avis, et non celui des autres.

Eh bien, au théâtre, la vérité est que je ne comprends pas Hamlet; je ne sais ni ce qu'il est ni ce qu'il veut. Est-il réellement fou ou feint-il de l'être? Ou, feignant de l'être, s'est-il laissé prendre à son piège, en sorte que tantôt il est un comédien de la folie et tantôt un fou authentique, sans qu'on sache précisément où finit le comédien et où le fou commence? Je l'ignore, et il me semble que tout le monde l'ignore comme moi.

Je vois bien que Mounet-Sully a pris parti dans ces hypothèses. Il a tranché dans le vif et joué tout le rôle comme si en effet Hamlet était un Brutus simulant la folie et attendant l'heure. Mais, si cette interprétation est vraie, il y a des scènes dont le sens et la portée m'échappent. Je nage tout le temps dans le doute et l'incertitude.

Les exégèses ne font que m'embrouiller le personnage. On a écrit des volumes pour expliquer Hamlet, et plus on l'explique, moins il est intelligible. Ce qu'il y a de singulier, c'est que tous ceux qui ont leur explication d'Hamlet vous affirment qu'il n'y a rien de plus assuré ni de plus clair. J'ai là sur mon bureau deux lettres de shakespeariens déterminés, qui tous deux commencent par dire que la célèbre exégèse de Gœthe est fausse, radicalement fausse, que le caractère d'Hamlet est ce qu'il y a de plus simple à comprendre et à expliquer, qu'il ne saurait là-dessus y avoir l'ombre d'un doute, tant la chose est lumineuse, et ils m'en donnent chacun une explication différente.

Et M. de Laveleye en a fourni, dans la *Revue bleue,* une toute nouvelle, qu'il appuie d'une foule de citations probantes : Hamlet, pour lui, est un pessimiste, et, ce point admis, tout devient limpide comme eau de roche.

Quand on explique un rôle de tant de façons, c'est qu'apparemment il n'est pas des plus clairs. Et puis, au théâtre, est-ce que j'ai le loisir ou le goût de faire toutes ces réflexions ? Il faut que je voie du premier coup le personnage pour m'y intéresser. C'est un insupportable malaise que de marcher trois heures durant à tâtons.

Ce qu'est Hamlet, on n'en sait rien ; ce qu'il veut, pas davantage. Pourquoi diffère-t-il tant à exécuter une vengeance facile? On ne manquera pas de m'en imaginer toutes sortes de bonnes raisons ; mais alors pourquoi, dans son entretien avec sa mère, donne-t-il un coup d'épée de la tapisserie, croyant tuer le roi ? Si c'était en effet le roi au lieu de cet imbécile de Polonius, qui se fût trouvé là, la pièce serait donc finie ?

Je pourrais multiplier ces objections. A quoi bon ? Je n'ai pas la prétention de critiquer *Hamlet*, qui, en sa qualité de chef-d'œuvre, plane au-dessus de toute critique ; je ne cherche qu'à me rendre compte de la sensation éprouvée par moi et, à ce qu'il m'a bien semblé, par quelques autres personnes. Cette sensation n'a pas été du plaisir.

J'ose même dire qu'elle a été d'ennui vers la fin. L'acte du cimetière est un intermède bien long et bien lugubre. On m'a assuré que parfois on le retranchait sur les théâtres de Londres. Cette suppression serait bien difficile en France, où précisément certains traits de cette scène, qui ont passé en proverbes courants, sont pour nous caractéristiques en quelque sorte de la pièce d'*Hamlet*.

La tuerie qui termine le spectacle, n'a rien non plus de très régalant. J'ai beau me battre les flancs pour admirer la façon dont toutes ces morts sont amenées, je sens très bien que, si ces inventions n'étaient pas signées du grand nom de Shakespeare, je les trouverais tout ensemble monstrueuses et enfantines.

Là-dessus, les amateurs me font remarquer avec quel art le duel a été réglé. C'est Vigeant lui-même qui l'a mis en scène, et Vigeant n'est pas seulement un des premiers maîtres d'armes de ce temps, c'est un philosophe et un artiste. Laërte ne doit pas avoir le même jeu d'escrime qu'Hamlet, car Hamlet est franc et Laërte tortueux. Aussi, voyez ! Hamlet a l'attaque haute et Laërte se fend en arrière, à l'italienne, s'écrase et présente la pointe au corps d'Hamlet qui s'enferre lui-même. C'est une trouvaille que ce coup, car il met au plein vent le caractère différent des deux personnages.

J'entends bien; mais, au théâtre, voilà beaucoup de bon bien perdu. Il en est de ces finesses d'escrime comme de l'or fin dont le manteau du roi est doublé en dedans. Personne ne le voit; c'est donc comme s'il n'existait pas. A la scène, on ne prend garde qu'à la situation et aux beaux vers qui l'expriment. Le reste est à peu près perdu et compte à peine. On m'assure qu'il a fallu quinze jours pour régler ce duel, et encore n'y a-t-on mis si peu de temps que parce que les deux acteurs avaient une longue pratique de la salle d'armes. Ce sont bien des heures, je ne dirai pas absolument perdues, mais employées pour un mince résultat.

Oh! la mise en scène! la mise en scène! si l'on faisait le compte de ce qu'elle coûte et du peu qu'elle rapporte! Savez-vous bien que celle d'*Hamlet* reviendra à cent cinquante mille francs? Les plus modérés disent : cent vingt. Mais c'est un minimum qui sera dépassé. Et où vont les trois quarts de cette dépense? A nous montrer un cortège de seigneurs rangés autour du roi et de la reine. Je rendrai justice tant que l'on voudra au goût exquis avec lequel M. Bianchini a dessiné ces costumes. Jamais on ne me persuadera qu'une œuvre dramatique ait besoin, surtout à la Comédie-Française, de ces adjuvants.

Dans quelles puérilités ne tombe-t-on pas quand il s'agit de ces menus accessoires? Est-ce que je ne lisais pas l'autre jour dans les informations d'un journal que l'on avait envoyé à Nuremberg un dessinateur copier exactement les pelles dont les fossoyeurs se servent pour creuser la fosse à l'acte du cimetière? On s'extasiait là-dessus! Voilà de l'argent joliment employé! Qui fait attention à ces pelles? qui peut même les voir?

A ce goût pour les effets de mise en scène on sacrifie tout, même le bon sens. Il y a dans *Hamlet* une scène de toute beauté, une scène qui fait non seulement l'admiration des philosophes, mais qui enlève le gros public, une scène de théâtre ; c'est celle où Hamlet s'explique avec sa mère :

> Hamlet, vous offensez gravement votre père...
> Mère, vous offensez mon père gravement.

Vous savez que dans cette scène apparaît l'ombre du roi assassiné. Quel est l'intérêt primordial de cette scène ? Est-ce le débat soulevé entre la mère et le fils ? Est-ce l'apparition du spectre ? A cette question il ne saurait y avoir qu'une réponse. Ce qui nous occupe, c'est la querelle de ces deux personnes, qui dirigent le drame. Le spectre pourrait ne pas se montrer visible aux spectateurs, la scène n'en resterait pas moins telle que Shakespeare l'a faite. Il suffirait de mettre dans la bouche d'Hamlet deux ou trois vers qui avertiraient le public qu'il voit se dresser l'ombre. Ce spectre, ce n'est après tout que la pensée intime d'Hamlet se détachant, prenant corps et se faisant sensible, pour accroître l'émotion du public, qui se laisse toujours prendre plus aisément aux yeux qu'aux oreilles.

L'accessoire ici, c'est donc, à n'en pouvoir douter, le fantôme.

Or il paraît que le mécanisme à l'aide duquel on produit le spectre à la Comédie-Française ne peut s'exercer que dans la nuit. Si l'on veut que l'ombre apparaisse vêtue d'une lumière spectrale, il faut que la scène soit dans une obscurité à peu près complète.

Eh bien ! on n'a pas hésité. On nous a condamnés à voir les deux principaux personnages, dans la scène la plus essentielle de l'œuvre, s'agiter dans la nuit, comme des ombres dans un bouillard, pour nous donner le plaisir brutal et sot d'un acteur barbouillé de blanc sur qui tombe la lumière électrique.

Mais cet effet de lumière je l'aurai chez Robert-Houdin ;

je l'aurai dans une baraque de foire. Ce que je ne puis avoir qu'au théâtre, ce sont les sentiments de terreur, de colère et de pitié exprimés en beaux vers par un grand poète et traduits aux yeux par les attitudes et les gestes de deux acteurs pleins de pathétique.

Vous parlez de vérité au théâtre; mais est-ce qu'il est naturel que chez soi, quand on a toutes ses aises, si l'on a à causer ensemble et de choses sérieuses, quand il fait nuit, on n'allume pas une lampe ou une bougie? Hamlet et sa mère, s'expliquant dans l'ombre, ont l'air d'attendre l'arrivée du spectre. Ils semblent lui dire : Viens donc! Tu vois, nous nous arrangeons pour ne pas t'effaroucher. Nous restons sans lumière pour que tu fasses plus peur quand il te plaira de surgir.

Et tout cela coûte les yeux de la tête!

Dans *Hamlet*, il n'y a qu'un rôle, à vrai dire, qui emplit la pièce; c'est Mounet-Sully qui le joue.

Il a dessiné le personnage en grand artiste. On eût cru voir marcher l'Hamlet d'Eugène Delacroix. Il a composé le rôle avec une rare intelligence. Intelligence, ce n'est pas assez dire. Si Mounet a si merveilleusement rendu le rôle, ce n'est pas précisément parce qu'il le comprenait bien, mais parce qu'il le sentait profondément. Voilà des années que Mounet-Sully s'est identifié avec Hamlet, qu'Hamlet parle, agit et vit en lui. Il en est arrivé à ce point d'obsession qu'il lui est difficile, quand il joue, de savoir ce qui reste en lui de sa propre personnalité. Hamlet l'a envahi tout entier et l'a façonné à l'image de son rêve. Jamais peut-être l'illusion n'a été poussée plus loin. Mounet-Sully ne joue pas le rôle à proprement parler; il est le personnage même, et il l'est non pas seulement sur les planches, le soir, par un artifice de grand comédien, mais réellement et dans tout l'usage de la vie.

Aussi la sensation est-elle étrange, et je ne sais si aucun artiste, quelque grand qu'il ait été, en a jamais pu donner un semblable. Hamlet, cet halluciné, ce fou qui marche toujours comme en plein rêve, prend un air de réalité extraordinaire, tant l'artiste qui le représente fait corps avec lui. Dans ses accès les plus bizarres, il garde les manières, l'allure et le visage d'un prince; car, après tout, il est prince, et Mounet-Sully l'est des pieds à la tête. Les journaux me diraient, demain matin, qu'il s'est fait proclamer roi de Danemark, que je n'en serais qu'à demi étonné.

Mounet-Sully avait raison de vouloir jouer ce rôle. Il n'en retrouvera jamais qui aille aussi bien au tour de son imagination mélancolique et fantasque. Il a remporté là un des plus beaux succès de sa carrière, et j'ajouterai l'un des plus singuliers que jamais artiste ait obtenus. Alors même que la curiosité d'entendre l'*Hamlet* de Shakespeare ne vous séduirait pas, il vaudrait encore la peine de se déranger pour voir Mounet. C'est un spectacle étrange et dont on ne verra pas de longtemps le pareil.

4 octobre 1886.

II

Vous pensez bien que je suis retourné voir *Hamlet*, et j'y ai pris un plaisir extrême, plus vif que la première fois.

J'avais, la semaine dernière, comblé Mounet d'éloges. Je ne l'ai pas encore assez loué. Je supplie tous ceux qui me lisent de mettre à profit cette occasion, qu'ils ne retrouveront jamais plus dans le cours de leur vie, de voir cette grande figure d'Hamlet, qui marche à travers un rêve, donner sur le théâtre l'illusion de la vie réelle. Il y a dans ce mélange singulier de vérité exacte et de songe poétique une saveur très curieuse : c'est une sensation inconnue, ce qu'il y a de plus rare en art. J'ai peine à me persuader que les grands artistes dont nous ont parlé nos pères, les Talma et les Mars, aient jamais secoué plus fortement les nerfs de leur public. Leur avantage sur Mounet, c'est qu'ils étaient plus égaux dans les divers rôles qu'ils essayaient ; c'est qu'ils revêtaient avec la même supériorité des physionomies très diverses. Mounet est assurément leur égal dans cette création extraordinaire, et, si vous reculez devant le mot de génie pour caractériser l'instinct obscur qui est son guide, je ne sais plus de quel nom vous devrez l'appeler.

Je n'ai rien d'ailleurs à retrancher de ce que j'ai dit ; j'ai repassé par les mêmes impressions, bien qu'un peu plus fortement accentuées. Les trois premiers actes m'ont saisi par leur grandeur triste ; la scène des comédiens est un des plus beaux coups de théâtre qu'ait jamais imaginés un dramaturge. Le reste m'a ennuyé, franchement ennuyé, et je ne sais, mais il m'a paru que, malgré le respect superstitieux qu'impose le grand nom de Shakespeare, nombre de mes compatriotes sentaient comme moi, qui n'osaient le dire tout haut, mais qui témoignaient par leur attitude de leur secrète pensée.

La salle est comble tous les soirs, et *Hamlet* se dessine comme un gros succès d'argent. Je ne l'aurais pas cru, mais j'en suis bien aise.

11 octobre 1886.

MACBETH

Mme Weber nous a conté, dans le dernier numéro de la *Revue d'art dramatique*, les études auxquelles elle s'était livrée pour comprendre le rôle de Macbeth. Le morceau est curieux, mais il montre surtout combien les artistes dramatiques sont des créatures d'instinct, et comme il leur est inutile de philosopher sur les rôles qu'ils creusent.

Mme Weber nous dit que, pour elle, le rôle se compose de deux parties bien distinctes : la première, où lady Macbeth n'est que lady Macbeth; l'autre, où elle n'est plus que la somnambule. Lady Macbeth, dans la première partie, est avant tout une volonté : « Elle ne voit rien autour d'elle, n'entend rien et ne pense même à rien; elle veut. » Au quatrième acte, l'acte du somnambulisme, la volonté est abolie.

Je ne discute pas ce point avec l'artiste. Prenons-le comme accordé, et voyons les conséquences qu'elle en tire à un moment donné. Vous vous rappelez la scène où Macbeth a convié les seigneurs de sa cour à un grand festin : Macbeth vient d'apprendre que l'assassinat de Banquo, commandé par lui, est chose faite. Il est agité, bouleversé, et au moment où il va prendre sa place, il la voit occupée par le spectre de Banquo, et prononce les mots terribles : « La table est pleine ! »

Que fait lady Macbeth ?

« C'est grâce à sa puissante volonté, nous dit Mᵐᵉ Weber, qu'elle parvient à conserver son front tranquille et froid, en présence des terribles accès de son mari; cette lutte, que rien dans le texte n'aide à indiquer, doit être comprise du public et le frapper, car elle est un des grands effets de l'acte. Il lui faut rappeler toute sa raison, toute sa force pour sourire à ses invités, pour les leurrer sur les agissements de son mari, leur cacher les assassins qui entrent, inventer une maladie quelconque pour excuser ce trouble épouvantable. Tout cela ne se fait pas en elle sans de profondes défaillances, mais toujours rachetées à temps, car elle se sent perdue. Tant qu'elle vit, elle se sent forte; mais dès que sa mémoire, « cette sentinelle du cerveau », n'est plus que fumée, lorsqu'elle dort, plus de volonté alors; ses nerfs sont les maîtres; elle devient la proie de ces démons terribles qu'elle a tant chassés de son esprit. »

Voilà de beaux raisonnements. Mais, voyez-vous, en art, il n'y a rien de tel que de sentir ! Et la première chose pour un acteur, c'est de se dire, sans tant se matagraboliser la cervelle de réflexions esthétiques : Comment, est-ce que je dirais cela si j'étais à la place du personnage ? ou plutôt de ne se rien dire du tout, mais d'agir comme si l'on était soi-même dans la situation.

Ce troisième acte, Mᵐᵉ Sarah Bernhardt l'a joué merveilleusement, et, j'imagine, sans avoir pioché les dessous du texte et les abîmes des commentaires. Elle était maîtresse de maison; tous les convives assis; son mari reste seul, dans son coin, en proie à ses sombres pensées. Que feriez-vous à sa place ? Vous lui diriez : Allons ! ne sois donc pas triste comme cela ! tu empêches tes convives de s'amuser ! Et vous le lui diriez gentiment, doucement, avec bonne grâce, parce que tout le monde vous regarde.

Non, vous n'imaginez pas la délicieuse musique qui s'échappait des lèvres de M⁻ᵉ Sarah Bernhardt, quand elle adressait de sa place, à son mari préoccupé, ces vers rocailleux :

> Une gaieté plus vive...
> Royal seigneur ! C'est vendre un repas au convive
> Que donner un repas sans affabilité.
> On mangerait bien mieux chez soi. C'est la gaieté
> Qui doit assaisonner tous les mets de la table,
> Sans quoi se réunir serait insupportable.

C'était une femme (la première venue) exerçant sur son mari la prestigieuse influence de la femme aimée pour le ramener à ses devoirs de maître de maison. Et de quelle voix impérieuse et vibrante, quoique basse, elle lui disait, lui parlant à l'oreille :

> Enfantillage pur ! vision de la peur !
> C'est comme ce poignard, mensongère vapeur,
> Qui vers Duncan, dis-tu, te conduisait naguère.
> Oh ! ces tressaillements ne m'étonneraient guère
> D'une aïeule contant, l'hiver, pour effrayer,
> Quelque histoire de spectre aux lueurs du foyer.
> Quelle honte ! pourquoi la terreur qui t'assiège ?

Et dans ces reproches même il y avait comme une caresse. C'est qu'au fond lady Macbeth tremble que Macbeth ne révèle par un mot ou par un geste l'horrible secret. Elle sait sur lui l'ascendant de sa voix et elle en use.

Voilà la situation, et M⁻ᵉ Sarah Bernhardt la jouait, sans arrière-pensée. Elle ne songeait pas à y fourrer un tas de choses auxquelles Shakespeare n'a jamais pensé. Elle se laissait guider par son instinct.

Voyez-vous, je ne puis m'empêcher de sourire quand je vois les artistes exécuter dans le rôle qu'on leur confie des fouilles mystérieuses et profondes. J'espère qu'un jour Coquelin aîné nous rendra Alceste et Tartuffe, qu'il a, je crois, grand désir de jouer à Paris. Mais cet excellent Coquelin s'imagine qu'il jouera ces deux rôles en vertu des études qu'il a publiées en brochure. Non, il ne fera (car il est grand comédien, et c'est pour cela que nous l'aimons en dépit de toutes ses frasques), il ne fera que suivre son instinct. A nous, critiques, on nous demande de comprendre et d'expliquer un rôle ; de lui, artiste, on n'exige qu'une chose, qui est bien plus difficile, c'est de le jouer. Il le joue avec son tempérament, et il le comprend après, s'il peut. Mais ce n'est pas son affaire ; c'est la nôtre.

Mme Weber nous parle de toutes les intentions qu'elle a mises dans le rôle de lady Macbeth. Du diable si j'en avais vu une seule, et je l'avais admirée tout de même. C'est qu'avec son visage âpre, ses yeux étincelants et profonds, ses cheveux noirs, sa taille maigre, ses lèvres nettes et sensuelles, sa voix légèrement rauque, elle me représentait à merveille lady Macbeth, cette femme ensorcelée et ensorcelante, que brûlent tous les feux de l'ambition, et qui va droit à son but, avec un emportement sauvage et félin d'hystérique.

« La scène du somnambulisme, nous dit encore Mme Weber dans la suite de cette étude, forme la seconde partie du rôle. Cette gigantesque conception d'une philosophie si terrifiante (c'est l'actrice qui parle) est d'une difficulté inouïe pour l'interprète. Si fortement que soit trempée l'âme de lady Macbeth, elle est maintenant brisée. Le remords l'a atteinte et désorganisée moralement, physiquement. Ce n'est plus elle, car elle est privée de ce qui faisait lady Macbeth elle-même, sa volonté : ce n'est plus maintenant que la statue du remords que Dieu traîne, agonisante, à travers le dédale du palais, criant et déplorant son crime. La malheureuse, qui souffre jusqu'à en mourir, veut faire, en présence du public, sa dernière confession; elle meurt quelque temps après.

« Je dois donc représenter une agonie, l'agonie d'une grande criminelle, et tout cela en dormant, la démarche alourdie et par le sommeil et par la mort qui vient, les gestes lents, pénibles, l'œil hagard, fixe sans voir, et la respiration continuelle d'un sommeil profond, mêlés aux sanglots et aux râles, préludes de la mort... »

Voilà bien des affaires! De quoi s'agit-il? D'une somnambule, dont l'esprit reste occupé, pendant le sommeil, des pensées qui l'ont agitée dans la veille. Eh bien! faites-moi tout simplement et tout bonnement une somnambule, sans vous embarrasser de savoir si cette somnambule est traînée par Dieu, agonisante et alourdie par la mort prochaine.

Oserai-je dire à M#^{me}# Weber que dans cette scène où elle a fait, malgré tout ce déploiement d'esthétique, un grand effet, il y a un détail qui m'a déplu? Elle parle dans son analyse de « la respiration continuelle d'un sommeil profond », et, un peu plus loin, de « la pénible et constante respiration » dont elle scande tous ses mouvements. Il est vrai que, durant toute cette scène, on entend comme un râle sifflant s'échapper des lèvres fermées de l'actrice. Est-ce bien utile? Un habitué du théâtre de l'Odéon m'affirmait que cette respiration bruyante avait été copiée sur nature par l'artiste et qu'elle était une des caractéristiques du somnambulisme. Mme Weber dément elle-même cette explication, car elle dit dans l'article en question : « Je n'ai pas voulu voir de somnambule; cela m'aurait impressionnée trop vivement peut-être, et je n'aurais pu faire malgré moi qu'une imitation exacte; il fallait être lady Macbeth somnambule. »

Mme Weber a eu raison de ne pas vouloir reproduire les

gestes et les attitudes des pensionnaires de M. Charcot. Mais, si c'est par raisonnement théorique qu'elle s'est décidée à cette respiration en soufflet de forge, je crois qu'elle se trompe. Moi, je me livre toujours au texte de l'auteur, sans chercher au delà, sans prétendre avoir plus d'esprit que lui.

Or, Shakespeare a marqué d'une façon plus spéciale le moment où lady Macbeth devait tirer de sa poitrine un soupir profond et qui fût entendu de tout le public. Le médecin qui assiste à la scène dit à ce moment à la femme de chambre : *Le cœur semble cruellement chargé,* et la femme de chambre répond :

> Non, pour tout son pouvoir,
> Non, je ne voudrais pas dans ma poitrine avoir
> Un cœur pareil au sien.

Voilà qui me suffit. Si Shakespeare a voulu que lady Macbeth soupirât à cet endroit, l'actrice n'a plus qu'à suivre son indication, et cette respiration, constamment oppressée et sifflante, dont Mme Weber a cru devoir accompagner toute cette scène, va contre le sens et le gré du poète.

Mme Weber ne doit voir dans ces chicanes qu'une preuve de l'estime que je fais de son talent. Je ne discuterais point avec elle si elle était indifférente.

4 mars 1889.

LE SONGE D'UNE NUIT D'ÉTÉ

Vous savez ma sainte horreur pour le goût du décor poussé à l'excès. Mais prenez garde! ici, ce n'était pas la même chose. Je hais le décor dans les drames ou dans les comédies, parce qu'il tire à soi une part de l'attention qui est due à l'œuvre même. Le décor n'est et ne doit rester qu'un accessoire. Mais le *Songe d'une Nuit d'été* est une féerie pure. Cette même logique qui condamne le décor trop voyant dans une pièce où sont en jeu les passions des hommes veut au contraire que dans une féerie le décor, le costume, tout ce qui est l'enchantement des yeux et de l'imagination, prenne le pas devant. Dans une féerie, le principal personnage, ou, si vous aimez mieux, le premier attrait, c'est le truc, ou, quand le truc fait défaut, les changements de décors, les cortèges, les déploiements de beaux costumes, les ballets. Concevriez-vous une féerie sans tous ces éléments de spectacle? Ils en sont le fond même.

Se mettre en frais de mise en scène, c'était se mettre aux ordres de Shakespeare, c'était lui donner l'interprétation qu'il avait désirée.

C'était avant tout un homme de théâtre, que ce Shakespeare. J'enrage de ne pouvoir le lire en sa langue, car je ne sais d'anglais que ce qu'il en faut pour deviner un article de journal. Mais il me semble, autant que j'en puis juger à travers une traduction, qu'on l'étouffe d'exégèses philosophiques et esthétiques, dont quelques-unes sont fort impertinentes. Sa première qualité, son incomparable mérite, c'est qu'il avait à un degré prodigieux, comme notre Molière, l'instinct du théâtre. Écrivant une féerie, il a tout naturellement obéi aux règles de la féerie.

Ce mot de règles vous choque? Changeons-le, je ne demande pas mieux. Prenons le mot de nécessités. Oui, chaque genre a ses nécessités, qui résultent de la logique des choses.

La féerie se propose de réjouir les yeux par des spectacles variés; il faut donc imaginer un scénario où les décorations jouent le principal rôle. Et comme cette sorte de pièce, qui ne s'adresse point à l'esprit, a naturellement pour spectateurs, ou des naïfs, ou des raffinés qui pour un soir se font naïfs, les grosses plaisanteries, celles qui font rire les enfants et les hommes du peuple, y sont de mise; j'oserai même dire qu'elles en font partie intégrante.

Je ne puis lire sans une certaine impatience les lamentations de certains critiques sur l'ineptie des calembredaines qui émaillent les féeries de nos faiseurs. Ah! s'écrient ces messieurs, qui nous rendra le rêve, la poésie? Et ils en appellent à Shakespeare. Mais Shakespeare a fait tout comme Martainville, le père du *Pied de mouton;* il a mêlé à ses fées, à ses génies, à ses rois en liesse, toute une partie de bas et énorme comique. Et il l'a fait, conduit par son instinct, parce que ce comique grossier est l'essence du genre.

Puck déguise Bottom sous une tête d'âne, et Titania, la reine des fées, tombe, grâce à un philtre, amoureuse de ce hideux imbécile. Elle l'embrasse sur son mufle de baudet elle lui prodigue les caresses les plus tendres. Et voilà que les matagraboliseurs de philosophie esthétique nous font voir, dans cette scène, un merveilleux symbole de la cristallisation. Shakespeare a signifié par là que ce que la femme aime dans l'homme qu'elle aime, c'est l'image qu'elle s'en est elle-même formée. Et l'on se récrie : Quelle profondeur! Quel génie! Quel dentiste!... Il n'y a que lui!... Il n'y a que lui!...

Jamais de la vie Shakespeare n'a pensé à tout cela. Il s'agissait de faire rire un public qui était grossier d'imagination et d'esprit. Il a coiffé un de ses personnages d'une tête d'âne, parce que c'est là un spectacle risible; et Titania se jette amoureusement sur cette tête d'âne, parce que le spectacle en est devenu plus risible encore. Le rire qu'il excite n'est pas très distingué ; mais la féerie ne s'adresse qu'aux naïfs, et le *Songe d'une Nuit d'été* est une féerie.

Et il faut le jouer comme une féerie; sans plus de prétentions qu'on joue à la Gaîté le *Petit Poucet* ou *Cendrillon* au Châtelet. Il ne faut pas se laisser imposer par le nom de Shakespeare. Il est certain que, comme il était né grand poète, il n'a pas pu faire autrement que de laisser échapper par-ci par-là quelques morceaux admirables. Il faut les dire comme ils ont été écrits, cela va de soi. Mais le fond de la pièce est une féerie, et si l'on se guinde, si l'on pontifie, sous prétexte que cette féerie est de Shakespeare, on risque de déconcerter le public. Car le public porte au théâtre un goût de logique secrète, qu'il ne faut jamais contrarier.

Le rideau se lève sur le premier tableau. Un murmure d'approbation court de l'orchestre aux loges. C'est une merveille d'arrangement ingénieux et gai. On dirait une toile de Watteau, tant la composition est d'une ordonnance spirituelle et d'une couleur amusante. Tout l'acte est joliment empli de scènes courtes et agréables ; il est au milieu coupé d'un défilé magnifique. Rebel, superbement costumé, en duc d'Athènes, conduit par la main Mlle Nancy Martel, dont la haute taille, l'air de jeunesse et la triomphante beauté font merveille sous l'étincelante cuirasse et le casque de la reine des amazones ; tout le cortège suit : c'est une joie pour les yeux.

Le second tableau nous transporte dans un simple logis de menuisier. C'est là que les artisans d'Athènes causent de la représentation qu'ils veulent offrir au duc. Ils joueront *Pyrame et Thisbé*; et c'est Bottom qui jouera Pyrame. M. Paul Meurice a fort heureusement adapté à notre goût cette scène qui, dans l'original, est pleine de grossièretés indécentes. Il en a gardé tout ce qui est resté célèbre et cité partout. La scène est d'ailleurs agréablement jouée, et Saint-Germain, qui a été engagé pour la circonstance, fait valoir, avec son air bête et finaud, les niaiseries prétentieuses que le poète lui a mises dans la bouche.

La pièce semble embarquée pour un grand succès. Le décor du troisième tableau arrache un cri d'admiration à la salle. C'est une clairière dans une forêt, par un soir de belle lune. Rien de plus vaporeux que ce paysage ; je regrette de ne pas savoir le nom de l'artiste qui l'a peint. Est-il de Robecchi ? Est-il de Rubé, Chaperon et Jambon ? je l'ignore. C'est un chef-d'œuvre. C'est bien dans ce coin de forêt que doivent aimer à s'ébattre ces figures mystérieuses et charmantes d'Obéron, de Titania et de Puck, qui flottent si poétiques dans l'imagination des hommes.

Obéron entre. C'est une déception. Nous voyons Mounet, grave et solennel comme le Tirésias de la tragédie antique. Titania paraît à son tour : c'est Mlle Weber. Eh bien ! nous ne nous étions pas imaginé Titania sous les traits de Mlle Weber. Tous deux parlent en vers, et tous deux donnent à ces vers, qui sont de fantaisie aimable, une sonorité grandiose ou farouche. Titania, dit Obéron :

> Titania, prêtons un cœur compatissant
> Aux douleurs, aux combats de l'homme, ce passant ;
> Qu'il sente errer, autour de lui, dans la nature,
> Témoins mystérieux de sa sombre aventure,
> Les esprits ; et qu'il ait, dans la joie ou l'ennui,
> Ces amis inconnus toujours penchés sur lui.

Ils sont bien jolis, ces vers, et le dernier est délicieux. Mounet, ce n'est pas sa faute, il est tragédien de goût et d'habitude, les fait sonner terriblement, et Mlle Weber lui donne la réplique avec la même emphase. Cela jette un froid. Il est vrai que nous avons Puck. Puck, c'est Mlle Cerny, et elle est bien piquante sous son costume de farfadet ; le seul costume, qui, pour le dire en passant, prête à la critique. Je crois qu'ici M. Lacoste, qui a réussi tous les autres, s'est trompé.

N'importe ! Mlle Cerny a été la grâce ailée et la joie de cette représentation. Je ne lui ferai qu'une critique. Il faudrait qu'elle apprît à dire le vers. Elle débite une tirade, que M. Paul Meurice a finement ciselée en vers de dix pieds, avec la césure au cinquième :

> Je n'exempterai de tout malin tour
> Que les amoureux et que les poètes,
> Ceux qui font l'amour, ceux que fait l'amour.

Eh bien ! ces vers ont un rythme, et un rythme très particulier qu'il faut faire sentir. Pendant toute la première moitié du morceau, j'ai cherché avec inquiétude quelle était la mesure du vers adopté par le poète, ne le pouvant deviner à travers la diction de Mlle Cerny.

Et la pièce ? me direz-vous ; vous ne nous dites rien de la pièce ! Contez-nous la pièce.

Mais je vous la conte, la pièce ! Puisque c'est une féerie,

je vous dis les tableaux et l'effet qu'ils ont produit sur nous. Nous avons trouvé le dernier, qui vient de passer sous nos yeux, un peu solennellement joué, mais il a encore fait plaisir.

Chose singulière! la musique de Mendelssohn n'ajoute que peu de chose à l'impression. L'ouverture, qui passe pour un chef-d'œuvre, et qui transporte le public au concert, a été écoutée froidement. Je n'explique pas, je constate. Un des entr'actes a ravi la salle qui l'a redemandé; M. Colonne a paru hésiter un instant ; mais, comme il levait son bâton de chef d'orchestre, Mounet, qui ne pouvait deviner ce qui se passait dans la salle, est entré en scène. M. Colonne s'est arrêté. Il y a des jours où tout le public se fût révolté de cette interruption ; il eût insisté à grands cris : *Bis! bis!* Il n'était pas en train ce soir-là ; il a laissé faire. J'en ai été ennuyé ; car j'aurais volontiers entendu le morceau une seconde fois.

Je ne sais pourtant. Je crains que la musique de Mendelssohn n'ait pas les qualités dramatiques, qu'elle ne s'ajuste pas aux nécessités du théâtre. Il est probable que Mendelssohn n'a vu dans les personnages éclos de la fantaisie de Shakespeare que les gracieux fantômes d'un rêve poétique; il a exprimé leurs ébats, en se tenant dans les régions pures de la fantaisie. Mais, à la lumière de la rampe, ces personnages semblent être ce qu'ils sont en effet, de chair et d'os; ce sont des personnages de féerie, et la musique qui voltige dans les espaces ne saurait, à l'aide de combinaisons harmonieuses de son, rendre les sentiments très réels que ces personnages éprouvent et formulent en scène.

Je tâche d'expliquer comme je puis la nonchalance languissante avec laquelle il m'a paru qu'on écoutait la partie musicale de l'œuvre. Mais je ne donne mon explication que pour ce qu'elle vaut, n'en étant pas moi-même très assuré. On me dit du reste qu'aux représentations suivantes la musique de Mendelssohn a été plus goûtée d'un public moins rétif. Nous autres, nous n'avons tressailli qu'à deux morceaux : l'entr'acte qui précède l'entrée d'Obéron dans la forêt, et, au dernier tableau, la marche nuptiale, qui est une très belle chose, claire tout ensemble et saisissante.

Où les choses ont commencé à se gâter, c'est au tableau où Puck fait des niches aux amoureux. Vous savez (car je suppose que vous connaissez le *Songe d'une Nuit d'été*, au moins par la lecture), vous savez qu'il y a deux couples d'amants que ce malicieux lutin de Puck, au moyen d'une liqueur enchanteresse, brouille et raccommode à son gré. Il s'amuse à faire courir les deux amoureux, les appelant tantôt à droite, tantôt à gauche ; et chacun d'eux traverse la scène en courant, disparaît, revient, repart, selon que cette voix fantastique part d'un point ou d'un autre.

L'invention est de Shakespeare, et peut-être, de son temps, cette partie de cache-cache, ou ce jeu de barres faisait-il beaucoup rire. Je n'ai pas d'idée là-dessus. L'autre soir, à l'Odéon, on a fort mal pris ce divertissement. Ces acteurs se pourchassant l'un l'autre, sans pouvoir s'atteindre, ces rentrées sans motif et ces sorties sans raison, sans cesse renouvelées, tandis qu'on entendait au loin le rire de Puck, ont déconcerté le public, qui avait le tort de mettre en parallèle dans son esprit cette farce de tréteaux et le grand nom de Shakespeare.

Il eût fallu se dire que Shakespeare n'avait rien prétendu qu'écrire à la diable une farce de tréteaux ; que c'était une féerie, et la première en date des féeries, une féerie d'enfant, avec toutes les inexpériences de l'homme qui ne sait pas encore le métier qu'il invente. Mais on nous a tant corné aux oreilles l'incomparable génie de Shakespeare, et l'incomparable poésie du *Songe d'une Nuit d'été*, que nous tombons de trop haut sur une réalité trop plate. Nous nous en prenons aux acteurs, dont ce n'est pas la faute; au directeur, aux musiciens, à tout le monde, sauf à nos préjugés, qui sont les seuls coupables en l'affaire.

Nous arrivons au tableau où ce petit démon de Puck, versant sur les yeux de Titania la liqueur enchanteresse, va la rendre amoureuse de Bottom orné de sa tête d'âne. Ah! que voilà encore un décor vraiment délicieux!

La scène est amusante et elle a fait rire; Titania s'exprime en vers, et Bottom répond en vile prose :

> Mais vois-moi donc! je suis une divinité;
> Mon empire est celui de l'éternel été,
> Et je t'aime! A ma voix, tes servantes, les fées
> Viendront tresser les fleurs sur ton front en trophées;
> Elles t'iront chercher la perle au fond des mers;
> Elles te berceront de leurs plus doux concerts;
> Tu seras, dépouillant l'enveloppe charnelle,
> Comme moi-même, un souffle, un rêve, une âme, une aile!

Et que répond Bottom à cette effusion de lyrisme :

— Madame, je vous avertis; vous parlez un patois! j'ai beau ouvrir toutes grandes mes oreilles, je n'y entends rien de rien.

L'enchantement se dissipe. Titania voit Bottom tel qu'il est.

— Ah! quelle horreur! s'écrie-t-elle; j'aimais ce monstre!

Et, en même temps que Titania recouvre la raison, les deux couples d'amants rentrent en possession chacun de sa chacune; le duc Thésée et la belle amazone, dont il n'avait plus jamais été question depuis le premier acte, rentrent en scène. C'est l'apothéose finale.

Eh! mon Dieu! oui, une apothéose! Pourquoi n'y aurait-il pas une apothéose, puisque c'est une féerie? L'apothéose est de Shakespeare, et la mise en scène de Meurice et de Porel. Elle est superbe. Le *Songe d'une Nuit d'été*, qui s'était ouvert par un tableau charmant, se ferme sur un tableau magnifique, tandis que l'orchestre de Colonne jette à toutes volées les dernières mesures de la marche nuptiale.

La chose n'est pas douteuse, le public s'en est allé déçu. Il était venu chercher une pièce et on lui avait donné une féerie, et encore ne la lui avait-on pas donnée franchement, nettement. On avait, sous prétexte de faire honneur à Shakespeare, voulu agrandir cette féerie et en faire un je ne sais quoi qui n'avait pas de nom au théâtre, une fantaisie philosophico-poétique.

Supposez, pour voir, qu'un grand compositeur s'avisât de broder sur la cérémonie turque du *Bourgeois gentilhomme* une musique merveilleuse, et qu'un directeur montât la pièce avec cette musique. Il se dirait : du Molière, diantre! et du Gounod, peste! Ce ne sont pas des prunes que cela! Montrons-nous dignes de ces deux grands noms! — Savez-vous bien qu'en raisonnant de la sorte il offrirait peut-être une représentation extraordinairement solennelle, mais peu réjouissante.

C'est un peu l'histoire du *Songe d'une Nuit d'été* à l'Odéon. La représentation avec tous les éléments de succès que Porel avait accumulés s'est terminée froidement. On était stupéfait de ne pas s'être amusé davantage. Il est bien probable que cette impression se sera corrigée et modifiée aux représentations suivantes. Il faut obtenir du public qu'il consente à venir écouter une musique admirable, en regardant, passer devant les yeux les tableaux que cette musique évoque dans l'imagination. Mais il faut aussi pour cela que les acteurs portent dans leurs rôles plus de vivacité, de laisser-aller, de bonne humeur. Il faut que tout cela soit joué de façon plus humaine.

19 avril 1886.

SHYLOCK

M. Haraucourt a changé le titre du drame : il l'a intitulé *Shylock*, tandis que Shakespeare avait écrit : le *Marchand de Venise*. Je ne sais s'il a eu raison. Il me semble que l'idée mère de l'œuvre, c'est que l'argent et le souci de l'argent sont ce qu'il y a au monde de plus vil, de plus méprisable et de plus honteux ; qu'il n'y a de bonheur et de dignité sur cette terre qu'à le partager, quand on en a, avec ceux qui n'en ont point ; que l'argent inspire la haine et toutes les passions mauvaises ; que ceux-là seuls sont dignes d'aimer qui n'en font point cas, et que l'amour est le premier des biens. Shylock, c'est l'usurier, l'homme d'argent. Antonio, c'est le noble marchand de Venise, qui prête sans intérêt à ses amis, qui s'intéresse à leurs amours, et s'engage même au delà de ses ressources pour leur fournir les moyens de se faire aimer et d'être heureux. Shakespeare, qui a donné la victoire au second, en a fait le vrai héros de son drame. Il n'y avait pas de raison à M. Haraucourt pour faire tomber sur Shylock une lumière plus intense.

Ce qui l'a déterminé sans doute, c'est que Shylock est demeuré très vivant dans la mémoire des hommes. On dit un Shylock pour exprimer un créancier impitoyable ; il ne viendra jamais à l'idée de personne de dire un Antonio, quand on veut parler d'un homme généreux et libéral. Il a pensé que le nom de Shylock parlerait plus à l'imagination de la foule.

Il y a deux façons de comprendre et de rendre le *Shylock* de Shakespeare. On peut en faire un personnage à la fois sinistre et pathétique, répandant autour de lui la terreur, mais digne encore de pitié et presque de sympathie; car il ne fait en haïssant les chrétiens que rendre coup pour coup et venger une longue suite d'humiliations. C'est ainsi qu'il y a deux ou trois ans Irving interprétait le rôle. Il en faisait une création terrible et touchante.

Et comme on trouve tout ce qu'on veut dans cette mer sans fond des drames de Shakespeare, Irving y pouvait montrer de quoi justifier son interprétation. Il y a des passages où... mais je préfère donner quelques fragments d'une lettre que je viens de recevoir de M. Théodore Reinach, et qui m'a paru curieuse :

« Il est bien vrai que Shakespeare s'est conformé en quelque sorte à une tradition littéraire en attribuant à son juif un rôle odieux et par instant grotesque ; mais son génie a su transformer ce type sinistre, lui donner de la grandeur et du pathétique, et sous le juif découvrir l'homme, au point que la sympathie du lecteur moderne, comme l'a très bien dit un critique éminent, M. James Darmesteter, hésite entre Shylock et sa victime.

« Permettez-moi de vous rappeler quelques-uns de ces passages, où non seulement Shakespeare plonge au fond du paria méprisé, mais nous le rend presque intéressant, en nous dévoilant la longue suite d'humiliations qui a accumulé dans cette âme meurtrie des trésors de haine et de rancune.

« — Seigneur Antonio, dit Shylock, à qui l'autre s'adresse pour un emprunt, bien et bien des fois, sur le Rialto, vous m'avez tancé au sujet de mon argent et de mon usure. J'ai supporté vos injures avec un patient haussement d'épaules, car la souffrance est le sceau de toute notre tribu. Vous m'appeliez mécréant, chien, coupe-gorge ; vous crachiez sur mon caban de juif, et tout cela parce que je tirais parti de ce qui m'appartient. Eh bien ! il paraît maintenant que vous avez besoin de mon aide. Bien. Vous venez à moi et vous me dites : « Shylock, nous voudrions avoir de l'argent. » Vous parlez ainsi, vous qui vidiez votre catarrhe sur ma barbe, vous qui me chassiez à coups de pied, comme on chasse du seuil de sa porte un roquet étranger... C'est de l'argent que vous demandez. Que devrais-je vous répondre ? Ne devrais-je pas vous dire : « Est-ce qu'un chien a de l'argent ? Est-il possible qu'un roquet prête 3.000 ducats ? » ou, au contraire, dois-je faire la courbette et, prenant le ton d'un esclave, retenant mon souffle, parlant humblement, à mi-voix, dois-je dire : « Mon beau monsieur, vous avez craché sur moi mercredi dernier ; tel jour, vous m'avez chassé du pied ; une autre fois, vous m'avez appelé chien, et, en reconnaissance de ces aménités, je vais vous prêter tant et tant d'argent ! »

A quoi Antonio répond :

« Je suis homme à t'appeler encore ainsi, à cracher encore sur toi et à te donner encore des coups de pied... »

Si dans ce passage, ajoute M. Théodore Reinach, le poète nous fait toucher du doigt les causes psychologiques de la férocité de Shylock, en voici un autre qui ressemble singulièrement, si je ne me trompe, à une protestation en faveur de la tolérance et de la justice : c'est au troisième acte, lorsqu'on presse Shylock d'avoir pitié de son débiteur. Il s'écrie :

« Antonio m'a déshonoré ; il m'a grugé un demi-million ; il a ri de mes pertes, raillé mes gains, insulté ma nation, entravé mes affaires, refroidi mes amis, échauffé mes ennemis ; et quelle est sa raison ? Je suis un juif. Est-ce qu'un juif n'a pas d'yeux ? N'a-t-il pas des mains, des organes, des proportions, des sens, des affections, des passions ? N'est-il pas nourri de la même nourriture qu'un chrétien, blessé par les mêmes armes, sujet aux mêmes maladies, guéri par les mêmes remèdes, brûlé et glacé par le même été et par le même hiver ? Si l'on nous chatouille, ne rions-nous pas ? Si vous nous faites tort, ne devons-nous pas nous venger ? Si nous vous ressemblons pour tout le reste, nous vous ressemblons aussi en cela... »

« Je n'irai pas, écrit en terminant M. Théodore Reinach, je n'irai pas jusqu'à dire, avec Henri Heine, qu'à l'exception de Portia, Shylock est le personnage le plus respectable de la pièce ; mais l'Anglaise n'avait pas si tort qui, peut-être, en entendant la fin du quatrième acte, s'écriait tout en larmes : Le pauvre homme ! on lui fait injustice ! »

Il est certain que l'on peut donner ce caractère au Shylock de Shakespeare, comme on peut, en s'autorisant du texte même de Molière, faire d'Arnolphe un homme digne de pitié et d'Alceste un amant dont le malheur attendrit et touche. Mais je crois que Shakespeare a voulu faire de son usurier un monstrueux grotesque, sur le nez de qui tombent à l'envi d'effroyables nasardes.

Tout moyen contre lui est bon. Ce n'est pas seulement parce qu'il est juif ; c'est parce qu'il représente l'argent, et que l'argent est la bête noire de cette pièce, où triomphent la générosité et l'amour. On enlève à Shylock sa fille ; tant pis pour lui, il n'a que ce qu'il mérite, ce vendeur d'argent, cet usurier. Sa fille le vole, et elle arrive aux bras de son amant, chargée de bijoux et de doublons qu'elle a dérobés. L'amant prend le tout ; c'est une revanche. M. Haraucourt a cru devoir insinuer que peut-être la morale trouverait à redire à ce procédé. Il n'y a pas dans Shakespeare trace de ce scrupule. Shylock est une simple figure à gifles.

Aussi bien la pièce est-elle comme qui dirait à présent : une opérette, ou, si vous aimez mieux, une féerie-opérette ; avec cette réserve, que les espaces qui sont chez nous réservés à la musique dans l'opérette le sont ici à la poésie, et que cette poésie est celle de Shakespeare.

Qu'est-ce que c'est que cette Portia dont Bassanio est amoureux et qu'il va chercher dans la principauté de Blémont ? une reine d'opérette. Son père, en mourant, a laissé trois coffrets, l'un cerclé d'or, l'autre d'argent, l'autre de plomb. L'un de ces trois coffrets renferme le portrait de la princesse. Tout prétendant à la main de Portia devra dire quel est celui des trois coffrets qu'il préfère, et, s'il ne choisit pas le bon, il est déchu de tout espoir et doit même, pour toute sa vie, renoncer au mariage. Qu'est-ce que cela ? un moyen d'opérette. Est-ce que vous ne voyez pas le roi maure s'avancer, suivi de son cortège, au son de la musique, et mettre la main sur le coffret d'or, où il ne trouve qu'un sonnet qui le tourne en ridicule ?

Il en sera de même des autres prétendants ; ce sera un prétexte à défilés, à fanfares, à mises en scène. Voilà qu'enfin Bassanio arrive. Bassanio, c'est le prince charmant de toutes nos féeries. Il a pu, grâce aux trois mille ducats qu'Antonio lui a fait prêter par Shylock, s'équiper et faire figure. Il est aimé, lui, car il est beau, il est jeune ; car il aime. Aussi ne se trompe-t-il pas ? On ouvre devant lui la cassette de plomb qu'il a choisie ; et sa joie et son délire amoureux s'exhalent en vers délicieux ; ils se seraient sur notre théâtre évaporés en cavatines et en duos.

Ne cherchez pas dans cette pièce, non plus que dans nos opérettes, du bon sens ni de la raison. Ce sont des contes bleus qui se passent dans le bleu. Les deux amants vont être l'un à l'autre, quand ils sont séparés par un incident qui relève de l'opérette, comme tout le reste.

Bassanio apprend par une lettre qu'Antonio, qui a répondu pour lui près de Shylock, a été subitement ruiné par la perte de six navires qui ont fait naufrage. Shylock réclame son dû : or il a été stipulé que, si les 3.000 ducats n'étaient pas rendus à l'échéance, l'usurier aurait le droit de prélever une livre de chair sur la personne de son débiteur. Antonio va donc mourir, car l'usurier la coupera près du cœur.

Il est bien entendu, n'est-ce pas ? que, tout comme dans nos opérettes, tout le monde et sur la scène et dans le public a l'air de prendre cette fumisterie au sérieux. Tout le monde sait bien que c'est, comme disent les enfants, pour de rire. Ce sont épouvantails que l'imagination se fabrique pour s'en amuser. Il faudra bien qu'on s'en tire.

Et l'on s'en tirera par un artifice qui sent son opérette d'une lieue. Bassanio, qui vient de recevoir cette triste nouvelle, a quitté sa jeune femme le jour même de son mariage pour courir au secours de son bienfaiteur et ami. Que fait Portia ? Elle imagine, tout comme les héroïnes d'Offenbach et de Hervé, de se déguiser en homme, de revêtir la robe et la toque d'avocat, et d'aller devant le conseil des Magnifiques, à Venise, défendre Antonio contre les revendications du terrible juif. Est-ce que nous ne nageons pas en pleine opérette ?

Shylock a beau rouler des yeux terribles; il a beau lancer contre son débiteur des menaces furibondes et repasser sur un cuir le couteau dont il va lui dépecer la poitrine, personne dans la salle, en voyant à la barre des avocats le visage imberbe de l'aimable Portia, ne peut avoir un instant d'inquiétude. On se laisse bercer à cet amusant conte de fées ; on s'attend à la déconvenue que va subir ce mauvais gredin, qui ne sait pas qu'il y a quelque chose de plus fort que l'argent, de plus fort que tout : c'est l'amour.

Vous savez le stratagème dont s'avise Portia. Il est enfantin ; mais qu'importe ! Shylock est autorisé à prélever sur le corps de son débiteur la livre de chair due légalement ; mais c'est à la condition de ne pas verser une goutte de sang, car la loi est formelle. Quiconque aura versé le sang d'un seigneur vénitien sera condamné à mort. Voilà Shylock confondu. Les chiquenaudes lui tombent de toutes parts droit sur son nez crochu, et il s'en va, tout penaud, reconduit par un chœur d'ensemble.

Bien entendu que Portia n'a été reconnue de personne sous son déguisement; non plus que sa suivante qui s'était costumée comme elle. Est-ce qu'il ne suffit pas dans nos opérettes à une jeune reine de revêtir les habits d'un page pour qu'aussitôt tout le monde la prenne pour un page? C'est la convention de l'opérette et de la féerie. Il n'y aurait qu'à trouver un moyen scénique qui obligerait Portia à révéler son incognito, Bassanio tomberait à ses pieds, et la pièce serait terminée.

Mais cette pièce, je vous l'ai dit, est le triomphe de l'amour sur l'argent, et Shakespeare a imaginé un dernier acte qui doit être comme la féerie. L'homme d'argent a été bafoué, humilié, piétiné, renvoyé, sans un sou, à son ghetto. L'amour s'en peut donner à cœur joie. Et Shakespeare rassemble sous un idéal clair de lune, dans les jardins de Blémont, les couples qu'il a unis tout le long de la pièce : Portia et Bassanio, Gratiano et Nérissa, la suivante de Portia, Lorenzo et Jessica, la fille de l'usurier, et tous six chantent, à demi-voix, le délicieux nocturne de l'amour.

J'ai bien souvent regretté de ne savoir d'anglais que juste ce qu'il en faut pour comprendre à peu près un article du *Times*. Jamais je n'ai senti si cruellement ce défaut de mon éducation première, qu'en lisant dans la traduction de Montégut cette scène divine : elle est admirable, même à travers la prose du traducteur; mais comme on sent qu'il doit y avoir autre chose, qu'il n'a pu donner !

Mais j'ai tort de me plaindre. M. Haraucourt, qui est un véritable poëte, nous a rendu, je n'ose pas dire toute la grâce de la poésie shakespearienne, je craindrais de désobliger les Anglais, qui sont fort chatouilleux sur l'article; c'est pourtant un charme d'écouter ses vers, qui s'égrènent comme les notes d'une mélodie tendre et joyeuse :

> C'est pour nous que Dieu fit la volupté des choses;
> C'est pour les nuits d'amour qu'il fit la paix des cieux;
> Il nous les fit si beaux pour nous voir plus joyeux.
> Sur mon épaule... là... Viens, relève tes voiles,
> Et je te bercerai sous les yeux des étoiles.
> Les vois-tu scintiller, loin, dans l'azur sans fond !
> Ivres de leur lumière, ivres d'être, elles vont
> Chantant, chantant l'amour, chantant la nuit bénie,
> Et chacune est un chant dans l'immense harmonie;
> Elles vont se cherchant, s'aimant, se poursuivant,
> Et chacune, là-haut, verse au monde vivant
> Ce conseil d'être heureux et d'être aimé comme elles.

Et le solo se tourne en duo, et chaque reprise commence par ces seuls mots, si simples, mais où le poëte sans doute a versé un philtre, car ils font monter les larmes aux yeux :

— C'est par une telle nuit...

Je ne connais rien, dans tout le théâtre, de si tendre, de si mélancolique, de si délicieux, de si divin que ce duo d'amour, à l'ombre des beaux arbres, par la lueur argentée de la lune. Et voyez comme toutes nos théories pèsent peu et comme un homme de génie s'en joue ! J'ai eu beau vous expliquer que cette scène était le triomphe de l'amour et qu'elle était le dénouement nécessaire de l'œuvre. Au fond, je ne suis pas de mon avis. Ce dernier acte est une superfétation; dramatiquement parlant, il est inutile; il est de trop. Mais quel bonheur que Shakespeare ne se soit pas arrêté à ces considérations! Quel bonheur qu'il ait écrit, au mépris de toutes les règles, le cinquième acte où il a exprimé, comme dit M. Montégut, la poésie des émotions du retour, l'enivrement des passions heureuses et l'harmonie des nuits lumineuses, à l'éternelle admiration des amoureux, des poètes, des artistes et de tous ceux qui sont capables de comprendre la musique, que chantent de concert la nature et le cœur humain!

23 décembre 1889.

BEAUCOUP DE BRUIT POUR RIEN

A l'Odéon, nous avons eu : *Beaucoup de bruit pour rien*, comédie en cinq actes et huit tableaux, d'après Shakespeare, par M. Louis Legendre, musique de M. Benjamin Godard.

La pièce est allée aux nues le premier soir, et j'imagine que ce ne sera pas le succès d'un jour. C'est un spectacle exquis et délicieux; et j'ai d'autant plus de plaisir à le reconnaître que je m'y étais moins attendu. Je n'avais qu'une médiocre confiance en ce projet d'adaptation d'une comédie de Shakespeare. J'avais, dans le temps, cherché à détourner Porel de monter le *Songe d'une Nuit d'été*, et le public avait donné raison à mes craintes. Je n'espérais guère mieux de *Beaucoup de bruit pour rien*. C'est moi qui, cette fois, ai eu tort, et j'en suis bien content tout de même, parce que j'ai passé une soirée charmante, et telle que nous n'en avions pas eu depuis longtemps de pareille.

Beaucoup de bruit pour rien, je veux dire : le *Beaucoup de bruit pour rien* original, celui de Shakespeare, est une comédie du genre de Marivaux, dans laquelle se trouve enfermé et enchâssé un gros drame à la d'Ennery. Les deux pièces sont rattachées l'une à l'autre avec une assez maladroite insouciance. Il est évident que, pour Shakespeare, le drame n'avait dans la contexture de l'ouvrage qu'une importance médiocre ; il n'avait été mis là que pour fournir aux personnages de la comédie un prétexte à déployer des sentiments dont l'auteur a besoin pour conclure. Ce n'était qu'un moyen.

Bénédict est un cavalier charmant, plein d'esprit et de gaieté ; Béatrice est une aimable jeune fille, toute pétillante de malice. Ils semblent faits l'un pour l'autre ; mais chacun d'eux a juré de ne jamais se laisser prendre au piège de l'amour, de ne se marier jamais, et ils ne peuvent se rencontrer sans se lancer force épigrammes. Cette petite guerre est un joli badinage sous lequel ils cachent un sentiment qui ne demanderait qu'à naître.

Des amis obligeants s'en chargent. Ils font accroire à Bénédict que Béatrice est amoureuse de lui, et ils insinuent à Béatrice que Bénédict, qui n'ose pas se déclarer, se meurt d'amour pour elle. Les voilà tous les deux avertis de la passion de l'autre et en éveil, et chacun fait des frais pour justifier la passion dont il se croit l'objet. Vous reconnaissez là un des thèmes familiers à Marivaux. C'est ainsi que dans les *Fausses confidences,* en contant à Araminthe que Dorante est amoureux d'elle, on excite d'abord sa curiosité et l'on intéresse son cœur ensuite. Les escarmouches et les taquineries continuent entre Bénédict et Béatrice sur le mode plaisant, et ils ne se révéleraient point l'un à l'autre, sans un incident qui leur montre l'amour sous un jour plus sérieux et les force chacun à déposer leur masque.

Un beau garçon, qui est un brave soldat, Claudio, est tombé à première vue amoureux d'Héro, la fille d'un noble seigneur nommé Léonato. Il a sauvé, dans un combat, la vie du prince don Pèdre, qui par reconnaissance lui veut du bien. Don Pèdre fait pour son favori la demande à

Léonato, et le mariage est conclu tout de suite : car Héro est une bonne petite fille, qui, d'un premier coup d'œil, s'est prise de belle passion pour ce joli militaire. C'est une fleur d'innocence et de chasteté; et ce mariage irait comme sur des roulettes, si le frère de don Pèdre, le traître du mélodrame, don Juan, ne s'avisait (on n'a jamais su et l'on ne saura jamais pourquoi) de jeter des bâtons dans les roues. Il ourdit une trame, qui est d'une niaiserie enfantine. Il s'arrange pour que Claudio s'imagine qu'Héro donne rendez-vous la nuit à une manière d'ivrogne; Claudio voit, en effet, ce drôle, Bozzachio, descendre un soir du balcon d'Héro ; il avait là un rendez-vous avec la suivante. Mais Claudio est un imbécile : il croit contre toute vraisemblance qu'Héro l'a trahi pour ce malotru. Tout cela est d'une puérilité qui serait absurde et révoltante si l'on pouvait croire un instant que Shakespeare y eût attaché la moindre importance. Mais Shakespeare n'y prend pas garde ; il a d'autres visées.

Claudio, au moment d'épouser Héro, lui fait publiquement l'outrage de l'accuser devant la foule et l'accable d'injures grossières.

— Voilà les hommes, s'écrie Béatrice; voilà ce qu'ils appellent de l'amour. Héro est innocente; qui donc la vengera?

— Moi, répond Bénédict. Et il provoque Claudio.

Béatrice, à ce trait, reconnaît que, lorsqu'il s'agit de choses sérieuses, ce plaisantin de cour a du cœur : Bénédict s'aperçoit que, quand le cœur est en jeu, cette évaporée renonce à l'ironie et s'élève aux sentiments héroïques.

Et tous deux tombent dans les bras l'un de l'autre; après quoi le poète marie Claudio et Héro pour finir ; mais ce n'est là qu'un détail.

Le mélodrame (un gros et noir mélodrame) ne tient

donc, comme vous voyez, dans l'œuvre de Shakespeare, qu'une place accessoire. La comédie est tout ; et de fait, à Londres, quand on nous parle des acteurs qui jouent dans *Beaucoup de bruit pour rien,* on ne nous cite jamais que ceux qui jouent les deux rôles de Bénédict et de Béatrice. Le reste ne compte pas pour ainsi dire.

Dans l'adaptation que l'Odéon vient de mettre sous nos yeux, c'est au contraire la comédie qui a été reléguée au second plan ; c'est le mélodrame qui a été tiré au premier.

Je n'en veux pas à M. Legendre ; il lui était à peu près impossible de faire autrement. Chaque peuple a sa façon d'avoir de l'esprit et de plaisanter qui lui est particulière, et où les autres nations n'entrent pas. J'avoue pour mon compte ne comprendre qu'à demi et ne goûter que fort médiocrement les concetti italiens et les gongorismes mêlés d'horribles grossièretés que se renvoient les deux héros de Shakespeare, comme avec des raquettes. Les Anglais y trouvent un plaisir extrême et peut-être m'y plairais-je aussi si je savais mieux leur langue. Il va sans dire que c'est ma faute, si ces énormes badinages sont pour moi lettres closes.

Mais il faut bien admettre qu'en France je ne suis pas tout seul de mon espèce. Il y a une foule d'honnêtes gens, même lettrés, qui n'ont pas plus que moi l'intelligence et le goût de cette sorte de plaisanteries. Les Anglais nous excuseront, s'ils se rappellent combien il leur est difficile de saisir la grâce d'une œuvre de Marivaux et peut-être même quelquefois le sel d'une comédie de Molière. Il n'y a pas à dire : il faut avoir vécu dans un pays, il faut s'être imprégné de ses mœurs et de sa langue pour en goûter le comique. Tout au rebours, d'un bout à l'autre de l'univers, on pleure pour les mêmes choses et de la même façon.

L'adaptateur de Shakespeare a donc obéi à une obscure

nécessité, en faisant sortir de la comédie originale le gros drame noir, qui, dans l'idée du poète, n'avait d'autre but que de mettre au plein vent ce qu'il y avait de sérieux, sous des apparences frivoles, dans le cœur de Bénédict et de Béatrice.

Oui, mais voilà l'extraordinaire, voilà l'imprévu, voilà à quoi je ne m'attendais point. Ce diable d'homme (c'est de Shakespeare que je parle) a un si prodigieux instinct du théâtre, tout ce qu'il touche prend si bien la forme dramatique, que ce drame enfantin, ce drame qui est à l'analyse presque ridicule, a ému et charmé toute une salle de lettrés, dont les uns étaient trop shakespeariens pour ne pas souffrir de cette interversion, dont les autres l'étaient trop peu pour ne pas sentir comme un besoin de se défendre contre leur émotion.

Deux scènes sont de toute beauté, absurdes l'une et l'autre à ne consulter que le bon sens. Mais c'est bien là ce qui montre que le théâtre est un art particulier. Elles sont absurdes, et elles font un effet merveilleux; elles sont dramatiques.

Claudio croit Héro coupable. Si cet imbécile avait l'ombre du sens commun, il ferait une enquête. La chose est si infâme et si incroyable qu'avant de l'admettre il devrait s'assurer qu'elle est vraie. Il n'en a rien fait; il n'a point prévenu le père, point prévenu la fille. Il ne fera l'algarade qu'à l'église, au moment du mariage.

C'est idiot! — mais comme c'est scénique! Un cri d'admiration est parti de toute la salle, quand le rideau se levant a découvert une église aux cintres surbaissés, un décor merveilleux de Rubé, Chaperon et Jambon. Porel a groupé avec un art infini, avec un goût exquis d'arrangement, des costumes éclatants, qui se fondent dans un ensemble harmonieux. On entend dans le lointain des sonorités voilées, d'une douceur pénétrante, que l'éminent symphoniste, M. Benjamin Godard, a répandues sur la scène. Le prêtre qui officie demande à la mariée si elle prend Claudio pour époux; elle a répondu oui; c'est au tour de Claudio de répondre, et alors...

Alors, quel coup de théâtre! Ah! l'admirable scène d'opéra! Oui, c'est de l'opéra, mais, ainsi que chez Victor Hugo, les espaces réservés à la musique sont ici remplis par la poésie. Les imprécations du fiancé, la douleur du père, le désespoir d'Héro, l'indignation de Béatrice s'expriment, tour à tour, avec une véhémence merveilleuse! et tout cela est en scène! Ah! comme c'est en scène! Les vers sont de toute beauté, mais comme l'effet en est doublé par le spectacle, qui fait ici corps avec l'action!

Héro est tombée évanouie; on la croit morte. Un incident révèle la vérité à Claudio qui fond en larmes et se jette aux genoux du vieux père pour lui demander pardon d'avoir soupçonné à tort la vertu de sa fille.

— L'affront a été public, dit le père; il faut que la réparation le soit. Venez demain au tombeau de ma fille, et là, devant tous, vous lui rendrez l'honneur.

Et le rideau se relève au cinquième acte sur la même église que nous avons vue au troisième. Elle est cette fois plongée dans les ténèbres. Claudio, accompagné du roi, vient faire amende honorable aux mains du vieux Léonato.

— T'engages-tu, demande le père, à faire tout ce que j'exigerai de toi?

Claudio le promet. Léonato lui explique alors qu'il a une nièce, et que sa seule façon de témoigner de son repentir est d'entrer dans sa famille en épousant cette nièce.

— Comment le pourrais-je, ayant à cœur le souvenir d'Héro.

— Je le veux.

Claudio se résigne; sur un signe de Léonato, on tire un voile, la chapelle apparaît illuminée pour un mariage, et debout, dans des robes blanches, se tiennent deux jeunes filles masquées, où il ne nous est pas difficile de reconnaître Héro et Béatrice.

Vous m'interrompez là-dessus et me dites :

— Qu'est-ce que c'est que toute cette histoire? Elle n'a pas l'ombre de sens commun. Ainsi, ce vieux fou impose pour pénitence à Claudio d'épouser une fille masquée, et cette fille masquée sera Héro! A quoi bon toutes ces machinations?

Je suis bien de votre avis; c'est un conte à dormir debout. Mais, voilà! expliquez-moi comment il se fait qu'à la vue de ces deux jeunes filles masquées le public tout entier a frémi de curiosité et qu'un grand frisson a passé dans la salle! Expliquez-moi pourquoi, au moment où Héro a dépouillé son masque pour embrasser son époux, tous les yeux se sont mouillés de larmes. Ce Shakespeare est un grand magicien. Il allait juste à l'effet contre vents et marée, et il l'obtenait toujours puissant, énorme même.

J'ai parlé de ces deux scènes, parce qu'elles sont extraordinaires, prenant les spectateurs aux entrailles, en dépit du sens commun qui proteste. Mais tous les tableaux nous ont enchantés tour à tour, les uns par une grâce de galanterie exquise, les autres par cette gaieté superbe et truculente dont Victor Hugo a donné l'inimitable modèle dans le quatrième acte de *Ruy Blas*.

Il faut rendre justice à M. Legendre. J'ignore si les Anglais seront contents de son adaptation; il est probable qu'ils lui en voudront d'avoir changé en mélodrame une comédie brillante. Je crois pourtant qu'il a donné une idée suffisante du genre d'esprit de Bénédict et de Béatrice. Il eût été impossible de le traduire plus fidèlement sur une scène française.

Mais, s'il n'a pas rendu aux Anglais l'humour de ces conversations étincelantes, comme, en revanche, il a prêté de touchants et de nobles accents au vieux Léonato! De quelle grâce aimable il a enveloppé le rôle délicieux d'Héro? Il y a toujours dans Shakespeare des scènes de bouffonnerie grossière. M. Louis Legendre a essayé de nous en donner une idée; avec quelle habileté il a su, tout en leur gardant quelque chose de leur fantaisie énorme, les réduire à notre goût. Le discours de cet imbécile de Gondolfo, qui joue à l'homme d'importance, est un chef-d'œuvre de savoureuse drôlerie!

Et puis toute cette pièce est écrite avec un soin merveilleux de la forme. Le vers y est aisé toujours et quelquefois brillant. La grâce ailée et légère de l'original a passé parfois dans la poésie de son adaptateur. C'est un ravissement que cette poésie.

12 décembre 1887.

INDEX ALPHABÉTIQUE

A

Affranchi (l'), 139.
Aguesseau (d'), 67.
Alarcon, 96.
Alceste, 337 à 343.
Alembert (d'), 286.
Alzire, 293.
Ami des femmes (l'), 102.
Andromaque, 42, 123, de 123 à 161, 162, 222.
Antigone, de 323 à 336.
Arnal, 99.
Arnaud, 229.
Arnould-Plessis (M°°), 164, 165, 168, 172.
Artémise, 234.
Athalie, 4, 123, 222, de 239 à 278.
Augier, 33, 37.

B

Bajazet, 4, de 178 à 190, 223.
Ballande, 134.
Balzac, 354.
Barbey d'Aurevilly, 347.
Barbier de Séville (le), 123.
Barretta (M°°), 324, 326.

Bartet (M°°), 324, 325, 326, 329, 331, 332.
Bayeux (Marc), 150.
Beaucoup de bruit pour rien, de 389 à 396.
Beaumarchais, 124, 125.
Beauvallet, 33, 46, 120, 228.
Belot (Adolphe), 150.
Bérénice, de 169 à 177, 223, 299.
Bernardin (M.), 209.
Bernhardt (Sarah), 131, 135, 137, 138, 140, 141, 142, 143, 144, 145, 168, 203, 206, 208, 226, 227, de 228 à 233, 283, 292, 303, 304, 332, 365, 366.
Berton, 296.
Beulé, 166, 168.
Bianchini, 359.
Boileau, 229, 294.
Bourgeois gentilhomme (le), 373.
Brémond, 175.
Bressant, 172.
Britannicus, 131, de 162 à 169, 222.
Brosselte, 283, 284.
Buels, 348.

C

Caroly (M°°), 137.

Cendrillon, 372.
Cerny (Mlle), 377.
César, 87, 88, 89, 90.
Champmeslé (la), 172, 219, 224.
Chaperon, 373, 393.
Charpentier, 73.
Chateaubriand, 97, 197.
Châtelet (Mme du), 196.
Chéri, 166, 167, 235.
Chiplez, 324.
Cid (le), de 3 à 16, 162.
Cideville, 286.
Cinna, de 35 à 49, 290.
Claes (Van), 54.
Clairon (Mlle), 131, 188.
Claretie (J.), 324.
Cohen, 234.
Colonne (E.), 373, 378.
Condorcet, 43.
Corneille de 1 à 120, 123, 124, 164, 170, 171, 197, 220, 287, 290.

D

Darmesteter (James), 381.
Decamps, 300.
Delaunay, 4, 5, 9, 172.
Démocrite, 238.
Demoustiers, 119.
Deux Orphelines, 293, 308.
Devoyod (Mme), 186, 221, 307.
Don Sanche d'Aragon, 101, de 107 à 113.
Duc Job (le), 114.
Dudlay (Mlle), 136, 188, 189.
Dumas (Alexandre) fils, 17, 37, 102, 178, 179, 180, 181, 182.
Duparc (Mlle), 145, 146.
Dupont-Vernon, 336.

E

Ecole des Femmes (l'), 316.
Empis, 307.

Enchantements de Mme Prudence (les), 197.
Enfant prodigue (l'), 237.
Ennery (d'), 103, 294, 308, 309, 312, 333, 338, 399.
Epinay (Mlle d'), 131.
Eriphyle, 281.
Essler (Jane), 140.
Esther, de 234 à 238.
Eugénie, 124.
Euripide, de 337 à 343.

F

Falconnet (M.), 66.
Fargueil (Mlle), 7.
Fausses Confidences (les), 390.
Favart (Mlle), 4, 138, 144, 172, 186, 234.
Fayolle (Mlle), 31.
Femmes savantes (les), 118.
Feraudy (de), 328.
Feuillet (Octave), 54.
Folle Journée (la), 40.
Fouquet, 130, 131.
Francillon, 181, 182.
Fromentin, 300.

G

Gassier (Alf.), 337, 342.
Gautier (Théophile), 235.
Geffroy, 307, 317, 318, 319, 320.
Geoffroy, 234, 288, 289.
Georges (Mlle), 163, 165.
Georges (Alex.), 343.
Gibeau, 234.
Godard (Benj.), 389, 394.
Gœthe, 357.
Gounod, 378.
Grâce de Dieu (la), 293.
Guérin, 225.
Guyon (Mme), 87.

INDEX

H

Hadamard (Mme), 173, 174, 175, 177, 189, 190.
Hamlet, 349, de 356 à 363.
Haraucourt, 380, 383, 387.
Heilly (d'), 130.
Heine (H.), 383.
Hémon, 36.
Héraclius, 101.
Hernani, 4.
Homère, 138, 145, 147, 149, 217.
Horace, 4, de 17 à 34, 290.
Hugo (François), 348.
Hugo (Victor), 4, 31, 110, 194, 200, 201, 209, 269, 291, 348, 391, 393.

I

Idées de Mme Aubray (les), 17.
Internationale (l'), 73, 74.
Iphigénie, 125, de 214 à 220, 222.
Irving, 381.

J

Jacob (le bibliophile), 345.
Jambon, 324, 373.
Janvier de la Motte, 83.
Jeanne de Ligneris, 130.
Joséphine, 169.
Joubert, 97.
Jouffroy, 229.

L

Labiche, 25.
Lacroix (Jules), 231, 307, 321, 322, 347, 348, 349, 355.
La Fayette (Mme de), 207, 208.
Lafontaine, 6.
Laharpe, 76.
Lamotte, 285.
Lambert (Albert), 173, 190.

Laroche, 136, 297.
La Rochefoucauld, 93.
Larroumet (G.), 157.
Laveleye (de), 357.
Legendre (Louis), 389, 392, 395, 396.
Leitner, 331.
Le Kain, 299.
Lemaître (Jules), 101, 104, 228.
Lerou (Mlle), 320, 333.
Letourneur, 348.
Longchamp, 196.
Lucrèce, 150.

M

Macbeth, 322, 347, 349, de 364 à 369.
Mademoiselle de Belle-Isle, 130.
Marck (Emile), 101.
Marianne, 231.
Marivaux, 172, 389, 390, 392.
Martel, 190, 213.
Martel (Nancy), 373.
Martainville, 371.
Maubant, 6, 15, 16, 146, 201, 228, 235.
Maupas (M. de), 52.
Mazoudier, 30.
Méa (Mlle), 137.
Mélingue, 105.
Mendelssohn, 373, 376.
Menteur (le), de 91 à 100.
Mérope, 4, 287, 288, 293.
Meurice (Paul), 329, 330, 373, 374, 378.
Mithridate, de 191 à 213, 223.
Moland (Louis), 284.
Molière, 116, 127, 178, 192, 351, 371, 378, 383, 392.
Monde où l'on s'ennuie (le), 102.
Monnier (Henry), 96.
Montégut, 387, 388.
M. de Moral, 179.
Morny (M. de), 51, 61.
Mort de Pompée (la), de 86 à 99.

Mounet-Sully, 5, 6, 9, 10, 11, 13, 14, 15, 101, 136, 150, 151, 152, 153, 221, 223, 226, 288, 299, 300, 301, 302, 318, 320, 327, 331, 333, 334, 335, 336, 357, 361, 362, 363.
Mounet (Paul), 333, 374, 375.
Mozart, 207.

N

Nana, 318.
Napoléon, 87, 88, 89, 169.
Nicomède, 101, de 114 à 120.

O

Œdipe roi, de 307 à 322, 326, 347.
Œdipe (de Voltaire), 281 à 284, 337.
Originaux (les), 281.
Othello. 296, 349.

P

Pailleron, 102.
Patrie, 7.
Patti (Mme), 155, 156.
Perrin (M.), 4, 5, 11, 16, 36, 131, 151, 154, 166, 168, 172, 205, 212, 303, 307, 319.
Perrot, 324.
Petit Poucet (le), 372.
Phèdre, 4, 123, de 221 à 233.
Pied de mouton (le), 114, 371.
Pixérécourt, 309.
Plutarque, 115, 116.
Polyeucte, de 50 à 85, 290, 297.
Ponsard, 150.
Porel, 101, 378, 389, 393.
Princesse de Clèves (la), 170, 218.
Princesse Georges (la), 178, 179, 181, 182, 187.
Psyché, 4, 124.
Pyrame et Thysbé, 373.

R

Rachel, 3, 8, 40, 130, 131, 153, 186, 188, 223, 232, 234.
Racine, 3, 41, 42, de 121 à 278, 287, 294, 339.
Raphaël, 207.
Rebel, 373.
Regnard, 238.
Regnault, 152, 300.
Reinach (Th.), 381, 382, 383.
Réjane, 219.
Renan, 71.
Robecchi, 373.
Rodogune, 36, 101, 103.
Roi Lear (le), 322, de 347 à 355.
Rollin, 115.
Rossini, 156.
Rousseau (J.-J.), 43, 149, 283, 284.
Rousseil (Mlle), 150, 154, 155, 221, 224.
Rouvière, 5, 152.
Rubé, 373, 393.
Ruy Blas, 393.

S

Sainte-Beuve, 9, 197.
Saint-Lambert, 196.
Saint-Saëns (C.), 326.
Saint-Victor (Paul de), 323.
Sang de Germanicus (le), 168.
Sardou, 7, 37, 41.
Savaron (Jean), 43.
Scribe, 237.
Second (Albéric), 159.
Sévigné (Mme de), 111, 114, 187.
Shakespeare, 209, 324, de 343 à 396.
Shylock, de 380 à 388.
Silvain, 12, 13, 30, 31, 32, 33, 76, 79, 82, 83, 84, 85, 212, 213, 321.
Songe de Mme Clairon (le), 131.
Songe d'une Nuit d'été (le), 370 à 379, 389.
Sophocle, 41, 282, de 307 à 336, 347.

Souriau (Maurice), 137.

T

Tacite, 244.
Taine, 207, 208, 262.
Talma, 155.
Tancrède, 293.
Tarbé (Edmond), 179.
Thébaïde (la), de 123 à 127.
Thénard (Mme), 299.
Théodore, de 101 à 106.
Thieriot, 286.
Thierry (M.), 4, 86, 124, 138, 172, 186, 221, 307, 319.
Thiers (M.), 87, 89.
Tragaldabas, 338.
Tour Saint-Ybars (la), 130.

V

Vacquerie, 329, 330, 338.
Vicaire savoyard (le), 43.
Vigeant, 358.
Villemain, 296.
Virgile, 137, 138, 140, 143.
Vitu (Auguste), 107.
Voltaire, 43, 49, 76, 87, 196, 198, 203, 211, 268, de 279 à 304, 337.

W

Weber (Mlle), 159, 160, 161, 364, 365, 367, 368, 369, 373, 374.
Weiss (J.-J.), 43.

Z

Zaïre, 281, 287, 288, de 293 à 304.

TABLE DES MATIÈRES

Pages.

I. — CORNEILLE.

Le Cid : 1. — Les bons et les mauvais rôles du *Cid*	3
2. — Les vers du *Cid*	12
Horace : 1. — Les caractères. Le rôle d'Horace	17
2. — Le rôle de Camille	23
3. — Le rôle du vieil Horace	30
Cinna : 1. — Les scènes capitales	35
2. — Le tyran	41
Polyeucte : 1. — Étude générale	50
2. — Les caractères	58
3. — Polyeucte et Sévère	68
4. — Le rôle de Félix	76
La Mort de Pompée	86
Le Menteur	91
Théodore	101
Don Sanche d'Aragon	107
Nicomède : les femmes et le théâtre de Corneille	114

II. — RACINE.

La Thébaïde	123
Andromaque : 1. — Psychologie d'Andromaque	128
2. — Le rôle d'Andromaque et les tragédiennes	136
3. — Questions d'interprétation	145
4. — Débuts de Mounet-Sully dans Oreste	150
5. — Le rôle d'Hermione	157

TABLE DES MATIÈRES

	Pages.
Britannicus..	162
Bérénice : 1. — Sujet traité par Corneille et Racine......	169
2. — Les caractères.........................	171
Bajazet...	178
Mithridate : 1. — La jalousie de Mithridate..............	191
2. — Monime	205
Iphigénie...	214
Phèdre : 1. — Les rôles de Phèdre et d'Hippolyte......	221
2. — Mᵐᵉ Sarah Bernhardt dans Phèdre.......	228
Esther...	234
Athalie : 1. — « Athalie », drame moderne..............	239
2. — Les caractères : Abner et Mathan......	249
3. — Athalie et Joas............................	260
4. — Joad..	266

III. — VOLTAIRE.

Le théâtre de Voltaire..	281
Zaïre...	293

IV. — LES GRECS.

Sophocle : 1. — Œdipe roi.......................................	307
2. — Antigone..................................	325
Euripide : *Alceste*..	337

V. — SHAKESPEARE.

Le Roi Lear..	347
Hamlet : 1. — Comment expliquer le caractère et le rôle d'Hamlet..	356
2. — Mounet-Sully dans Hamlet..............	362
Macbeth..	364
Le Songe d'une Nuit d'été.....................................	370
Shylock...	380
Beaucoup de bruit pour rien..................................	389

www.ingramcontent.com/pod-product-compliance
Lightning Source LLC
Chambersburg PA
CBHW052133230426
43671CB00009B/1234